渋谷的

森克己

一〇〇年に一度といわれる大規模再開発の最中にある、二〇一九年の渋谷。日々姿を変えるこの街の「現在」は、数か月先にはなつかしい風景になっているだろう

ハチ公 待ち合わせの場所からフォトスポットへ。外国人観光客も日本的マナーのもと、整然と順番を待つ。1934 年設置、44 年撤去・翌年溶解、48 年再建、89 年移設。

TSUTAYA
Panasonic
Glico
天津甘栗

ガスト
AEON 英会話イーオン
ココロの
ボリューム、
あげていこう。
JOYSOUND
H&M
L'OCCITANE

スクランブル交差点

1973 年渋谷駅前交差点スクランブル化。信号を待

沖縄本島-宮古島間の公海通過。18年4月
STARBUCKS COFFEE
TSUTAYA
SEIBU
OIOI

コンタクト
ガスト
英会話イーオン
New Single Hey! Hey! Hey! 2019.6.10 Release
109
H&M
UC
DHC

Cafeレストラン ガスト
英会話イーオン
Single Hey! Hey! Hey!
2019.6.10
SEVENTEEN
109
H&M
Euphoria

TOKYU CARD
サマーギフトセンター開設中
EVIL LIVE
QUEEN
aikoの詩。
カラオケ JOYSOUND
大声だそうぜ JOYSOUND

国立代々木競技場第一体育館　丹下健三設計。1964 年東京オリンピックの水泳会場。改修工事を経て、

巨大工事現場

渋谷パルコ 1973 年開業、2016 年建て替えに伴い一時休業、2019 年 11 月再開業。PARCO 劇場や映画館（ホワイトシネクイント）も帰ってくる。ファッション、アート、カルチャーの発信地として、公園通り／スペイン坂からふたたび存在感を発揮するか

しぶや百軒店

ガラス張りの再開発ビル群とは対照的な、色と形の混沌。一方、百軒店内部の街路（下）は閑散としている。かつては３つの映画館が人を集めた。映画館の章にある1947年の写真と比較してほしい。

オープンカフェ

渋谷に多く新宿、銀座の路上には少ないもの。ガラス越しに街を眺めるのではなく、街の中でくつろぐための店。外国人の姿も多い。

地上 230 メートル、47 階建て。谷底にそびえる渋谷再開発の象徴的な塔となるか。文化村通りより渋谷駅方面を望
「SHIBUYA QWS（キューズ）」にも期待。

新ランドマーク

渋谷スクランブルスクエア 2019年11月開業。渋谷では最高層の
めば、空を塞ぐ存在感。「可能性の交差点」を掲げる共創施設

新宮下公園　1964 年渋谷川の暗渠化に伴い誕生した宮下公園は、複合施設の５階屋上に生まれ変わり、2020 年春開業予定。

LINE CUBE SHIBUYA　1964 年に生まれた旧渋谷公会堂。70 年代にはテレビの公開録画会場として知られた。渋谷区役所（写真奥）とともに建て替え、公会堂は 2019 年 10 月に再オープン。こけら落としは Perfume

事件現場

東電ＯＬ殺人事件　1997 年 3 月 19 日。事件現場のアパートは神泉駅前にそのまま残る。エリート OL だった被害者の行動に世間の関心は集中した。

渋谷温泉施設爆発事故　2007 年 6 月 19 日のガス爆発後、12 年間封鎖されていた温浴施設本館（写真中央）は、2019 年夏に改装工事開始。

麗郷　台湾料理の老舗。恋文横丁（現在の 109 あたり）で 1955 年に創業し、1965 年現在地に新築移転。
公園通りの電話ボックス　1973 年の渋谷 PARCO オープン時に、公園通りや明治通りに設置された。同店の開業キャッチコピーは「すれちがう人が美しい〜渋谷公園通り〜」。「区役所通り」から「公園通り」と名前も変えた。

遺したい建物

日本基督教団渋谷山手教会　1966 年竣工のモダニズム建築。地下にあった小劇場ジァンジァン（1969-2000）も伝説

しゃぶしゃぶバイキング
しゃぶ葉
コンタクト
Caféレストラン ガスト
New Single Hey Hey Hey
2019.6.10 Release
109
UNI
QLO
H&M
SEVENTEEN
Euphoria

ARCHITECTURE AND THE CITY

1章 都市と建築

失敗して取り繕う街の魅力

隈研吾 × 対談

都市を読み解き、場の力を生かす建築設計を国内外で実践しながら、これからの都市や建築のあり方を考察し続ける二人の建築家が、かつての花街・円山町に残る料亭の一角をリノベーションしたバーに顔を揃えた。

馬場正尊

本書監修者の三浦展氏を司会に、渋谷芸妓の鈴子さんに花を添えていただきながら、今また大きく変わりつつある渋谷の魅力を語る。その根源は、「闇」や「失敗」にこそある——。

収録日　二〇一九年二月一二日
会　場　渋谷区円山町「Bar Nights」
対　談　隈研吾（建築家）　馬場正尊（建築家）
司　会　三浦展（社会デザイン研究者）
ホステス　鈴子さん（渋谷芸妓）　撮　影　大森克己

二〇〇〇年頃、時代の空気が変わった

三浦　千駄ヶ谷に新国立競技場が建設中、一九六四年の東京オリンピックでできた代々木の丹下健三の競技場も世界遺産を目指すということで、渋谷にはレガシーが集積します。渋谷駅前の巨大な再開発が進み、渋谷ストリームも好評です。

が、若い雑多なエネルギーを集める渋谷の魅力が失われてはなりません。渋谷には学生街や、渋谷系などに代表される音楽街、ユーロスペースなどミニシアターが集積する映画街、円山町という花街など、夜の娯楽の歴史、マイナーな文化をはぐくんだ歴史などがあります。

そこで本対談では、新国立競技場の設計に携わっている隈さんと、リノベーションによってマイナーなエリアの魅力をアップさせている馬場さんに、都市の魅力、渋谷の今後について、存分に語っていただきたいと思います。ホステス役として、円山町の現役芸妓である鈴子さんにもお越しいただきました。

馬場さん、隈さんと初めてお会いになったのは雑誌『A』の取材ですか。

馬場　そうです。二〇年くらい前でしょうか。一九九七年の「建築アワード」*（日本建築学会賞作品賞　能半町伝統芸能伝承館）の時あた

（馬場正尊氏が編集長を務めた建築雑誌『A』）

一九九一年竣工の「M2」（設計：隈研吾、写真提供：隈研吾建築都市設計事務所）

りですね。

三浦　隈さんは何をされていた頃でしょうか。

隈　二〇〇〇年前後は、那珂川町馬頭広重美術館や那須芦野・石の美術館をやっていた頃です。その前はまだM2ビルとかを引きずっていて、これから自分は何をするのかと悩んでいたんですけど、その二つをやったことで落ち着きが出てきました。

三浦　それは馬場君の勘がよかったんだ。

馬場　その頃、隈さんの作風がグッとフォーカスされていたという記憶があります。ワタリウム美術館の和多利（浩一）さんに声をかけていただいて、キラー通りプロジェクトとかをやっていた頃に事務所にうかがい、隈さんが和多利さんに提案をされていたのを拝見していました。隈さんってこんなゲリラなこともされるんだなあ、と思った記憶があります。

三浦　僕が会社を辞めて独立したのが一九九九年で、九八年に高円寺の古着屋街を見て衝撃を受けたのが一つのきっかけです。こういう街の変化をとらえていけば仕事になるなと思った。あの頃、時代の空気が変わっていたんですよ。

いい花街ほど早くなくなる

鈴子　私は一八からこの円山町で芸妓をやっている鈴子と申します。叔母がここで置屋をやっていまして、山口から遊びに来てそのまま居ついてしまいました。まだ料亭街だった最後の頃です。お庭があって庭師もいて、昼間も三味線の音が鳴っていて。夜は黒塗りの車が並んでいましたね。

馬場　それは何年頃ですか？

鈴子　一九七〇年代の末ですね。運転手の待機場所や仕出し屋もあって、芸者もあっち行ったりこっち行ったりしていました。

三浦　私は一九八二年にパルコに入ったんですが、その頃はもうラブホテル街だった印象しかないです。七〇年代末までそういう状態だったということは、かなり急激に変わったんでしょうか。

隈　パルコができたのは（一九）七三年？

三浦　そうです。ただパート2ができたのは（一九）七六年で、渋谷パルコが注目されるようになったのは七〇年代後半からですね。円山町の賑わいも衰退もパルコのせいも少しはあったのかな。

鈴子　仕方ないですね。いい花柳街ほど早くなくなるという私の持論がありまして、柳橋、深川、神田とか、どこもパシーンとなくなったんですよね。ニーズに応えずに、その時代とともに終わったものにしてしまう。そういうなくなり方が格好よかったんです。

でも渋谷は中途半端っていうか、ラブホテルがいいっていうとそちらに流れて。初代の経営者がやっていたうちはいいんですけど、二代目のおかみさんの代になってマンションやラブホテルにしたり……。芸者のことは何にも考えていない。

だからここには歴史がないんです。場所柄、東急さんの接待に使われたりしてましたので中途半端に残っていたんですが、途中から次第に芸者がいなくなって、見番もなくなってね。私はなんとなくここに残ったんですけど、パシッとなくしてくれた方がありがたかったかもしれませんね。そうすれば新橋に行ったりとか、三〇代前半だったからあちこち行けたんですけど。

辞めていった芸者がお祭りの道具まで売ってしまうわ…。あれは魂が入っているものなのにね。花街円山町はさびれています。

都市は失敗の連続

三浦 鈴子さんのおかげでいきなり本題に入れそうです。円山町に一種の失敗があったことが今わかりましたが、隈さんはまさに「都市は失敗の連続である」と最近おっしゃられています。そういう観点で見たときに、これからの渋谷や東京はどうなっていくのか、というお話をしていただきたいのです。渋谷が一番、失敗が重層化した街かもしれませんね。

隈 時代は必ず変わるじゃないですか。その時代をリードしていた産業も変わるし、企業も変わるし、人間も変わる。それはもう、変わらない都市はないわけです。変化があった時に、前の時代を支えていた人も過去のものになってしまう。「なんだか時代が変わって、ついていけなくなったな」という感じに必ずなるわけですよ、都市って。そんな時でも、それでも好きだし「何とか変えていこうぜ」という感じで失敗を取り繕うみたいな。そういうことをやってきた跡が、都市の魅力になると思うんです。

失敗を取り繕う。
その跡が都市の魅力になる。（隈）

鈴子 取り繕う、ですか？ それが街の魅力になりますか？

隈 時代に合わなくなってくるから、取り繕うしかないんですよ。

三浦 まさに馬場さんは都市を「取り繕う」専門家ですね。（笑）

馬場 そうですよ。偉そうにしている街よりも、いろいろ失敗したりして「てへっ」と言ったりして取り繕いながら、あれもやってこれも、と失敗し続けている街のほうが愛おしくないですか？

隈 そういう失敗している街のほうが格好いいと思うんです。東京でも、たとえば丸の内なんてのは、それぞれの時代に合わせてちゃんとはしているけれど、全然格好いいとは思えない。

鈴子 街が自分を見てくれない感じがしますね。

隈 でも時代は変わっているから、今や丸の内は時代とずれていると思うんですよ。それでもずれていないふりをしているので、不自然な感じがするんです。

馬場 今日、久しぶりに円山町のラブホ街をいろいろ思い出しながら歩いていました。僕自身もここでいろいろ失敗したなあと。（笑）

鈴子 失敗のほうが思い出としては強いですもんね。

馬場 渋谷って、東京のいろいろな街の中でも、これほどまで時代に翻弄されている街はほかにないんじゃないか。時代に翻弄されているということは、時代に反応しているという言い方もできる。

鈴子 渋谷は昔から何の店でもできるからおもしろい、とよく言っていましたね。色がないというか。

三浦 オフィス街でもあるし、住宅街でも、歓楽街でもある。駅から徒歩一〇分くらいの間にそれがすべて揃っている。

鈴子 高級住宅街が歓楽街のすぐ裏にあるんですもの。このすぐ近くに芸者階段というものがあって、私なんかも（着物で）そこを歩きますでしょう。「あ、ここに芸者がいるんだね」と一人でも思ってくれたらいいなと思っているんですけど。探して楽しめるようなものを（街が）持っていたらいいですよね。

計画が通用しなくなった時代、都市は「工作的」になっていく。（馬場）

三浦 馬場さんは探す専門家でもあるからね。

馬場 普通の人は見落とすだろうけど、ここだけはすごく魅力的だ、みたいなものを探すのが好きなんですよね。

鈴子 旅行で初めての街に行くと、どこでもいろいろ探したくなりますよね。そういう街でいられるように継続していきたい、という思いはあります。

三浦 探したくなる街がいい街ですよね。

鈴子 どんどん変わっていいと思うんですよ。アメーバみたいに。でも舐めたら同じ味がする、やっぱり円山町だな、ってなるように。

隈先生、渋谷じゃ丸の内みたいなビルを建てようったって無理でしょう？

隈 無理ですよね。

馬場 土地の形も高低差があって入り組んでいるから、均質になりようがないんじゃないかなあ。

鈴子 私はお店をやっていまして、東京藝大の子たちと一緒にやっていることがあるんです。芸者の芸なんて勉強したってできるものじゃないんです。十代からでも遅い遅い。昔は売られて頑張っている子たちが死ぬ思いでお稽古をして、素晴らしい芸を身につけていました。今は芸者の募集とかではなく、藝大のお嬢さんたちにスナックで演奏してもらっています。彼女たちが三味線や唄で、私が踊り。お客様に本物を聴かせたいんです。「乙姫と太郎の会」といって、乙姫が彼女たちで、太郎がお客様という演奏会をこれまでに九回やりました。前はホテル（の宴会場）でやっていたんですけど、いまは私が後輩から引き継いだ小さいお店で開いています。そこに藝大の学生さんを呼んで、お客様には生音を聴いていただくんです。そんな活動を芸者・鈴子として発信しています。

隈　藝大は失敗の大学みたいなもんだから（笑）。受験だけは成功したけれど、後は失敗の連続みたいな学生も多いですよ。それがいいので。

計画的都市から工作的都市へ

三浦　馬場さんは最近「計画的都市から工作的都市へ」ということを書かれていて、じーんと来たんです。「衰退の先にある風景」ともいわれていますが、その点をお話しいただけますか。

馬場　都市の計画が計画通りにいくことなんて、まずないじゃないですか。都市計画みたいな概念自体がもう崩壊しているし、たとえ計画通りにいったとして、計画的につくられた都市自体がもうおもしろくない。計画が全然通用しなくなった時代の都市を考えたときに、子どもの工作がそのままデカくなったよう

長野市・善光寺参道の裏通り（撮影：三浦展）

に、工作的につくっていく都市の姿がないかなと思ったんです。予定通りにならないことを寛容するというか是認して。工作するって、個人でも関われるような気がするじゃないですか。計画ではない言葉で言い表したくなって「工作的都市」と言ってみたんですよね。

三浦　日本で「ここは工作っぽい」「工作が始まったな」と感じる街はどこですか。

馬場　たとえば長野の善光寺の裏通り。すべて善光寺が持っている借地で、前は古い空き家がずらっと並んでいたんですね。そこに若い奴らがどんどん入ってきて、古本屋をやったり、お洒落なバーをやったり、クリエイティブな人たちがわさわさ集まっています。みんなお金はないのでＤＩＹでつくっているんですが、それが全部格好いいんですよ。

隈　おもしろいところに人が集まっていますねえ。

三浦　「都市計画家」ではなくて「都市工作家」という職能が生まれている。

馬場　ああいう場所が日本中にパラパラとできています。岡山市の問屋町もそう。名前の通りもと問屋街で、衰退しきっていた。最初に一軒、アパレルの格好いい店が入ったんですが、その後次々と古着屋とかが入ってきて、今や一大ファッション・ディストリクトに変わってきました。道路が広くて、ロサンゼルスみたいな雰囲気なんです。それも全部計画的につくったものではなく、個々のお店の人たちが反射的につくっているんですよね。

三浦　計画的都市だと最初に完成した状態が一〇〇％で、あと

旧東ベルリンの街並み（撮影・三浦展）

は悪くなっていきがちですけど、工作的都市はその逆で、あとからよくなっていくんですね。

馬場　つくり続けてもいいし、リノベでもいいですし。

三浦　海外に似たような街はあるんでしょうか。

馬場　イタリアの各所で、アルベルゴ・ディフューゾという手法が広がっています。何軒もの空き家がリノベーションされて宿になっていて、町のバルにチェックインして、食事はまた別の店でして、というふうに場所がデフューズ（分散）している。「まち宿」と訳しているのですが、まち全体に泊まり、まち全体を楽しむというコンセプトです。これがどこも、ものすごい田舎ばっかりなんですよ。

人口が一気に減った跡に、公園を勝手につくっている若い奴らがいます。シチリアの真ん中あたりの山の中にある古い集落、シクロというところで、地震で一回衰退しているんですが、町全体を宿として捉えています。名もなき町がそうやって再生されています。

隈　それは何の取材で行ったの？

馬場　『CREATIVE　LOCAL』（二〇一七年）というエリア・リノベーションに関する本です。

沼津市「INN THE PARK」フラードーム宿泊施設

「衰退の先にある風景を探しにいく」というテーマで海外を取材したのです。地方都市がどんどん死滅の危機に瀕していて、限界集落とか、消滅可能性都市とか、悲しいことしかみな言わないけれど、衰退しきって突き抜けた先にハッピーな風景があるんじゃないかという。

隈　旧東ベルリンとかもすごくおもしろいですよね。

三浦　馬場君は今、旅館経営をしているんだそうですね。

馬場　旅館ではなくて「公園に泊まろう」というコンセプトで「INN THE PARK」という公園一体型宿泊施設を始めました。「沼津市立少年自然の家」という施設が、赤字続きで貸し出されることになり、沼津市から「R不動産」で紹介してほしいと依頼されて取材に行ったんです。でっかい公園の中に廃屋になりかけていたボロボロの施設があったんですが、周囲の公園がすごくよかったんです。

隈　何ていうところですか？

馬場　愛鷹山《あしたか》といって、沼津の山の方にあるんです。そこを再生する民間業者を公募で探すと聞いて、僕らも「ここよくない？」ってつい盛り上がってしまい、再生プランを出したら、提案したのがうち一社だったんです（笑）。それで事業主になってしまった。都市公園の中に宿泊施設をつくり、球体のフラードームを森に浮かべて、そこに泊まれる宿にしようというのがうちのプランでした。

隈　フラードームにもう泊まれるんですか？

馬場　はい。最初はドームを三つつくり、その後六つに増やしました。夜になると真っ暗闇の中にフラードームが浮かんでいて、中の人が何をしているのかもシルエットでうっすら見えるんです。「少年自然の家」だった建物もリノベーションして、そこも普通に利用できます。

三浦　徐々に増やしていくところも工作的ですよね。（笑）

隈　それはおもしろそうだね。

馬場　ついにホテルのオーナーになってしまいました。（笑）

都市計画が破綻した時代

三浦　隈さんも衰退しつつあるものを工作するのは大好きですよね。

隈　工作というのはとてもおもしろいキーワードだと思います。建築の世界だと一九七〇年代、磯崎新さんが、計画という行為自体が破綻したといいはじめました。磯崎さんは、丹下健三さんに対するアンチテーゼとして、つまり六〇年代的な首都計画やオリンピックに代表される、計画的につくられるものに対して、そうじゃない何かを求めていました。

それで彼は「廃墟」といいはじめた。計画のかわりが廃墟だと。しかし僕は、廃墟とは結局骨董屋だろうと思うんです。計画的なものの代わりに何がビジネスになるかというと、磯崎さんは、ある種の歴史の切絵図のようなことをされていた。それは骨董屋的スタンスです。

その磯崎さんのスタイルを正統として引き継いで、もっともビジネスとして成功させたのが、現代美術家の杉本博司さんだと思うんですよ。磯崎さんは骨董屋ビジネスとしてはそんなにうまくいってない（笑）。杉本さんの骨董屋としてのビジネスはすごくうまくいっていて、海ですら骨董品として値付けをしている。「計画」の後のビジネスモデルとして、僕はすごいと思うんです。

でも売るものはじきになくなりますし、それに骨董屋ビジネスって基本的には参加できる人がすごく限られていて、ある種特別な、才能みたいなものがないと骨董屋にはなれないわけですよ。

だから、都市計画が破綻した後の時代を楽しく生きるためには、工作はすごくいいキーワードだと思うんです。上手下手はもちろんあるにしても、手を動かすことは誰でもできる。いろんなレベルの工作をみんなでやれるというのは楽しそうだし、明るい未来をイメージできますよね。

個々の動きが共振・共鳴して、水平に広がっていく

三浦　誰もが参加できるという今のお話は、馬場さんが最近ずっとやられている公共空間のリノベーションの話につながってきますね。「上からのパブリック」ではなく、みんなが手を動かせるようにすることで社会が変わっていくという。

馬場　計画的な街づくりの概念というのは、ピラミッド的な上意下達の命令系統があって、市民はそれを享受するという感じですけど、社会の感覚はもはやそういう形で成り立っていない。アメーバ状というかネットワーク状というか、個々が勝手にいろいろな動きをしていて、共振したり共鳴したりして、それらがつながって水平に広がっていくみたいな社会のイメージがあります。

隈　僕が最初に工作を教わったのは、東大の指導教官だった原広司先生からで、七〇年代当時、もう都市計画は破綻している状況の中で、彼は小さい住宅をやっていたんだけど、工費がなくて工務店に逃げられた。それで僕ら大学生を集めて「工事をお前たちが引き継げ」って言うんですよ。今だったら絶対ブラック教授、ブラック大学として、大変なことになると思うんだけど、当時はそれを普通に受け止めていましたね。

ミキサーもないから自分たちでコンクリートを手練りしてね。朝六時から夜十二時まで無給で働かされるわけです。今考えると、あれはまさに工作を教わったんですね。これからはこういう時代なんだということを教わった気がした。いい教育でしたよ。

馬場　磯崎新さんは「大文字の建築」といって、建築はハイアートでいくと決めていて、ある種の特権的な表現の場所を維持しつつ計画にあらがったんだけど、原広司さんは集落の方に行かれましたよね。（註：大文字の建築とは、形として固定されない建築であり、いかなる属性をはぎ取られていても、何の役にたたなくても、存在するだけで価値をもつものとされる）

隈　原さんの前に集落を調査した人は、柳田國男みたいに日本の集落をアカデミーともアカデミックに調査したんだけど、原さんは集落調査をアカデミーともノスタルジーとも関係なく「俺の行きたいアフリカや中南米走ってみよう」と、完全なスポーツとしてや

ってるわけ。それまでの集落にはヒエラルキーがあったんだけど、それさえも壊した。そういう「走る」原さんは格好よかったし、多くを教わった。

馬場　隈さんが手伝われていた現場は、原さんの初期の頃の作品ですか？

隈　僕らが駆り出されたのはニラム邸という、千葉県一宮町の山の中にある家でしたね。当時、原先生の現場作業を手伝いに行って、その帰りに渋谷に来ていたんです。いまや大キュレーターの北川フラムさんが当時食えなくて、「傘屋」という居酒屋を開いていてね。そこに雀卓を何台か置いていたので、僕らもやらせてもらっていました。原さんは自分が勝つまで止めてくれないから、朝まで麻雀をしていました。あの頃の渋谷の空気は楽しかったですね。

三浦　北川フラムさんは私の高校の先輩なんです。

隈　北川さんの父親は北川省一さんといって、帝大で左翼活動をしていて一年で中退した人なんですよ。新潟に戻って貸本屋をやって、北川フラムを育てたらしいですね。

馬場　（北川フラムさんは元東京藝大全共闘で）活動家の流れを汲んでいるんですね。

隈　坂本龍一なんかはちょっと下で藝大に入ってきたから、北川フラムのことはすごく怖い先輩として覚えている。

集落群のような渋谷　それが魅力

三浦　渋谷という街は集落群みたいなところがありますね。円山町というのは、花街にしては珍しく丘の上にあるんですけど、神楽坂と並んで珍しいケースです。かつ花街は街路が格子状なのが普通なのに、円山町も神楽坂も街路が複雑で、特に円山町は複雑。そこがすごく魅力的です。歩いて楽しい。発見が期待できる、まさにラビリンス（迷宮）です。

隈さんは、歩ける街がこれから大事だと言われています。楽しく、何かを発見しながらワクワク歩けることが街には大切だと思うんですが、今なぜ歩ける街なのか、ということをお話しいただけますか。

隈　モータリゼーションの二〇世紀が終わって、みんな公共交通だとかいうけれど、公共交通も頼りないからね。ある程度の地理的範囲で仕事をすると楽だということが、僕はパリに事務所を持ってはっきりしたんです。

パリ事務所で一時期、タクシーを呼んでも全然来ない時期があって、打ち合わせにも遅れて仕事が滅茶苦茶になるから、事務所の一番近くの安いホテルに泊まって、打合せでも何でも歩いていくようにしたんです。四〇分もあればパリの中はほとんど歩いて行けるから、歩くだけの生活にしようと。

そうするとね、「今日はここを歩いてここに行ってみよう」と朝から毎日とても楽しいわけ。来ないタクシーにイライラする日々に比べて、自分の肉体の限界の中ですべての行動を決めるということが、こんなに楽しいとは思っていなかったんです。

馬場　しかも歩きながら街を体感できるのって、とても開放感がありますよね。

三浦　隈さんのパリ事務所は古い工場街のようなところでした

っけ。

隈　最初は北駅のそばの、アジア系やアフリカ系の人が割と多い、編み込みにしてくれる床屋さんが多い場所でしたね。そこはオーナーが代わって追い出されて、その次に移ったのがレピュブリック広場のそばでした。運河の近くでもあったんだけど、運河ということは軽工業の盛んな場所で、軽工業のちょっと雑然とした雰囲気が、まだ運河の近くに残っているんだよね。

東京だと目黒川とか神田川の周りにもそういう雰囲気がまだ残っているけど、それに近いかもしれませんね。

三浦　僕もパリのそのへんに行きましたけど、江東区の森下とか菊川って感じもしましたね。鉄とガラスの工場が多い。

馬場さんが独立後に事務所を構えたのが中目黒の目黒川沿いでしたね。

馬場　あの辺の廃工場に萌えてました。

隈　廃工場に萌えるのは世界中で今同じ現象ですよ。

馬場　三浦さんと昔、目黒川沿いをうろうろして、クリーニング屋の物干し台を見てカフェにしようとかいって歩きましたね。

三浦　今やほんとに全部おしゃれなレストランとかになっていますね。

都市には「大人の娯楽」が必要だ

馬場　「歩く」というテーマで渋谷という街に提案したいことがあって、渋谷のスクランブル交差点を中心にした放射状の道を、完全に歩行者天国にしたほうがいいと思うんですよ。ハロウィンの時などは事実そうなっていますし、あれを三六五日、車を迂回させて歩行者天国にした瞬間に、渋谷の街はものすごくおもしろくなる。オリンピックの時に社会実験として道路封鎖をやったらどうか（笑）。

鈴子　商店街は泣いて喜びますよ。

馬場　車は渋谷の街になんら経済価値を生んでいない。アメリカではすでにブロードウェイでできたわけで、経済価値ものすごく上がった。渋谷の中では歩けと。ハロウィンやワールドカップの時のように、スクランブル交差点の祝祭性が増しますよね。

隈　それはすごく大きな価値を生むよね。

鈴子　お試し期間でとにかくやってみるということですね。素晴らしい提言。

馬場　そうそう。オリンピック期間の一か月だけでもどうかと思うんですよ。

隈　どのくらいまでの範囲にすればいいんだろう。

三浦　渋谷から新国立競技場までとか。（笑）

馬場　渋谷パルコが再オープンすれば、また渋谷―原宿間を公園通り経由で歩くようになるんじゃないですか。飲食店の売上げは半端なく伸びると思う。ヨーロッパでは教会の前とか市庁舎の前は観光広場になっている。たとえばサン・マルコ広場（ヴェネツィア）のように。渋谷駅前が歩行車天国になれば、スクランブル交差点を公園に見立てることもできます。

隈　いいよね。駅前はアスファルトの舗装をやめてしまえばいいんです。渋谷駅の東口をデザインした時に、明治通りとの間のアスファルト舗装を止めるだけで、あのバスでいっぱいの空間に全然違う空間が生まれる、と提案したんだけど、誰も行政的に無理だといって賛同してくれませんでしたね（笑）。二〇世紀の車中心の空間をまだ再現しようとしているのは残念ですね。

鈴子　渋谷に芸妓が集まるようになったのは大正時代からです。当時は軍隊ありきで、何にもなかった。明治期から神泉に「弘法湯」という温泉があって、まわりに芸者置屋ができたのがはじまり。渋谷の料亭街が花柳街として名をはせたのは、五島慶太さんが鉄道を引いて、いろいろな接待をするようになってからだそうです。

私がいた芸者の置屋のお母さんも、私が入ったときはもういい年だったんですが「私が若いときは五島慶太さんのお座敷によく行ってたわ」といってましたね。東横デパートの上に東横劇場という大劇場があったんですが、あれも芸者のためにつくったようなものだと。私も九階で初舞台を踏んだんです。

隈　東側でいうと新橋演舞場みたいなものですね。

鈴子　歌舞伎だけじゃなくて、たまに新派の役者もあがっていたみたいですけど。

三浦　戦前の街をつくった人は、娯楽への関心の高さがすごいですよね。

隈　娯楽が街に果たす役割はすごく大きいもので、僕はいま神楽坂に住んでいるからあの辺のことをいろいろ調べると、花柳界があったからこそ神楽坂は戦後すぐに復旧できたのだそうです。

鈴子　新橋もそうですよね。

隈　神楽坂は戦争で全部燃えているんですよ。道もすごく細いままだし、最初は戦前のものが残っているのかと思っていたら全然違っていた。全部燃えてしまったのを、花柳街がまだ力があったから、燃える前のままで新しく再建したので、細い道が残った。

三浦　人間にとって一番大事なものは睡眠と食べ物。これはホテルとレストラン。次は娯楽だと思うんですよ。一般庶民にしても、戦争直後で食うや食わずで着るものもないのに、すぐにストリップ劇場をつくったりする。特に都市では娯楽がものすごく大切なんだと思いますね。ところが今の都市ってすぐオフィスになってしまう。

鈴子　もっと街も大人にならなくちゃいけませんよね。街は最初からいい、悪いとかの色づけがされていないほうがいいですよね。

三浦　近代ってある意味で「青年の主張」だから。ぶっこわして新しくつくる。革命とか学生運動とかに近い。

馬場　そうですね。正しい街はどうあるべきか、みたいな感じがありますね。

隈　そう考えると東急なんて大人の会社だったんだよね。すみません。今日の対談はパルコの企画なんですが（笑）。

三浦　堤清二さんもおもしろかったよね。僕、渋谷パルコの一九七三年の開店のときに見に来たよ。何かおもしろいものができるらしいって聞いて。

隈　へえ！　それは新事実。新規オープンにご招待しないと

いけない。(笑)

馬場　僕も世代的にパルコ文化に多大な影響を受けていますよ。

三浦　区役所通を「公園通り」と改称するなど、パルコは渋谷の街をぐるぐる歩く人を生んだ、というのが大きかったと思いますね。

隈　それはやっぱり、パルコを使って電鉄的なものへのアンチテーゼを打ち出そうとする堤清二さんの義明さんへのものすごいライバル心があったからなんでしょうね。

三浦　駅ビルではないから。

隈　東急は電鉄的なもので統制されてしまったけど、西武は電鉄的なものと反電鉄的なものが両方あった。そのダイナミズムが渋谷をおもしろくしたと思いますね。

三浦　再開発後も、のんべい横丁を残すことになったというのは英断だったと思います。

馬場　誰の英断だったんでしょうね。長谷部区長ですか。

隈　長谷部さん、自分でも料理店をやったことのある人だから。もともとそういうセンスのある人なんですよ。

三浦　料理屋出身の区長というのはいいですね。

容積移転で、横丁を保存するべき

馬場　横丁が残るというのは非常にいいなと思います。長谷部区長にもう一つ、横丁の容積移転というのを提案してみたいんです。ちょっと専門的な話になりますが、容積移転っていうのは、たとえば東京駅だけでは面積が小さいですが、その上につくる床面積分を三菱地所などに売って、そのお金を歴史的建築である駅舎の保存整備に使っているんです。東京駅でできるんだから、横丁でもできるんじゃないかと思うんですよ。

隈　それ、すごくいいねえ。

馬場　横丁の容積移転。隈さんが言うと結構説得力があると思うんですよ。

三浦　吉祥寺のハモニカ横丁も容積移転して別の所にビルをつくるのがいい。

馬場　そこで売ったお金を、そのままの風景を維持しながら消防設備とかの整備に使えばいいと思うんです。

三浦　ぜひ京成立石駅南口などもそうやって保存したいですよね。

馬場　容積が売れるからものすごくお金が入ってきますし、おもしろいと思うんです。

隈　地権者にもメリットがあるし、小さいテナントにも合意を取らないといけないから大変だと思うけれど、テナントも自分たちのスペースが残るわけだから嬉しいですよ。

馬場　それくらいのことをしても横丁をそのままの形で残したほうがいい。ディベロッパーも含めて、みんながハッピーになれると思うんです。渋谷ののんべい横丁、吉祥寺のハモニカ横丁、三軒茶屋の三角地帯など、どれも日本にとっての文化財だと思います。東京駅でできた容積移転の同じ法律を、横丁の保存に活用したいですね。不可能なことではないですよ。

隈　これは容積移転の会をつくって、運動をやっていきましょうか。(笑)

TOPOGRAPHIC MAP OF SHIBUYA

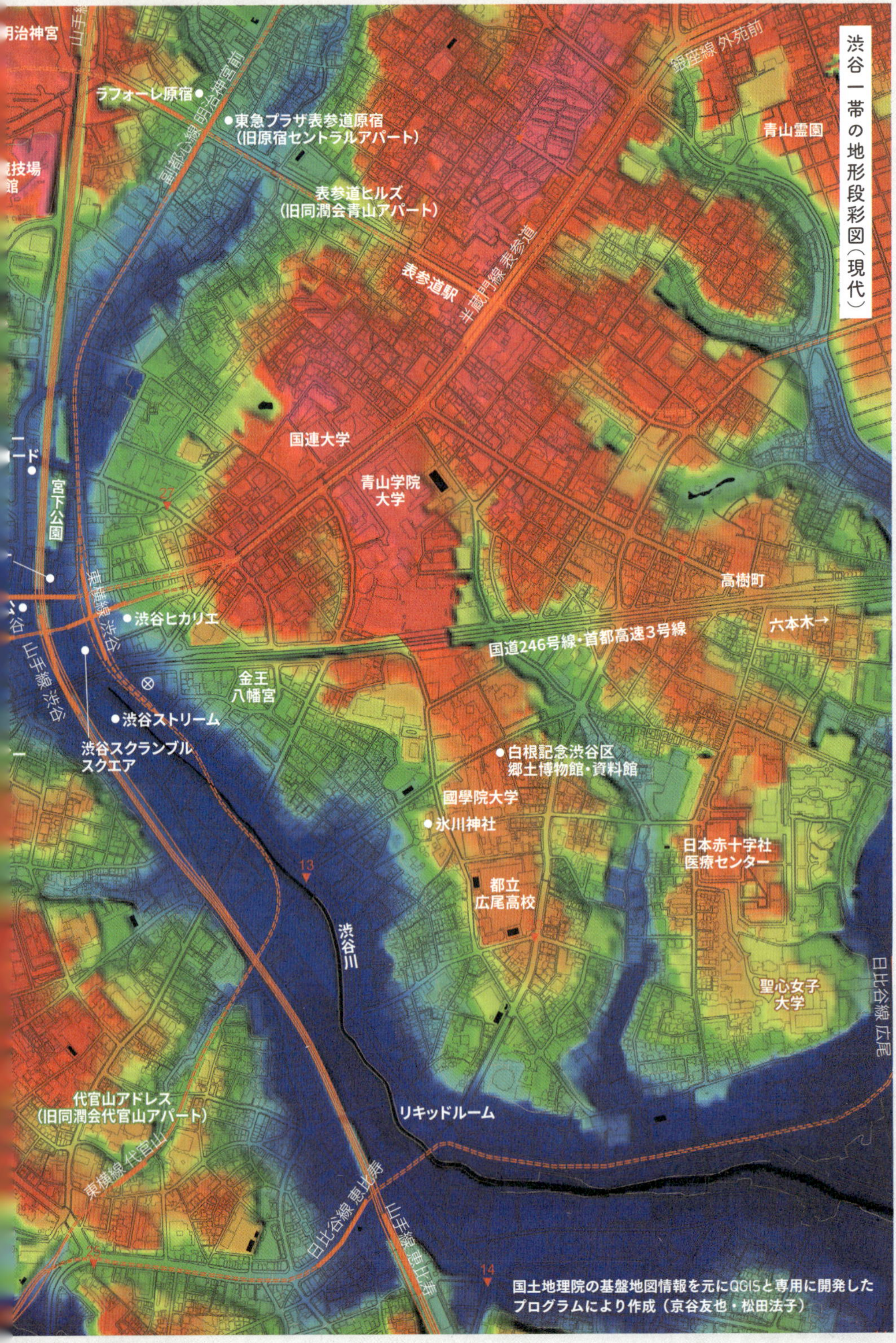

渋谷一帯の地形段彩図（現代）

国土地理院の基盤地図情報を元にQGISと専用に開発したプログラムにより作成（京谷友也・松田法子）

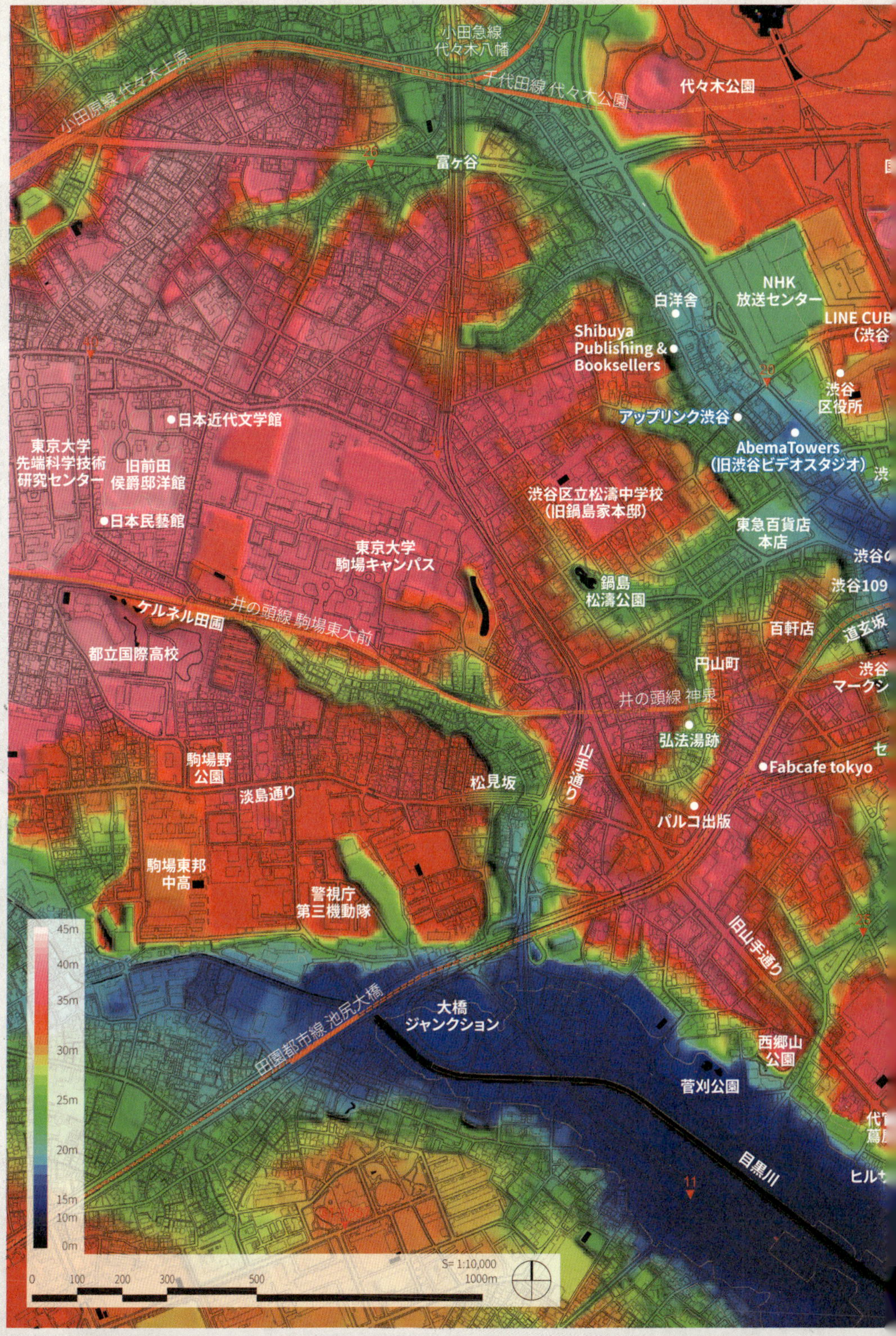

小田急線
代々木八幡
小田原線 代々木上原
千代田線 代々木公園
代々木公園
富ヶ谷
NHK
放送センター
LINE CUB
(渋谷
白洋舎
Shibuya
Publishing &
Booksellers
渋谷
区役所
アップリンク渋谷
AbemaTowers
(旧渋谷ビデオスタジオ)
日本近代文学館
東京大学
先端科学技術
研究センター
旧前田
侯爵邸洋館
日本民藝館
渋谷区立松濤中学校
(旧鍋島家本邸)
東急百貨店
本店
東京大学
駒場キャンパス
鍋島
松濤公園
渋谷109
ケルネル田圃
井の頭線 駒場東大前
都立国際高校
百軒店
道玄坂
円山町
渋谷
マークシ
井の頭線 神泉
弘法湯跡
駒場野
公園
山手通り
淡島通り
松見坂
Fabcafe tokyo
パルコ出版
駒場東邦
中高
警視庁
第三機動隊
旧山手通り
大橋
ジャンクション
田園都市線 池尻大橋
西郷山
公園
菅刈公園
目黒川
ヒルサ
45m
40m
35m
30m
25m
20m
15m
10m
0m
S= 1:10,000
0
100
200
300
500
1000m

GEISHA DISTRICT

花街

渋谷・円山町の襞《ひだ》を歩く

道玄坂を上りきって右に折れれば円山町。ラブホテルや大型クラブが集まるこの街には、かつて四百人もの芸者が行き来する花柳界があった。温泉町など水際の土地にひかれる気鋭の都市史研究者が街並みを分け入り、花街・円山町の成り立ちを遡るフィールドワークに出た。

松田法子
NORIKO MATSUDA

はじめに

都市のケモノミチ

小枝がぽきっと折れる音を聴きながら都市の藪《やぶ》に分け入っていく、そういう感じのするフィールドワークがある。まちの空気にからだを調律しながら、訪れるべき小径《こみち》を時空のざわめきに探す。微かな水脈に耳をそばだてていく感じ。

女と男の生態系が、密かに、またにぎわしく栄えてきた土地には、それ相応の湿度と昼の静けさがある。いまのこのまちの陽の光は明るい。ここは丘だ。風が通り抜けてゆく。足元の地盤はしっかりとして頼もしい。その日の円山町《まるやまちょう》に、そういう印象を受けた。

渋谷のこの界隈のことを少しでも知る人ならば、円山町と聞いて思い浮かぶイメージとはまず、〝渋谷のラブホテル街〟というものだろうか。あるいは東電ＯＬ殺人事件（一九九七年）を思い出す人もいるのかもしれない。もしくは、大型クラブが集まる音楽のまちとして。

渋谷駅を出て西へ、円山町の方角に足を向ける。マークシティの壁に沿う道を歩くことにした。だんだん上り坂になる道を進む。ふいに、急坂があらわれる。見上げる台地の上には、木造二階建ての古い建物も、ちらほら。

円山町の台地にあがりきる。まわりを囲む建物が高くて大きいので、

前ページの写真：渋谷花柳界創開二十年記念祝賀のパレードの様子。1935 年。道玄坂上から滝坂道へ分岐する地点。（写真提供：白根記念渋谷区郷土博物館・文学館）　右・取材中の筆者。京王井の頭線神泉駅の踏切にて

丘の上にいるのに、窪みに落ち込んでいるようにも感じられる。このまちの上だけ、ぽかりと空が抜けているようでもある。

現代の渋谷から少しずれた時間を抱《いだ》いてそこにある、こぢんまりしたまち。まちの道をひとつ横にそれると、道玄坂《どうげんざか》に吐き出される。首都高渋谷線が上空を横断する。大量のモノ、カネ、情報、そしていまこの時間が、右へ左へ飛び交い、飛び去ってゆく。円山町を囲む一帯は、渋谷におけるIT企業集積地のひとつでもある。パルコ出版が入居するビルもこの一画にある。

数十メートルの距離のなかに、まったくちがう都市の性格と時間が隣り合っていることに、改めてはっとする。あなたはその道ひとつをどちらに曲がるかで、ふたとおりに渋谷を経験するのだ。

打ち合わせの場所に行ってから、またまちを歩き始めた。谷のフチを気持ちよく蛇行する、狭い通りに差し掛かる。その道は水が流れるように、すっと地形に寄り添っていた。茶色くて大きなねずみが、目の前を走り抜けていく。さあそれでは、このまちの歴史に近づいて、いきましょうか。円山の藪を、漕ぎながら。

昼間は閑散としている円山町（この章の写真は特記なき限りすべて撮影・大森克己）

1　渋谷芸妓たち

小糸さんと鈴子さん

このまちに、ずっと暮らしてきたひとがいる。

小糸さんと鈴子さんにお目に掛かった。二人は芸妓《げいぎ》。渋谷芸妓だ。円山町はもともと、芸者町として拓かれた。小糸さん・鈴子さんに、現在で一二年のキャリアになる若手芸妓二名（葉月さん、三吉《みよし》さん）を加えた四名が、今の全渋谷芸妓である。鈴子さんは山口県下関の出身。幼い頃から習い事をしていて、芸事へのなじみは早かった。円山町に来たのは一九七〇年代の中頃。ここで芸妓置屋《おきや》をしていた叔母の元へ遊びに来たのがきっかけで、座敷の手伝いや見習いを経て芸妓になったという。「もてましたよ。そのまま居着いちゃったってわけよ」。

小糸さんは昭和五年生まれ、三味線の名手である。目黒の家具職人の娘として生まれ、六歳の時、自宅近くの長唄師匠に入門した。昭和二〇年代前半、二〇歳で五反田の置屋から芸妓となり、二四歳の時に渋谷へ移ってきたという。「あの頃はにぎやかでしたよ。芸者たち、夜中もみんな駆けてました。なかもらいとか、ぜひもらいって言ってね。人気芸者だとお座敷に出てる間《ま》にまた別のお座敷へちょっと呼ばれてく、なんてこともありました」と、小糸さん。長唄、小唄、清元を得意とし、一般のお

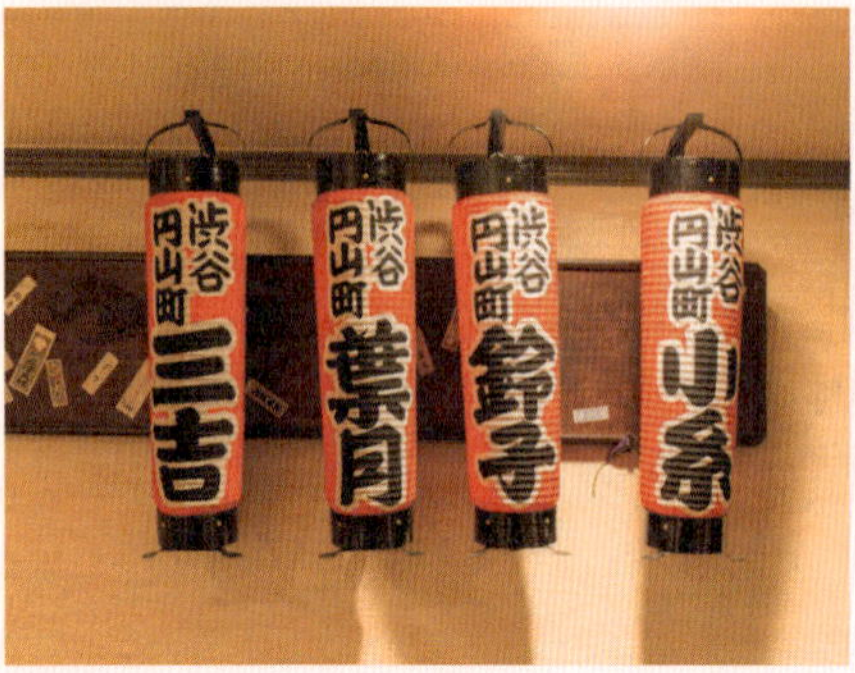

「藤むら」に飾られた、円山町の芸妓４人のちょうちん

小糸さん。戦後から円山町の花柳界で活躍

弟子さんにも稽古をつけてきた。お話を聞くため円山町にある鈴子さんのお店「藤むら」の扉を開けた時も、若手芸妓二人の稽古を終えたばかりだった。箱根などへ座敷の手伝いに赴くこともあるそうだ。話の端々に、芸人（芸者）としての矜持がにじむ。

小糸さんと鈴子さんに、芸者町として賑わっていた頃の円山町のことを訊ねてみた。お出先として二人がよく行った料亭は、吉はし（現・ノア道玄坂）、夢想庵（現・エルアルカサル渋谷夢想庵）、万なを、大石、二宮（現・二宮ビル）などだったという。吉はしは敷地が五〇〇坪ほどあり、夢想庵には一〇〇人入れる座敷があった。新橋で接待を終え世田谷方面に帰る客が寄っていくなど、遅い時間帯の座敷がかかることも少なくなかった。午前二時まで働くようなこともしばしばあったという。当時の渋谷芸妓たちの出身地としては、新潟や東北、北海道などからの

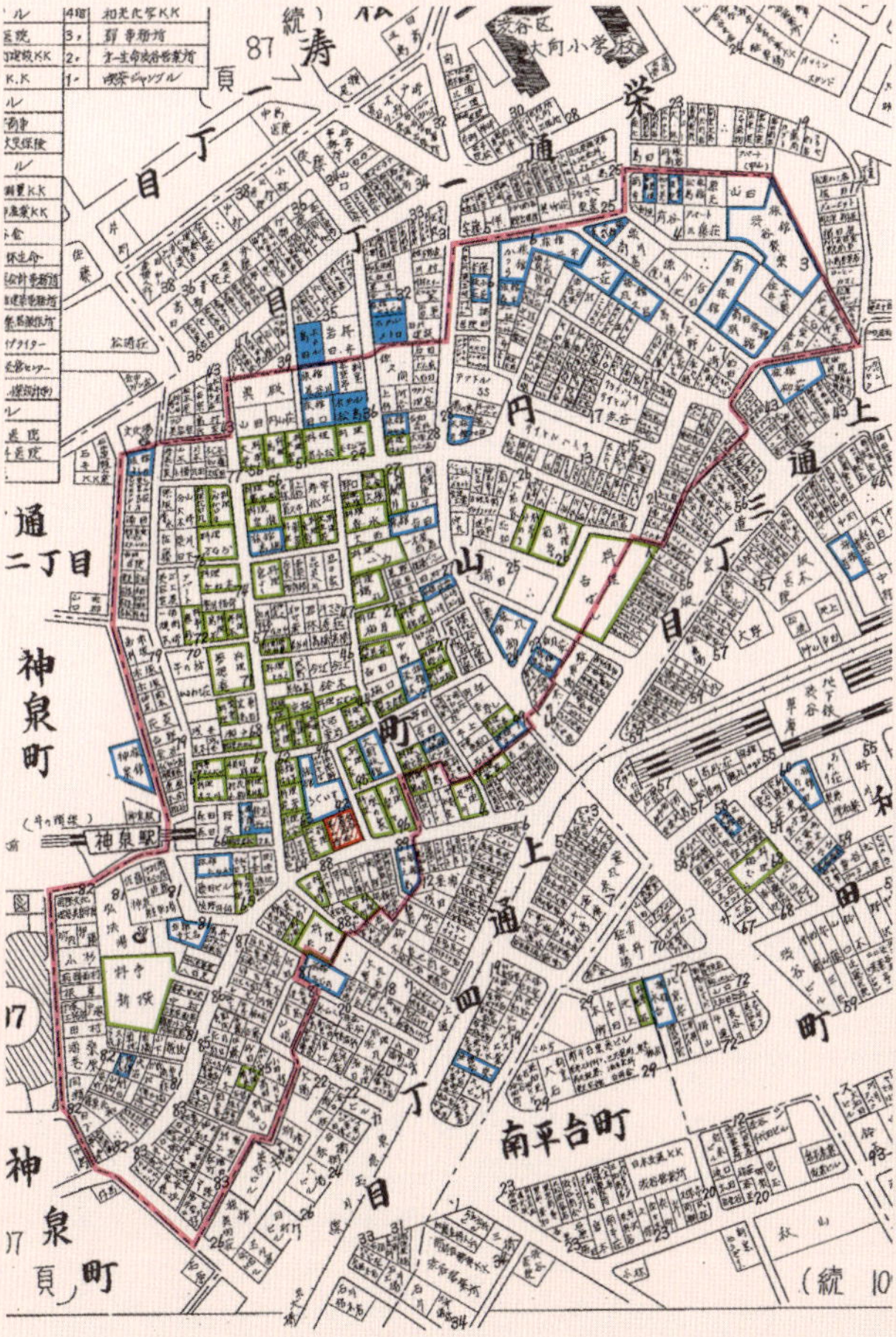

右上・2000年に閉鎖された渋谷三業組合事務所（見番）。右下・見番2階の大広間。芸妓たちが日々腕を磨き、おさらい会の会場ともなった（2点とも写真提供・なかだえり）左・1965年の円山町（ピンクの枠）。「料亭」「料理」などと記されているものを緑色、「旅館」または「ホテル」と記されているものを青色で着色した。見番の位置は赤色斜線部（『渋谷区商工住宅名鑑（南部）昭和40年』より地図95、97をつなぎ合わせて転載、着色）

女性もいたと二人は記憶する。

芸者町のはじまりといま

芸妓置屋と料理屋のペアを、かつて「二業《にぎょう》」といった。これに待合を加えたまとまりを、「三業《さんぎょう》」という。それらの業種の営業が行政によって許可された範囲を「三業地」と呼ぶ（二業の場合は二業地）。円山町は、大正二（一九一三）年に三業地指定を受けた。

戦前期の様子を、指定地成立後の松川二郎『三都花街めぐり』（昭和七年。参考文献は巻末二七八ページ）からみてみよう。

〝渋谷の花街を「道玄坂」、そこの女を「道玄坂芸妓」と一般には呼んでいるが、地廻りは単に「山」と呼び慣わしている。昔は「荒木山」、今は改めて「円山」、略して「ヤマ」と呼んでいるのである〟

「円山」という地名は、渋谷町の大字・小字区域の名称変更によって昭和三年に公式のものになった。「円山町」の名が公式名称になったのは、同七年の区制施行時である。かつてそこは、荒木山《あらきやま》と呼ばれていた。花街として〝荒木山〟ではいかにも粗野な感じがするので、京都祇園の芸者町にほど近い円山、もしくは長崎の丸山遊廓を連想させる名をつけたとも伝わる。それでは荒木山の〝荒木〟のルーツはというと、鍋島家の家扶（執事）であった荒木寅太郎なる人物が、この一帯を鍋島家から受け継いだことに因むという。

芸者町としての円山町から現在までのまちの変化は、どのようなものだったのだろうか。これまでにいわれている点は、三業地に暮らしていた女性たちが、戦後この土地に住み継いでいくひとつの方法として、建物の一部を部屋貸しにする旅館（いわゆる逆さクラゲ、連れ込み宿）を営んだというもので、一九六〇年頃までに創業した旅館の経営者名は半数以上が女性だという。一九六四年東京オリンピックの頃には、連れ込みに特化した宿が多数できていた〔金、二〇一二〕。そのうちに建物が木造から鉄筋コンクリート造などに更新され、現在のようなホテル街が形成されたとみられる。しかしこのような変化のなかでも、ここ円山町を舞台に渋谷芸妓の活動は続いてきた。

鈴子さんによると、まちが最も変わったのはバブルの時だという。バブル景気（一九八六〜九二）は円山町により一層の客を送り込むとともに、土地の地上げという二様の現象をもたらした。多数開かれる宴席に、芸妓はいくらいても足りなかった。だから芸事の習得や躾の浅い芸妓も座敷に出た。そうした一部の状況が、芸者町全体の評判にも響いた。

キャバレーやホステスの台頭も打撃になった。芸妓として座敷にあがるには、芸の習得にかかる時間は無論のこと、着物や帯をはじめとする商売道具のそれぞれにかなりの費用がかかる。洋装のホステスはいわば〝すぐにでも出られる〟接客業だった。

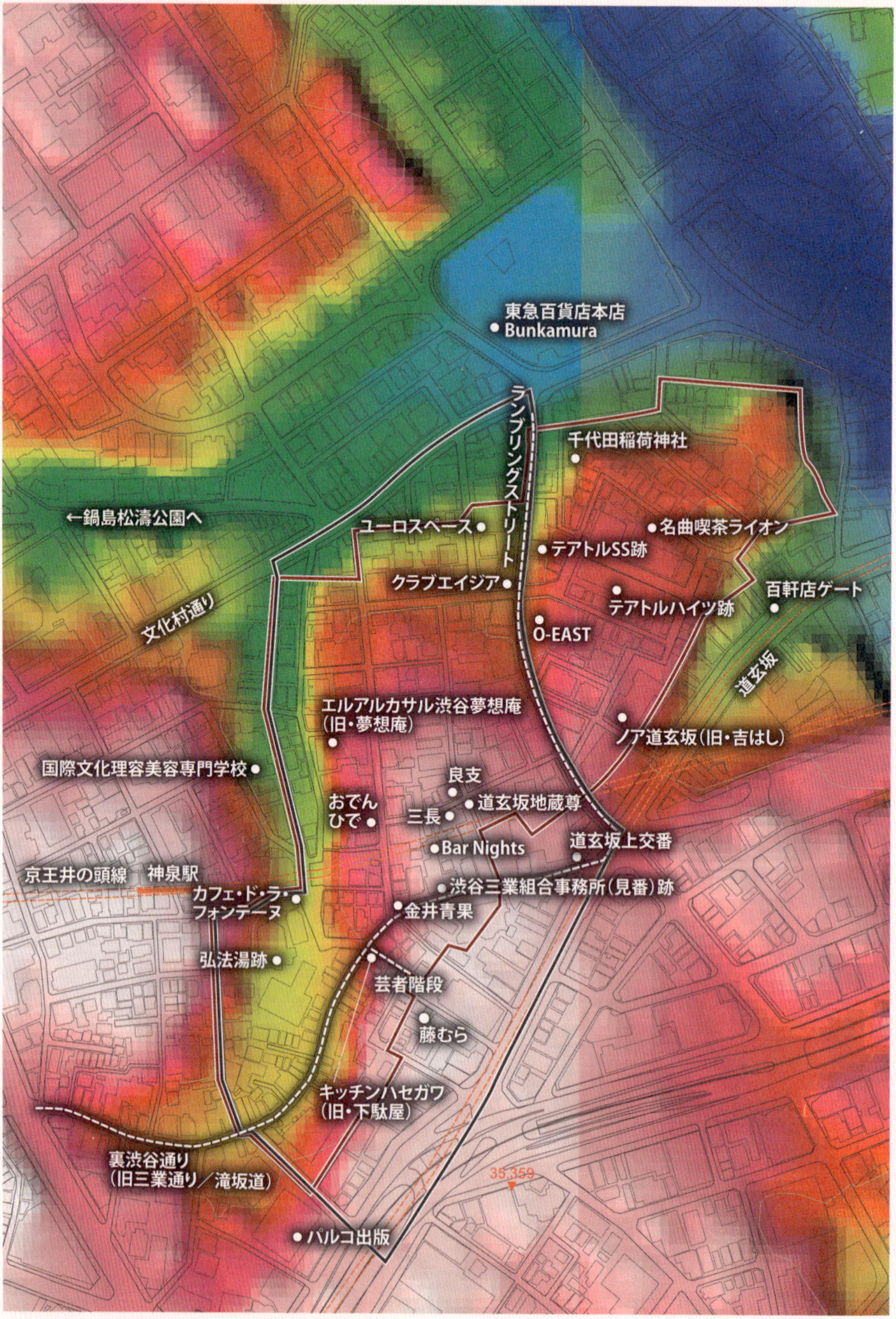

国土地理院の基盤地図情報を元に QGIS と専用に開発したプログラムにより作成(京谷友也・松田法子)。その上に主なスポットを編集部が文字で追記した

━:1970(昭和 45)年以前の円山町
━:1970 年以降〜現在の円山町

加えて、大料亭が地上げで商売をやめていった。それは円山町内にお出先が減ることを意味する。このような理由が重なって、渋谷芸妓は減少していったという。

2　よい水の湧くところ

土地の先行核

芸者町・三業地としての歴史を物語る事物を、今の円山町に探してみよう。芸妓とお出先の連絡事務を取り仕切る見番《けんばん》の跡、芸者階段、料亭、旧芸妓置屋、元三味線屋、元下駄屋。道玄坂地蔵（写真）は旧名を豊澤地蔵といい、宝永三（一七〇六）年に現在の道玄坂上交番あたりに建てられた。豊澤地蔵は多摩川三十六地蔵のひとつで、四の日の縁日には大変賑わい、特に大正四〜八年頃がそのピークだったという〔区史、一九五二〕。その後地蔵は戦災などで類焼し、今の地蔵は古い地蔵を中に塗り籠めているともいう。現在の豊澤（道玄坂）地蔵のすぐ横は料亭「三長」、向かいは「良支《よしき》」で、ここは三業地としての円山町を彷彿とさせる数少ない一角である。

三業地の形成には、何らかの歴史的な先行要素が核になる場合と、新興地として開発される場合とがある。後者については、近代になって都市の内外に配置された男性集団（たとえば陸軍の衛戍《えいじゅ》地など）の所在地と、鉄道という新たな交通インフラの伸

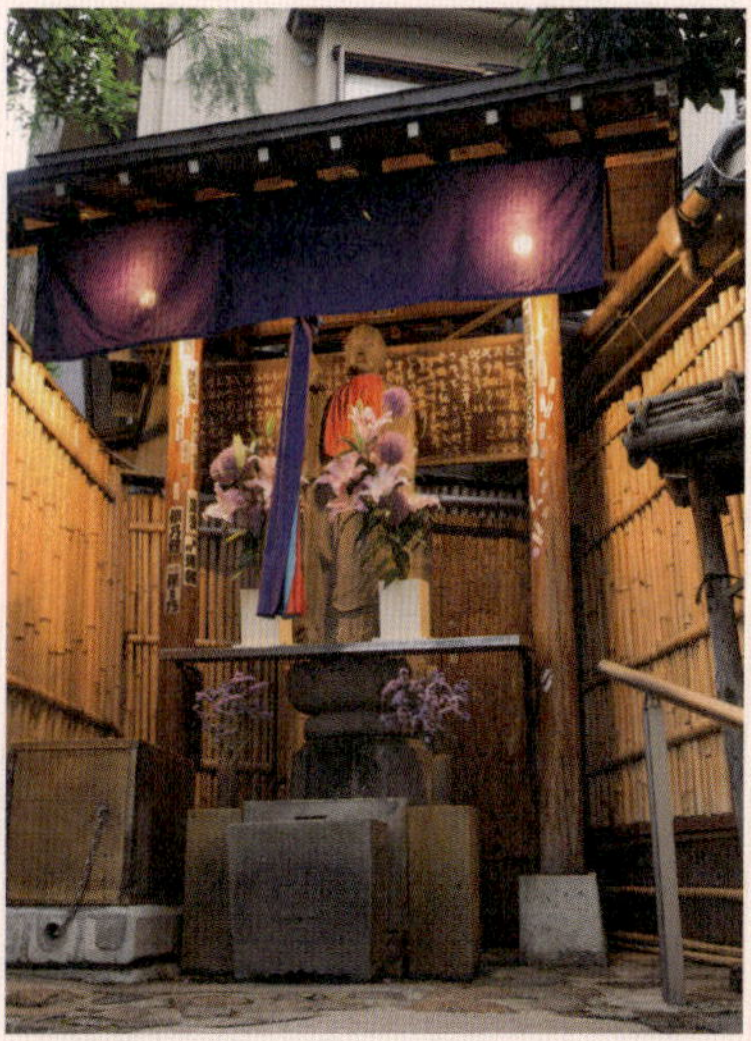

道玄坂地蔵

展が連動して関わることが少なくない。加えて、明治期から大正期にかけては、「新開地」などと呼ばれる新たな盛り場が形成された。そこに集まってきた居酒屋や銘酒屋が私娼の営業地となったり、遊芸師匠や料理屋を下地にして芸妓商売がおこされるなどした。円山町の成立には、以上のすべてが関係したのではないかと思われる。

神泉水、ヒメガイ

まず、芸者町形成の核になったであろうと思われる要素を探してみたい。

円山の台地の西側崖下、神泉谷《しんせんだに》に、神泉水という湧泉があった。天和二（一六八二）年までには成立していた『紫の一本《ひともと》』にすでにその名がみえ、『江戸砂子』や『江戸名所図会』でも空鉢仙人という宗教者に紐付けて語られている。

神泉谷の湧水を使った風呂ができ〔区史、一九五二〕、その風呂「弘法湯」の経営を、佐藤豊平という人物が明治一八年頃に受け継いだとされる〔風俗画報、一九一一〕。なお明治一八年とは渋谷駅開業のタイミングでもある。これらの伝承を土地資料に確かめてみると、弘法湯および神泉館が建っていた円山町八一の土地は、松下という人物から明治三三年三月に佐藤豊平が買い取り、明治三〇年代のうちにその所有権は豊蔵に名義変更されている。弘法湯が駅の開通と軌を一にして佐藤家という積極的

現在も立つ「弘法大師 右 神泉湯道」の碑

弘法湯入り口。1911（明治 44）年（左ページの写真 2 点とともに写真提供：渋谷区郷土写真保存会）

な経営者の手に渡ったことは、同湯の活況をもたらしたであろう（なお、後述する佐藤豊氏によれば、家内では明治一八年に豊蔵が弘法湯の経営を引き継いだと伝わるという）。弘法湯が使う湧泉の名は、「ヒメガイ（姫ヶ井、秘ヶ井）」といった。そして義太夫流しの遊芸師匠が、明治二〇年頃に置屋「宝屋」を弘法湯前に開いた。これが、円山町、ひいては渋谷花街の端緒と伝わっている〔加藤、一九六二〕。

弘法湯のなりたち

弘法湯の跡を訪ねる。周辺の土地利用に比べると、かなり大きなマンションが建っている。ずいぶん広い敷地だったということだ。明治一九年と刻まれた石造物が、目に留まる（右ページ右下の写真）。「弘法大師 右 神泉湯道」と彫られていた。施主は青山北町の石屋勝五郎である。旧弘法湯の一画、神泉駅の向かいにある喫茶店ラ・フォンテーヌのマスターで、豊蔵のひ孫にあたる佐藤豊さんに話を聞く。先の石碑は当初の位置より少し動いているようで、弘法湯の門がその碑のあたりにあったらしい。門の先はゆるやかな坂道になっていて、その先に浴場と料亭（右ページ左）があり、ヒメガイは庭の一角にあった（左下）。井戸上部の石組みはマンションを建てる時に壊して井戸には蓋をしたといい、現在ヒメガイを目にすることはできない。

佐藤家のルーツは新潟にあると聞いて、東京の銭湯経営者の大半は新潟か富山の出身者だったという話を思い出す。弘法湯の男衆や神泉館の女中も、新潟から来た人が

旅館「神泉館」の庭にあったヒメガイの湧水口。1916（大正5）年

大正時代の円山芸妓たちとされる写真

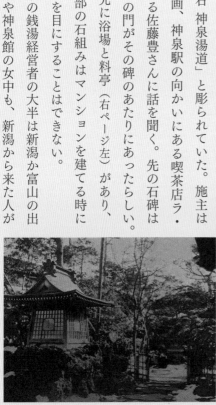

多かったという。弘法湯関係の普請のために新潟から呼び寄せた大工がそのまま東京に定着したということもあったそうだ。

「うちのひいお祖父さんは身近な箱根みたいなのをつくろうと思って、神泉館を建てたみたい」と、豊さん。豊蔵は家の人たちに〝大旦那さま〟と呼ばれていたという。

明治四四（一九一一）年『風俗画報』の『東京近郊名所図会』第一三巻には、弘法湯について、その当時から近過去の来歴が紹介されている。すなわち「今より凡そ二十七年前」に、〝今弘法〟と呼ばれた吾妻橋あたりの異僧が、弘法大師の像を背負ってやってきた。異僧は浴室を建て、施浴を行った。その後、僧は「飄然として去り」、浴場は村で細々と維持していたが、「今の館主佐藤豊平といへる人」が買収した。それは時あたかも「兵営等の多く開設」する時期で、神泉館は繁昌した——。明治四四年から二七年前というと、明治一七年頃になる。すると、異僧が明治一七年以前に建てた風呂が弘法湯と呼ばれ、かつその少し後に佐藤家でこれを経営し、最終的には土地とともに買い取ったというストーリーにもなるのだろうか。

3 神泉谷を貫く道

山に続く道

神泉谷から徒歩三〇分ほど、下北沢のまちの南端にあたる淡島に、森巖寺《しんがん》という

現代の裏渋谷通り＝滝坂道を歩く筆者。カーブを描く古道で、弘法湯の方へ向けてゆるやかな下り坂になっている

一寺がある。あるときここに富士塚がつくられ、さらに富士灸（淡島の灸）が施されて評判になった。淡島の灸は文政期（一八一八～三〇）から明治三〇年頃まで隆盛したという。弘法湯は、この灸に通う人々が休む掛茶屋のひとつになった〔加藤、一九六七〕。淡島の灸の習俗は鉄道開通後いっそう盛んになり、下町からの来浴者が増加したという。

土地に繁華を呼び寄せていく先行要素のひとつとしていまここに、「富士」というキーワードも浮上した。道玄坂には、江戸西部富士講の大先達で、山吉講を主宰する吉田平左衛門家があった。道玄坂は大山《おおやま》街道（矢倉沢街道、厚木街道）の一部であるとともに、江戸の人々の富士詣ルートのひとつでもある。山吉講の人々は参詣の際に吉田家へ立ち寄り、立拝《たちおがみ》というものを行うことになっていた。特に申《さる》年の登山には江戸中の山吉講の人々が道玄坂に集い、富士山を目指したという。森巖寺の富士塚は山吉講の枝講の者が造営したのである。そして東京では維新後も富士講が盛んだった。

裏渋谷通りの正体

渋谷を通る主な道は近世から明治期を通じて、先の大山街道である。渋谷から南西に延び、雨乞い信仰で隆盛した相模大山阿夫利《あふり》神社に至る道であるためこの名がある。それが、江戸からみて大山より西に位置する富士山への参詣道も兼ねていたことは先述のとおりである。

その大山街道には、道玄坂上で西に分岐する細い道がある（五〇ページ写真）。神泉谷の弘法湯前を通り抜けていく道すじ。このまちを歩きはじめた冒頭で、ねずみが目の前を横切っていった、と記した、心地よく谷に沿うあの道のことだ。

この道には、「裏渋谷通り」という新称が二〇一六年に決まったばかりだ。かつては、「(渋谷) 三業通り」、「見番通り」などと呼ばれていた（見番がなくなってからは「神泉仲通り」）。渋谷三業地の拠点たる見番がこの道沿いにあったのだ。

実はこの道は、府中や甲州に続く古い道である。江戸初期の甲州街道開削以前から存在し、府中や甲州方面に至る第一の往還であったとされる。そうすればこの道は、〝裏〟どころか、渋谷一帯が元来紐づいている古道である。三業地成立以前にこの道は、「滝坂道《たきさかみち》」と呼ばれていた。滝坂とは世田谷仙川にある急坂で、道はそこで近世の甲州街道に接続する。神泉谷から滝坂までの道のりの途中にあるのが、淡島の森巖寺なのでもある。

駒場野の道

なお江戸時代の滝坂道については、駒場野と江戸市中を結ぶ経路との関係も考慮する必要があるだろう。神泉谷から徒歩一〇分ほど、いまの東京大学駒場キャンパスに重なる約一五万二〇〇〇坪の土地は、江戸西郊の鷹場《たかば》として名高い駒場野である。享保元（一七一六）年に将軍の遊猟地として収公され、同三年には吉宗が最初の遊猟

元号	西暦	事項	料理屋	待合	置屋	芸妓
近世		『紫の一本』(1682以前)に神泉水の記述、その後『江戸砂子』や『江戸名所図会』にも記載あり				
享保元年	1716	駒場野が幕府の鷹場となる				
慶応3年	1867	フランス軍事顧問団長シャノワンヌが駒場野の近代軍事用地化の建白				
明治9年	1876	鍋島家の土地を荒木寛太郎(鍋島家の家扶)が受け継いだか(「荒木山」の発祥)				
明治18年	1885	渋谷駅開業				
		佐藤家が弘法湯の経営を始めたか				
明治19年	1886	弘法湯前に「右 神泉湯道」などと示した石碑が建てられる(現存)				
明治20年	1887	この頃、義太夫流しをしていた遊芸師匠が弘法湯近くに芸妓置屋「宝屋」を開業か				
明治24年	1891	宝屋・林屋・東屋・千代本が4軒で二業組合設立			4	約20
		池尻に騎兵第二旅団第一連隊移駐				
明治25年	1892		10数軒			30～40
明治27年	1894	日清戦争(明治27～28年)				
明治30年	1897	駒沢練兵場設置				
明治31年	1898	料理屋と芸妓屋が分離して芸妓屋組合設立				
明治36年	1903	料理屋組合設立				
		日露戦争(明治37～38年)				
明治40年	1907	料理屋組合・芸妓屋組合が再合流して二業組合設立、見番設置／この頃、渋谷村の人口急増				
明治42年	1909	代々木練兵場開設				
大正元年	1912	荒木山西半分を諸戸清六の諸戸殖産合名会社(三重県桑名)が買収				
大正2年	1913	荒木山約1万5千坪が三業地に指定	(24)	13	24	60
大正5年	1916		26	24	53	140
大正6年	1917		32	36	68	223
大正7年	1918		30	41	91	253
大正8年	1919	渋谷三業株式会社設立／この頃、豊澤地蔵(のちの道玄坂地蔵)縁日が最盛期	31	61	132	314
大正10年	1921		36	96	137	402
大正11年	1922		35	96	138	412
大正12年	1923	関東大震災	37	98	139	420
大正13年	1924	この頃中川伯爵邸跡地に百軒店ができ始める	33	97	120	376
昭和3年	1928	「円山」の呼称公式化(渋谷町大字・小字区域名称変更)南平台町と大和田町の一部4千坪が新たに二業地指定	37	110	124	370
昭和6年	1931	玉代問題で組合分裂、新見番として「道玄坂三業」発足	31	119	144	410
昭和7年	1932	渋谷区発足。「円山町」の呼称公式化				
		松川二郎『三都花街めぐり』渋谷の項に「道玄坂芸妓」「ヤマ」など／花代争いにより渋谷見番から道玄坂見番が分離・独立	20〔9〕	160〔8〕	100〔20〕	300〔55〕
昭和9年	1934	道玄坂三業の一部が更に分離・独立し「三筋」見番ができる				
昭和15年	1940	渋谷三業地のピークとされる				
昭和17年	1942	企業合同令により組合一本化(昭和17～18頃？)			165	
昭和20年	1945	空襲により円山町も被災するが一部の店は焼け残るか				
終戦後		一部焼け残った店が慰安所に指定され米兵が利用か				
昭和26年	1951		111			300
昭和32年	1957	売春防止法施行／以降､料理屋から旅館・ホテルへの転業盛んに？				
昭和35年	1960		88			
昭和36年	1961		81			
昭和37年	1962		77 or 78			200
昭和39年	1964	東京オリンピック／この頃の円山町中心部の建物はほぼ料理屋兼芸妓置屋、周辺に旅館が立地				
昭和40年	1965					170
昭和45年	1970	住居表示実施により、円山町の範囲が現在の町域に				
昭和47年	1972	廃業した料理屋の跡にトルコ風呂やホテルができる	58			
昭和52年	1977	弘法湯閉業／この年の住宅地図では1965年頃に比べて料理屋や旅館が多数ホテルに転換	41			
昭和56年	1981		26			
昭和59年	1984		21			70
昭和61年	1986	以降、平成3(1991)年までバブル景気	20			
平成初頭		三業組合解散				
平成12年	2000年	渋谷三業組合解散				

円山町関連略年表（筆者作成）

※昭和7年の〔 〕内は道玄坂見番

参考文献：料理屋・待合・置屋・芸妓数は、大正5～昭和6年分は『渋谷区史』(1952) の一覧を、その他は以下を参照した。明治期および大正2年：前掲書、昭和7年：松川二郎『三都花街めぐり』、昭和17年：『全国芸妓屋同盟会総員名簿』〔半戸、2017〕、戦後：上村敏彦『東京花街・粋な街』(ダイヤモンド社、2007年) ほか。事項欄の参考文献は本文等参照のこと。

を行う。秋には鶉《うずら》狩り、春には雉《きじ》猟が行われた。神泉谷を囲む中渋谷村では、鷹狩の一行の宿や道普請の役も負担した〔区史、一九六六／武田、二〇一九〕。駒場野は旗本や御家人の武術演習場としても使われ〔吉田、二〇一二〕、こうした前歴のもと、幕府のフランス軍事顧問団長シャノワンヌによる近代軍事用地化の建白など、幕末の駒場野は軍制の近代化において注目の土地となってゆく。

ここまでみてきたように、渋谷の芸妓置屋や料理屋の発生核になった弘法湯の繁昌とその周辺は、神泉谷を通る古道、富士講など伝統的信仰の近代における継続・拡大、そして近代日本の軍事空間の布置の歴史に、関係の糸がつながっていくと思われるのである。

4　円山町ができるまで

遊所のありか

伝統的な遊所の立地には、①初期的には居住地に選択されなかった、あるいはしがたかった低湿地・氾濫原や、宅地としては利用度の低い土地が選ばれてきた歴史がある。ほかには著名な神社・寺院や港など、多数の人が集まる場所の周辺という類型があるが、これは次に述べる②にも重なる。②は、特に単身の男性および男性集団が多く行き交う交通路につながるものである。③加えて指定地制度が確立した大正九（一九二〇）年以降には、都市空間のどこを三業営業地として許可するかについて、細かな規定と調整が図られた〔西村ほか、二〇〇八〕。

渋谷における遊所の発生と隆盛のあらましは、現在までわかった限り、次のようである（五三ページ年表も参照）。弘法湯前へ明治二〇年頃に宝屋が開業し、次いで滝坂道沿いに林屋が、青山七丁目に東屋ができた。同二四年には、道玄坂上交番あたりに千代本ができ、新橋から来た一六名の〝赤筋芸者〟（客ともめ事をして差し支えた芸者）を抱えた。以上四軒は芸妓屋と料理屋を兼ねていたらしく、二四年に二業組合を構成する。この頃の芸妓は宮益坂や道玄坂の料理屋を出先にしていたが、追々、神泉谷に店が開かれた。新川屋という料理屋が早かったようである（明治三四年には、元衆議院議長の星亨を暗殺した伊庭想太郎が事件直前に数日間滞在している）〔区史、一九五二〕。

道玄坂と宮益坂《みやますざか》は近世より渋谷の谷を挟んで東西に向かい合う町場をなすが、道玄坂町の町屋は幕末に三六軒であったのに対し、谷よりも江戸側に位置する宮益町は一七二軒でずっと大きな町であった。しかし明治中期以降になると、その形勢が変わってくる。道の拡幅調整が進まなかったことや急坂であることを遠因に宮益坂の賑わいは衰微し、一方の道玄坂では明治三三年に道の拡幅と勾配の逓減が行われたことで物資と人の往来が盛んになる。料理屋や遊芸師匠たちも道玄坂側へ移動し、その流れは明治三〇年代のうちに豊澤から神泉に拡がったともいう〔加藤、一九六七〕。

豊澤の一角では日清戦争後に「富士横丁」が開けはじめて五〇〜六〇軒ほどの芸

妓屋と料理屋が集まり、日露戦後の道玄坂界隈ではもっとも勢いのある芸妓屋・料理屋街となる〔区史、一九五二／加藤、一九六七〕。この富士横丁とは、道玄坂をまたいで神泉谷につながる道筋であった。つまり、芸妓屋や料理屋はまず明治期に、道玄坂を挟んで南平台側と神泉谷側にひと続きとなる弧状の営業域を形成したとみられる。円山町となる台地は、その帯の中間地点にあたる開発途上地であった。加えて、大和田新道（大和田横丁）には多数の私娼が集まり、明治四〇年頃とくに盛んだった。

そのようななかで、明治三一年には芸妓屋組合、三六年には料理屋組合ができ、四〇年には双方が合流して改めて二業組合を設立、見番もはじめて設置された。そして大正二年には現在の円山町に続く土地約一万五〇〇〇坪が三業地に指定され、同八年には三業地組合を母体に渋谷三業株式会社が発足したとされる〔区史、一九五二〕。指定地の立地は海江田山（子爵海江田信義の所有地で、現在の桜丘町）との間で争った結果、円山町となる台地上への設置運動が実ったという。

以上の流れを踏まえて再度、これらの遊所と地形や土地の性格との関係を検討すると、渋谷の遊所はまず先に挙げた①のような荒地、地形でいえば低地（神泉谷・大和田新道）と台地（荒木山・富士横丁）の双方を含む利用度の低い土地におこり、三業についてはそれが③段階で台地上を中心とするのちの円山町に集約されたといえる。

三業営業許可地域（『新修　渋谷区史』中巻〔1966年〕より転載）

陸軍と渋谷

次に、前掲した②の男性集団の存在と、渋谷の遊所の形成過程との関係を確かめたい。おおむねそれは、渋谷周辺への軍施設の設置過程とともにみていくことができそうである。

渋谷には明治一八（一八八五）年に日本鉄道会社の渋谷駅（のち山手線渋谷駅）が開通し、同じ頃、中渋谷村（円山町と神泉谷の範囲が含まれる）および上目黒村から三軒茶屋にかけて陸軍の駐屯地が設置されていった。明治二四年における騎兵第二旅団第一連隊の池尻への移駐を皮切りに、渋谷の西部や北部の農地などには陸軍駐屯地の設置が続いた〔吉田、二〇一二〕。同四二年には代々木練兵場も開設される。軍人、その縁故者、軍需を当て込んだ商人など、軍関係者の人口増により明治中期から後期にかけて地域の往来は一挙に盛んになった。またこの間には、日清・日露戦争とその戦勝景気もおこったのである。

陸軍、戦争、鉄道。これらと渋谷円山町との関係はこれまであまり強調されていないが、それらは同町の形成および隆盛の主な原動力になったと推察したい。

明治四二年の日本帝国陸地測量部地図によると、荒木山にもっとも近い軍関係地は、農科大学（現・東京大学生産科学研究所）の南側に位置する騎兵実施学校・近衛輜重《しちょう》兵営・騎兵営である（現在の都立駒場高等学校、筑波大学付属駒場中学校・高等学校、警視庁第三方面本部などの一帯）。そのあたりと円山町との間を歩いてみると、わずか一〇分ほどだ。代々木練兵場や、駒沢練兵場・近衛法兵営・砲兵営（現在の自衛隊中央病院や昭和女子大学一帯）から円山町までは、徒歩二〇～三〇分である。なお一九三〇年頃の在京軍事施設の分布図〔武田、二〇一一〕をみても、代々木—駒場間に位置する軍事施設用地は、都心および都心周辺で最大規模である。

渋谷村の人口は明治三八年に三四三〇世帯一万五〇〇四人になっていたが、翌三九年には四七九七世帯二万四四八五人に急増、同四二年には八九五四世帯三万五一九二人に至り、同年渋谷町として町制を施行する。増加した人口の内訳は、単身流入者が多いという〔武田、二〇一九〕。道玄坂の周辺には陸軍将校や農大関係者が住宅をもち、また地方から入隊した兵士らが休日を過ごす「日曜下宿」や、その需要に応じる商店や仕舞屋ができた。前掲『東京近郊名所図会』（明治四四年）は、〝田舎の感を免れなかった〟道玄坂が面目を一変して繁昌した原因は目黒と世田谷の数多の兵営で、軍人が日夜通行するから、と述べる。

しかも彼らは多数、〝休憩・飲宴、送迎・来住〟した。同じ記事にみる弘法湯の周辺は、次のような様子であった。「されば有名なる弘法湯の外。料理店には有明館 千代田館および福寿亭、海月、菊水、浜松、むさし野、富士見、等あり。芸妓も数十名を算し。弦歌の声常に聞ゆ」。なお先だって明治三八年の日露戦争終結後には弘法湯に料理旅館神泉館が併設されており、そこへ芸妓もあがるようになっている〔区史、一九五二〕。明治四一年までには道玄坂入口に憲兵分遣所が新設されたが、これは軍人の往来・徘徊が頻繁になって「事故」も増えたゆえであった〔武田、二〇一一〕。

道玄坂とその裏にあたる円山町の繁栄とは、互いに両輪のものでもあった〔区史、一九六六〕。道玄坂界隈における置屋や料理屋は道玄坂の交通の拡大に連動して増加し、また一部には「妖しげな料理店」も発生した〔加藤、一九六二〕。明治四〇年の軍事警察報告では、兵士らが〝遊廓に遊ぶよりも利便〟とする「曖昧的料理店」の、渋谷村における増加が指摘されている〔吉田、二〇一一〕。

そして円山町は昭和六年頃までに常時四〇〇から四五〇人程度の芸妓を擁し、「新市街随一の大花街」とうたわれるのである。

土地利用からみる変遷

ところで「円山町」の行政区画は次の二通りの範囲がある。それは（a）現在の円山町（四六ページ地図の青色の枠）と、（b）昭和七年から四五年までの円山町（現在の道玄坂二丁目＝百軒店に加え神泉町の一部を含む。同地図の赤色の枠）である。また、芸妓置屋と料理屋の営業地という意味では、昭和三年に二業地指定された大和田町と南平台町の一部も加えられる（五六ページの地図）。

それら円山町の中心地となる荒木山の変貌と、円山町成立後のまちの変化とは、どのようなものであったろうか。これについてまず、土地や建物の変化から確認してみたい（六三ページおよび六六・六七ページの地図）。

明治四二年時点では神泉谷の弘法湯より北の土地は田であり、神泉谷から台地にかけての斜面は広葉樹の山林であった。台地上は「叢樹」、つまり樹木がうっそうと生えていた。陸軍陸地測量部の地図ではその中に一本だけ道がついており、この道に沿って数棟の建物が描かれる。それが昭和三年になると、台地上の土地はほぼ建物で埋まっている。なおこの間の大正一二年九月一日には関東大震災があったが、渋谷の被害は比較的軽微に留まり、永井荷風は九月二六日午後に食料品を買おうと道玄坂へ来て、「その辺の待合に憩ひて一酌」してもいる〔区史、一九六六／荷風の日記による〕。次に第二次世界大戦中には、昭和二〇年五月の空襲で円山町一帯も被災した。しかし消防団の活動によって九八番地では待合など数軒が焼け残り、しかもそれらは終戦前の六月一日から営業を再開していたという〔区史下巻、一九六六年〕。九八番地というと、道玄坂上交差点をやや西に入った一画である（営業を続けていた待合などが戦後進駐軍の慰安所になったともいうが〔同前〕、現時点で事実関係は未詳である）。なお一九四七年の米軍による空中写真を確認すると、現在の円山町の範囲には、文化村通り寄りの一画を除いて、ほぼぎっしり建物が建っている。

建物からみる変遷

下って一九五五年、六五年、七七年の火災保険特殊地図（都市整図社）住宅地図を比べてみる。五五年には現・円山町（前掲 a の範囲）の主要部はほぼ芸妓置屋および料理屋で、周縁部にわずかに旅館や〝旅荘〟が立地する。それが六五年になると置屋・料理屋街のなかに旅館が散在し始めるとともに（四三ページの地図）、百軒店の北側など当時の町域（前掲b）の北端に旅館・旅荘・ホテルが集まって立地するようになっている。七七年になると、〝ホテル〟の名を冠する宿泊施設が圧倒的に旅館を上回る。六五年時点で旅館や旅荘として営業していた家が名称を変えた例のほか、料理屋の敷地がホテルに変わっている例も確認できる。現代（二〇一三年）では、円山町および百軒店周辺でさらにホテル数が増加しているとともに、一九六五年・七七年では大和田町（現・道玄坂一丁目）に一定数存在していた宿泊施設がほぼ姿を消していることも確認できる。つまり、明治中期に神泉谷とともに芸妓・料理屋街を形成した富士横丁の痕跡は、ある時期までは大和田町におけるホテルや旅館の存在を通してその気配がうかがえたが、それがもうほぼわからなくなったといえる。

なお、円山町のホテルの土地区画とは基本的に、三業地時代の料理屋や芸妓置屋の敷地を継承している。それゆえに建物や営業種が変わっても、芸者町および料亭街だった頃の土地の基本的な空間単位は今も存続しているといえよう。

そのうえで、ここで頭に浮かぶことがある。

三業地としての円山町の成立と隆盛は、陸軍との関係が深かったと考えられることを、先に述べた。戦後に軍がなくなると、料理屋や待合など、円山町に建つ〝ハコ〟は大幅にだぶつくことになる。軍需は近年の研究によって近代東京の主要産業とも位置づけられつつあるが〔武田、二〇一九ほか〕、それが一斉に引いたということも、敗戦─戦後復興─高度成長や、オリンピック、バブル経済などの各時代の契機とともに、円山町というまちの変化には根本的に関係しているのではないか。

そうだとすれば逆にまた、ラブホテル街としての現在の円山町の淵源《えんげん》は、近代東京における軍事空間の歴史と布置に、その端を発しているともいえる。

土地所有者からみる変遷

次に、円山町の歴史を土地所有者から考えてみたい。円山町となる西渋谷台地の一画は佐賀藩主鍋島《なべしま》家の所有であったが、鍋島家の家扶である荒木寅太郎が明治九年にそこを受け継ぎ、荒木山と呼ばれるようになったという。その事実関係の調査は今回充分に行えなかったが、土地台帳（東京法務局渋谷出張所所蔵）の調査からは、別途、興味深い特徴が認められたのでここで紹介しておきたい。まずそのひとつは、のちに円山町となる荒木山のほぼ全体を、三重県桑名の諸戸《もろと》殖産合名会社が大正元（一九一二）年に所有していることである。同社を設立した諸戸清六（一八四六〜一九〇六）は、西南戦争の兵糧調達などで築いた資本を元手に農地や山林を買い付け、大地主となった人物である。東京では恵比寿から渋谷にかけて未開発地を大量に買い入れた。建築的話題としては、二代目清六（一八八八〜一九六九）が、四層の塔屋をもつ桑名の自邸洋館を、鹿鳴館などの建築家として知られるジョサイア・コンドルの設計で大正二年に竣工させたことが知られる。諸戸殖産が買得した荒木山の土地の地目を確かめると、特に西半分はほぼ「山林地」である。つまり、当地は地目からみても、実際に山に近い土地であったといえる。

同じ頃の周辺の土地の動きもあわせてみておこう。百軒店《ひゃっけんだな》の台地は、大正末期までは中川久任《ひさとう》の所有地である。その後は箱根土地などに所有権が移り、百軒店が成立する。中川久任（一八七一～一九三五）は広島藩主浅野長訓《ながみち》の甥で、豊後岡藩主である中川久成の養子となった伯爵である。一般に百軒店は〝中川伯爵邸の跡地を堤康次郎《つつみやすじろう》が開発した〟といわれている状況を裏づける〔武田、二〇一九でも検討されている〕。また、百軒店となる土地の周辺には、戦後も鍋島家のものとして存続した所有地が広がっていたこともわかる。これらは旧佐賀藩一二代当主の鍋島直映《なおみつ》（一八七二～一九四三）から、嫡男直泰《なおやす》（一九〇七～八一）に相続されたものなどである。また、百軒店となる台地の北側下、栄通《さかえどおり》（現・文化村通り）沿いの土地は、明治二〇年代以降に峯島喜代・茂兵衛らが買い取っている。峯島家は江戸時代から尾張屋という屋号で質屋と古着商を営んでいた。喜代は四代目茂兵衛の妻で、明治期から大正期にかけて東京市一四区内

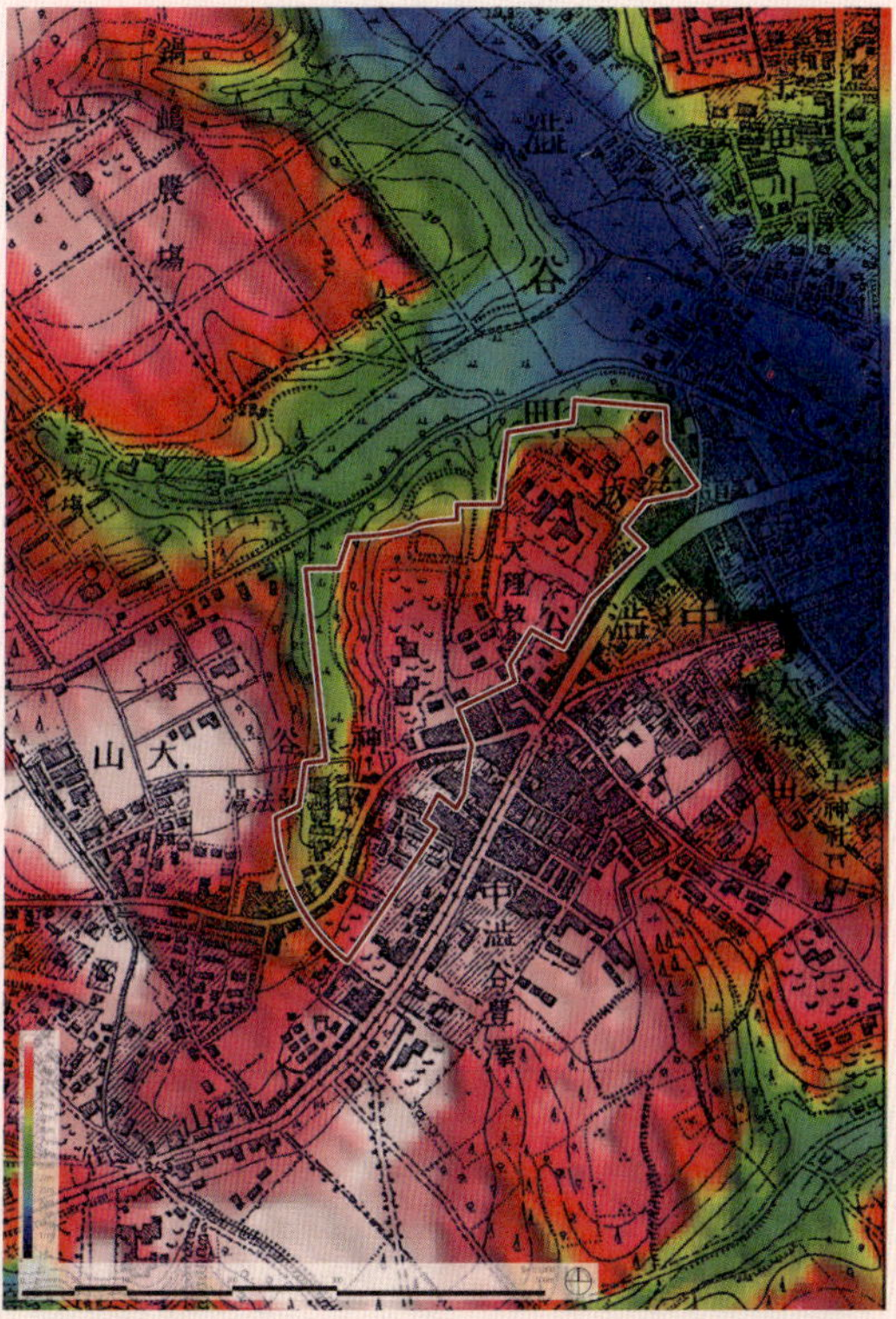

国土地理院の基盤地図情報を元にQGISと専用に開発したプログラムにより作成（京谷友也・松田法子）した地図に旧1万地形図「世田ケ谷」同「三田」（ともに大日本帝国陸地測量部・明治42年測図）を重ねた（66・67ページの地図も同）。さらに編集部で1970年以前の円山町の範囲を赤色の線で示した。

および東京府下の土地を大量に買収した経営者である。峯島家は明治末期の東京ですでに岩崎・三井の財閥一族に次ぐ三番目の大地主だった（横山源之助『明治富豪史』、明治四三年）。のち新宿歌舞伎町となる一帯も同家が購入して区画整理を行い、開発したものである。一方で、神泉谷の南縁を通る道沿いにはその他の人々の個別所有にかかる土地所有が展開している。

おおむね大正一桁の年代までの円山町周辺では、神泉谷などの一部を除いては、不在地主を含むごく少数の人物が地域一帯の土地を所有していた。その後、諸戸殖産の所有する荒木山の土地は分筆され、大正末〜昭和初期にかけて個別の所有者の手に移ってゆき、うち一定数は女性名義の土地であるとともに、戦後にはさらに女性名義の土地が増え、かつ所有者の現住所が円山町の当該所有地と同一化する傾向が見出せる。

以上、近代の円山町およびその周辺の土地の動きからは、（1）旧藩主や華族に関係する大面積所有と、（2）その他の人々による神泉谷滝坂道沿いの個別所有等からなる組み合わせが、明治中期頃以降には（3）新たに東京に台頭した不在地主らがまとまった土地を買収し、（4）戦前期におけるその宅地化や細分化を経て、（5）戦後には（1）・（3）の土地の細分化および土地所有者と居住者の一致が進んだ、という流れが見出せる。特に円山町では（4）の段階で三業の業者が多数進出し、（5）の段階にかけて多くの女性土地所有者が生まれたとみられる。

5　台地からみる渋谷

地形からみる芸者階段

芸者階段を、裏渋谷通り＝三業通り＝滝坂道へと、ゆっくり降りてゆく。芸者階段とは、踏面を広く、蹴上げを低くとった階段のことだ。着物に草履の芸者が上り下りしやすいといったことと重ねて、地元では芸者町円山町の記憶を呼び起こす、小さなモニュメントでもある。

ここで、この階段のあり方を地形と重ねて眺めてみよう。神泉駅よりも北側では、神泉谷に建つ建物の三階程度の高さに円山町の建物の一階が位置するほど土地の高低差があるが、芸者階段がある位置では滝坂道が谷の縁の比較的高いところを通るために、台地と低地の街区の高低差が小さいことがわかる。つまり芸者階段とは、地域内では相対的に比高の小さい土地を結ぶパスであるため、ゆるやかな階段になったと考えることもできる。踏面が広く蹴上げが低い同様の階段は、芸者階段の一本南にも存在する。なおこちらは滝坂道の角にたばこ屋があって坂全体が近辺の勤め人たちの喫煙スペースになっているので、印象はずいぶん異なるのだが。

芸者階段

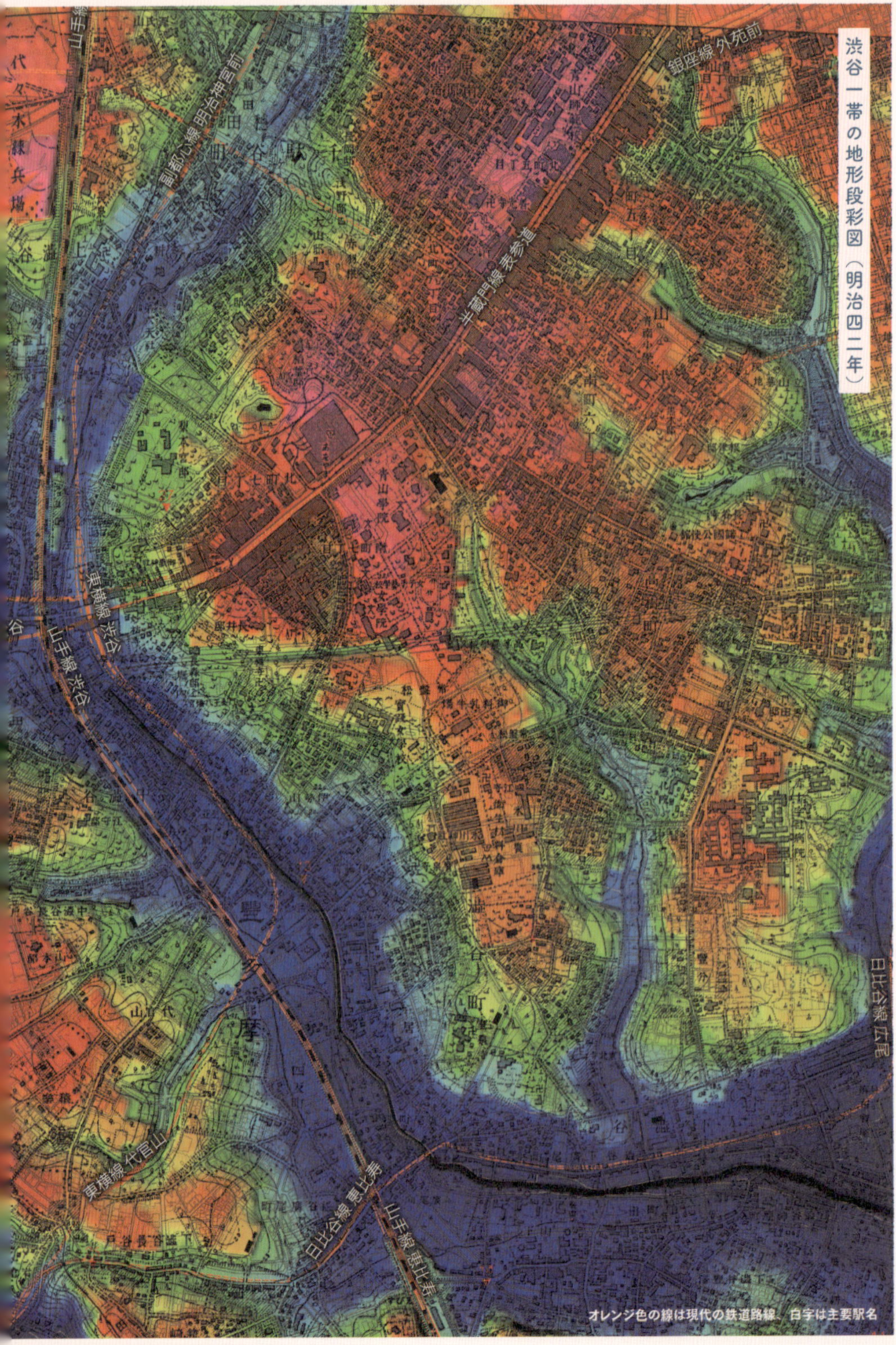

渋谷一帯の地形段彩図（明治四二年）

オレンジ色の線は現代の鉄道路線、白字は主要駅名

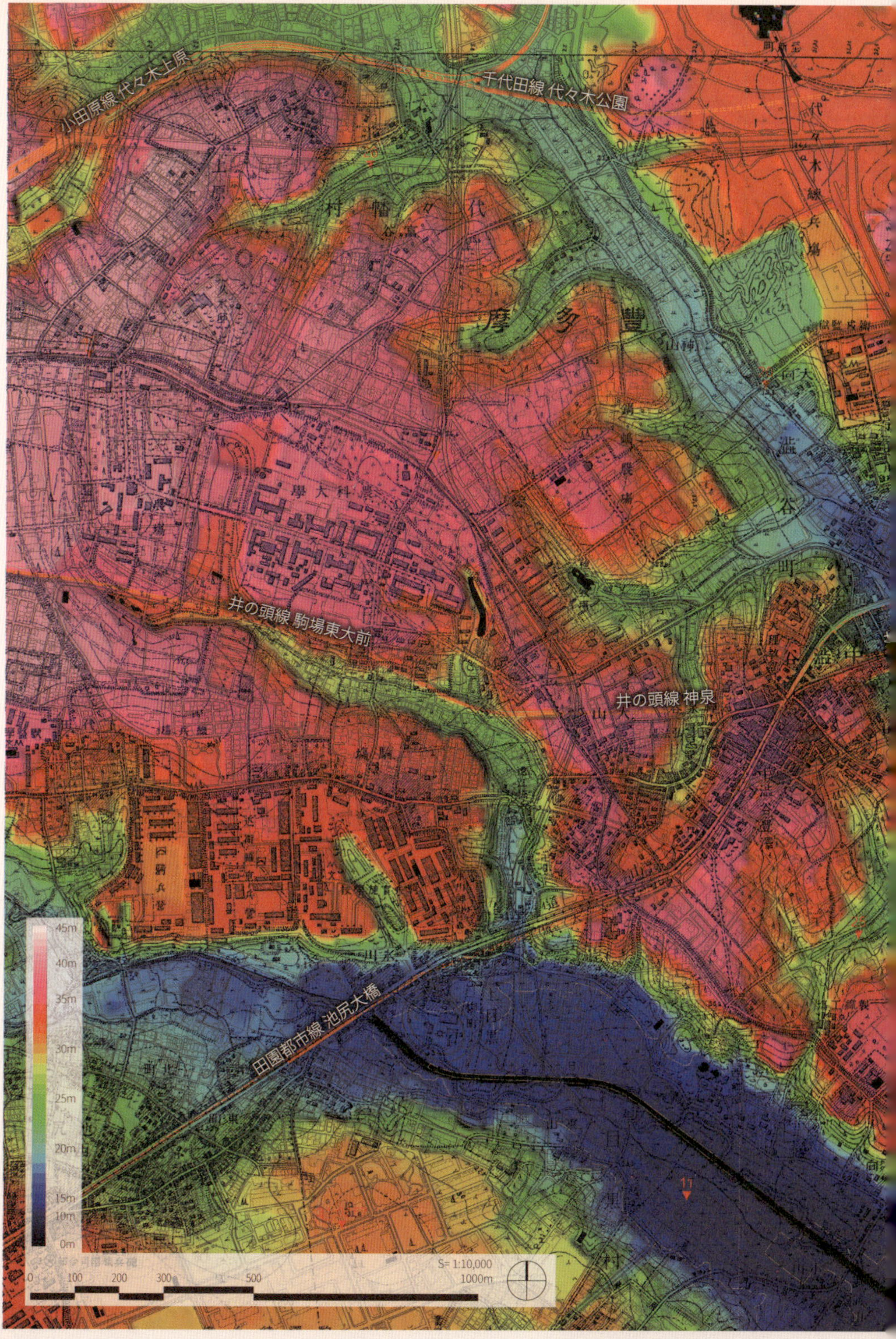

小田原線 代々木上原
千代田線 代々木公園
井の頭線 駒場東大前
井の頭線 神泉
田園都市線 池尻大橋
45m
40m
35m
30m
25m
20m
15m
10m
0m
S= 1:10,000
0
100
200
300
500
1000m

台地の面的開発

神泉谷と円山町（旧荒木山）を眺める目を、ここで少しズームアウトしてみよう。それによって、このあたりのまちの形成と、それらの前提となる〝大地の土地化〟の単位とその形について考えてみたい。

円山町周辺の土地利用のあり方を、明治四二年の陸地測量部地図にたどろう（前ページの地図）。松濤《しょうとう》の邸宅街となる台地上は、鍋島農場である（鍋島直大が紀伊徳川家下屋敷を払い下げられたもの）。農場内には北西―南東に軸を傾けた道と、これに直交する道がつけられている。このグリッドは台地の東西と南の縁の傾きを反復したものである。つまり台地上の街区の形は、台地そのものの形に規定されて割りつけられている。傾いたこのグリッドは、いまの松濤の街区にも継承されている。百軒店の街区の方位も、百軒店が載る小さな台地の東西の傾きをトレースしたものだ。神泉谷の西方、騎兵営舎などが集まる軍用地と農科大学（現・東京大学駒場キャンパス）とは、目黒川の谷に続く谷地によって互いに南北に分けられている。大学と軍という異なる単位の土地利用が、谷地を境界として近接しつつも明快に区分され、割り振られたのである。

大地が水流によって削られてできた台地の単位ひとつひとつに、渋谷周辺ではおおむね明治末期までに、このように特徴ある土地利用が重ねられた。なお谷地は明治末時点ではまだほぼ田であったので、性格を異にする都市の小世界は、渋谷では先行して台地ごとに形づくられたといえる。円山町も、その一単位なのである。

面から読みとる渋谷の都市史

渋谷を扱うこれまでの都市論は、渋谷を〝通り〟から語ることが多かった〔松澤、一九八六ほか〕。そこで注目されていたのは、渋谷駅が位置する〝すり鉢型〟の谷から各方面に延びる谷道と坂道である。松澤はこれを「ヒトデ型中心回遊路」と名づけた。谷筋の街区は、谷地の中を通る道を軸としてリニアに形成される。谷筋からみれば、エリアの捉え方はおのずと線的になるだろう。先述したようにこれらの谷地の開発年代は台地の開発の後に位置づけられる。谷地における開発時期の遅れは、次には渋谷の現代性を形づくる基盤となってきた。のちの時代における開発余地がそこに残されたからである。宇田川の氾濫原を開発したセンター街（昭和一〇年代より飲食店やカフェーが立地した）は、その代表的なものだといえる。クラブが並ぶ円山町のランブリングストリートも、芸者町と百軒店がそれぞれ台地上の土地を占めたあとで両町の間に残った浅い谷筋に形成されている。

大地を分節する水、棲み着くことの足がかり

このように原初的な地点まで遡って考えれば、渋谷の各街区に個性をつくりだした要素のひとつは、水である。

渋谷の複雑な谷地の奥には、ほぼそれぞれ湧水がある。そこから流れる水も大地を削り、長い時間をかけて谷と台地を形づくる。ヒメガイを含め、湧水の多くはいま直

接目にすることができないが、たとえば松濤公園内の松濤池は谷地の奥の過去の風景を想像させてくれる。神泉水の空鉢仙人伝のように、これらの湧水には色々な物語が込められた。渋谷城跡地の伝承がある金王《こんのう》八幡宮を囲む谷地には、平安末期の伝説的な武将・金王丸の誕生に関わる池や、甘露水と呼ばれる湧水などがあった。泉にまつわる物語は、これらが飲用水や農業用水として地域のインフラをなし、また根源的には渋谷の土地に人が棲み着くための核になっていた重要性と、遠く結びついているからではなかろうか。道玄坂上交差点付近で見つかった円山町遺跡は、古墳時代初期の住居跡でもある。

弘化三（一八四六）年の中渋谷切図からは、神泉谷から渋谷川に流れ入る水系がみてとれる〔区史、一九五二〕。神泉水の水系は用水としても用いられ、五反歩の谷地田が開拓された〔区史、一九六六〕。なお神泉谷の古い読みは〝しんせんがやつ〟という。

おわりに　円山町、土地の生態史

ヤチ（谷地）に沿って下るゆるやかな小径の傍らに、よき水が湧いていた。その水は、神泉水、あるいはヒメガイなどと呼ばれた。弘法湯という浴場ができ、神泉館という料理旅館が増設された。人と商売と芸能が、そこに集まった。農村の台地に、軍用地が定められた。きわめて多数の男が、世田谷や代々木の野に日を送るようになった。

鉄道もできた。道玄坂の往来は、いよいよ繁華になった。西渋谷台地の下には私娼が集まった。道玄坂界隈ではもっと多くの芸妓が必要になった。芸妓置屋と料理屋ができ、組合をつくった。弘法湯に隣り合う荒木山を、山林地主が買った。荒木山の藪は、ひらかれた。そこは「円山」と呼ばれるようになり、縦横に道が通され、芸妓屋、料理屋、待合がひしめいた。渋谷三業地として指定された円山は、山手随一の芸者町となった。その土地にはまた、人ひとりずつの生息の個人史と、それらの関係や絡まりが形づくってきた生態史がある。これらの総体が、円山町の歴史である。

近世以前に遡る古道、江戸開府以降の街道の整備、富士や大山の山岳信仰、駒場野の武術—軍事空間化。維新後には、東西に延びる大山街道を背骨とした渋谷周辺台地の軍用地化と、東京を南北に貫く鉄道の敷設。明治中期におけるこの強力な二軸を背景とした、交通量と人口の増加。以上が、渋谷三業地および円山町の形成と隆盛の、大きな背景をなしたと思われる。戦後は軍需が消失して三業地は旅館街化、のちそれがホテル街に転じた。今回のまちあるきを通して感じられたこの小さな谷地と台地の移ろいは、このようなものであった。

コラム

古道

滝坂道を辿ってみた

松田さんの円山町調査に二度同行させていただく。初日、「この道の曲がり方、おもしろいですね。どこまで続くのでしょう」と松田さんが心ひかれていたのが、滝坂道だ。探究心に火がついた監修・三浦と編集・田中は、翌週、道玄坂から調布まで、滝坂道の名残を探す街歩きに出た。本コラムは、その道中のメモである。

始まりは、道玄坂上交番前交差点から右手に入り、円山町を通り旧山手通りまでつながる、S字を描いてゆるやかに下る道。車両一方通行で、個人営業の飲食店が多く、付近の勤め人や学生が行き来する。「旧三業通りの新愛称決定！『裏渋谷通り』」という商店街のポスターが青果店に貼ってある。人気の「奥渋」や「南渋谷」への対抗意識もあってか、フラッグもはためいている。

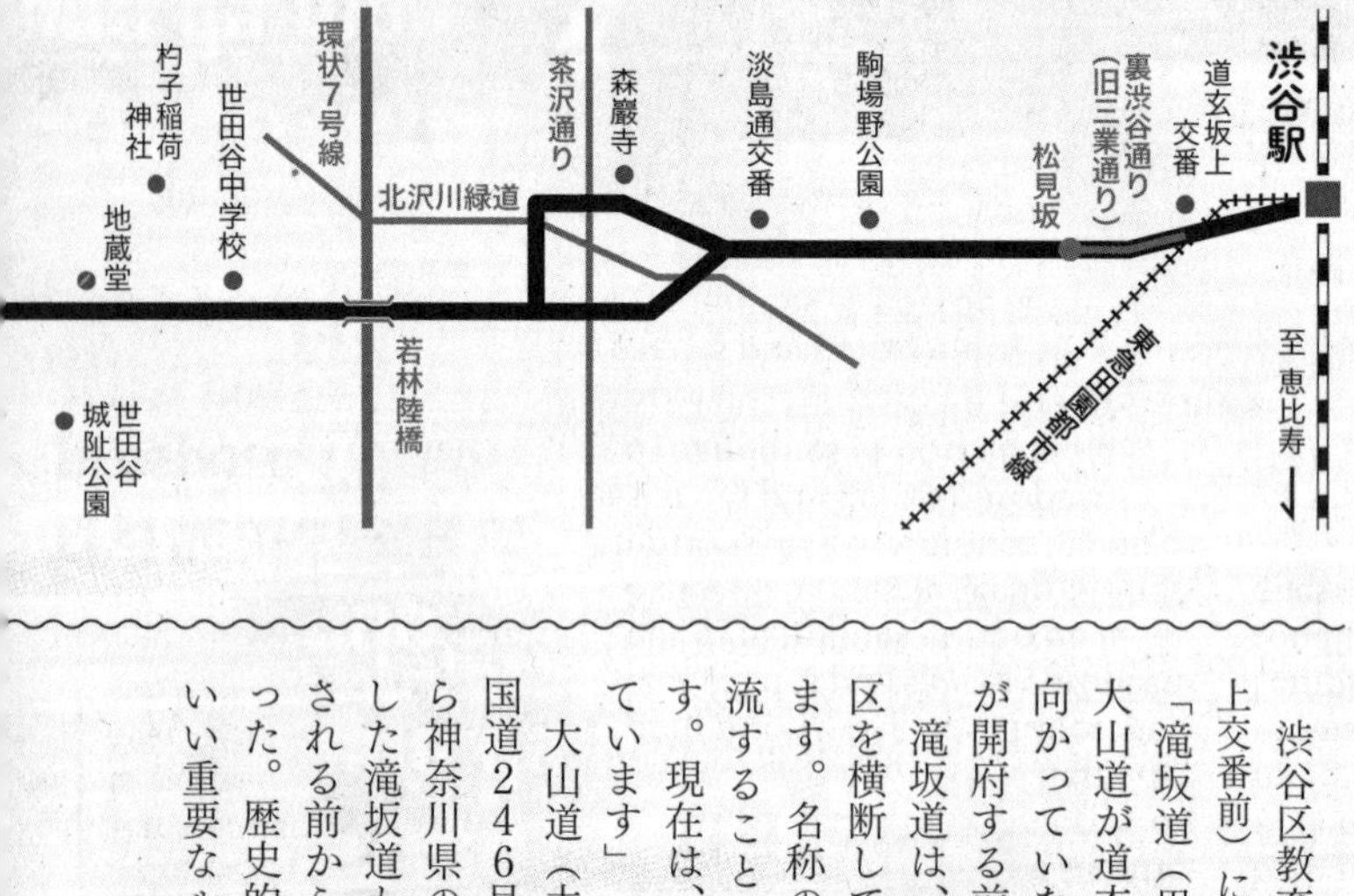

渋谷区教育委員会が設置した碑（道玄坂上交番前）にはこうある。

「滝坂道（甲州街道進出道）は、かつての大山道が道玄坂から分岐をし、武蔵国府に向かっていた古道で、その起源は江戸幕府が開府する前からと考えられています。滝坂道は、目黒区の北部を通り、世田谷区を横断して、調布市で甲州街道に合流します。名称の由来は、甲州街道の滝坂で合流することから滝坂道と呼ばれたようです。現在は、裏渋谷通りの愛称で親しまれています」

大山道（大山街道）は、おおむね現在の国道246号線である。江戸城赤坂御門から神奈川県の大山へ向かう。そこから分岐した滝坂道も、江戸幕府に甲州街道が整備される前から、庶民の物流と信仰の道であった。歴史的には渋谷発展の礎といってもいい重要なルートであったのだ。

JR渋谷駅をスタートし、道玄坂に並行する渋谷マークシティ横の急坂を上る。自転車では無理なこの坂を、牛馬車がどんな苦労で行き来したのか。道玄坂はこの急こう配を迂回する機能であったことがわかる。（写真右）

上りきると道玄坂上の交差点。ここが滝坂道の起点となる。冒頭に引用した渋谷区による碑が立っている。湾曲した円山町の道を抜けると旧山手通り。松見坂を経て淡島通りにつながる。（写真左）

淡島通りは山手通りや井の頭通りの拡幅以前は世田谷、杉並の住宅地や郊外と都心をつなぐ自動車道の抜け道として知られた。昭和のスターが自宅の行き帰り

松見坂交差点。旧山手通りから淡島通りを望む

渋谷マークシティ横の急坂。井の頭線西口近く

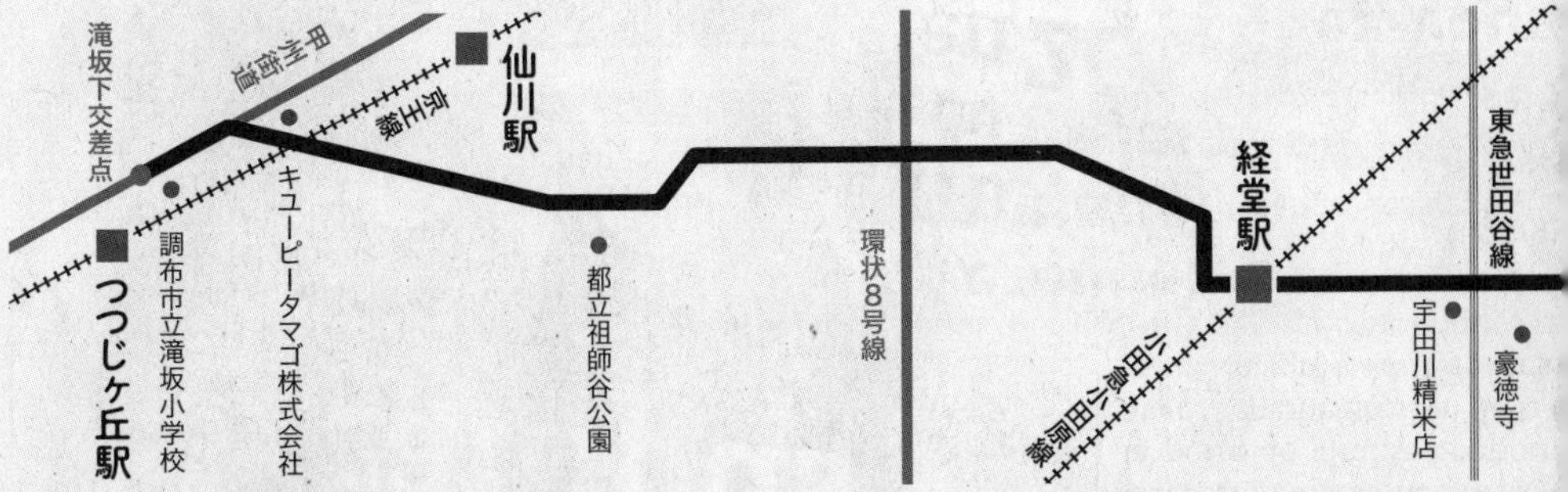

に自家用車で通ったエピソードも多い。石原裕次郎は銀座や六本木からの帰り、深夜の淡島通りを愛車メルセデスベンツ300SLガルウイングで猛スピードで走り抜けた。植木等は付き人兼運転手の小松政男の独立を提案したが、感激した小松は運転を止めて路肩で号泣したなど。この淡島通りに入って一〇数分で駒場野公園が見えてくる。

淡島信号の手前で旧道に進むと、豪壮な神社「森巖寺」を発見。淡島の由来「粟嶋の灸」の看板。「街道沿いには、健康や長生きを願う寺社やお地蔵さんが多い。神泉の弘法湯も、人を癒やすリカバリ機能のひとつ」（三浦）。

鎌倉街道と交差する北沢川緑道は

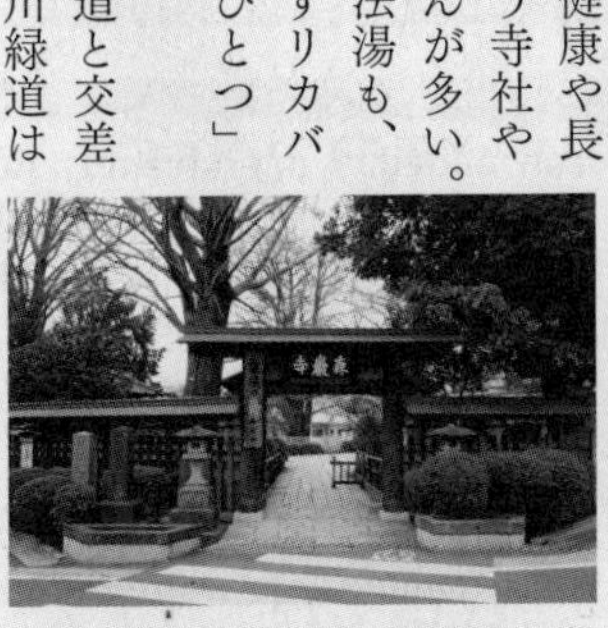

森巖寺。淡島の地名の由来「粟嶋の灸」の看板がかかる

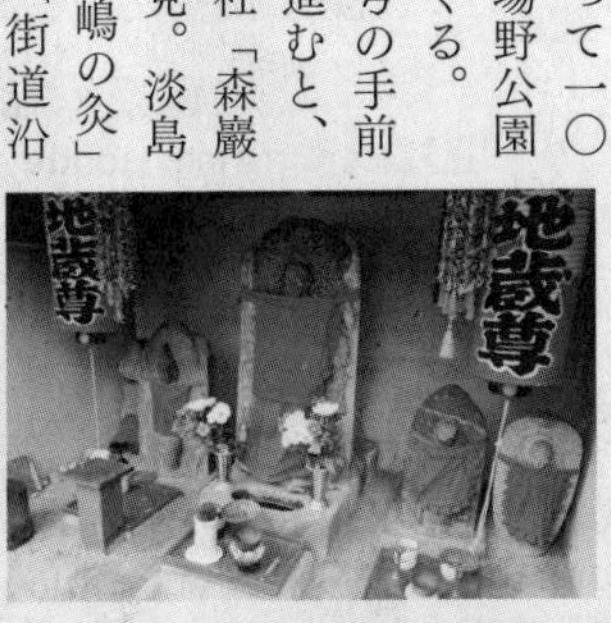

悪病を締め出してくれるという〆切地蔵

地図：豪徳寺駅周辺風景づくりの会による案内板『地域風景遺産　古道　瀧坂道』2011年12月』などを参考に、今回編集部が辿ったルートを示す

散歩道として整備されている。

淡島通りはバス通りだ。環状七号線の渋谷寄りには東急、小田急のバス基地があり、環七との交差は有名な若林陸橋で、世田谷のフラットな地形が一望できる。「陸橋を渡ったあたりに昔は世田谷村役場、世田谷町役場があったらしい」(三浦)。

住所が梅丘に変わると道幅が急に狭くなる。「宇田川」の表札がある旧家と出会った。「宇田川家は一六世紀室町の時代から、浦安、品川から杉並まで東京を支配する大地主一族だった。渋谷の宇田川との関連を調べてみたい」(同)。

若林から東急世田谷線を越えて小田急線経堂駅までの約三キロの旧道には宿場街をしのばせるような住宅、店舗が立ち並び散歩には最適な様子でもあるが、営業状況は不明な店が多く散歩の際の消費欲求には応えられないエリアかもしれない。

経堂に着くとすでに薄暮で、還暦コンビはタクシーを選択。商店街を抜け世田谷を東西に抜ける狭い車道を行く。環状八号線の近くだけは車線も余裕があるが、すれ違いも難しい道が続き、世田谷一家殺人事件の現場横を通る。

調布市仙川までは二〇分。キューピー工場の裏手から甲州街道に抜け、「滝坂下」信号に到着し、車を降りて甲州街道を北西に進み、そこから分岐する旧滝坂道を発見した。渋谷・円山町の湾曲した道から出発して、調布で甲州街道と合流するまでをたどる我々の散歩の終着地点である。ここから「滝坂」の名前の由来であろう、ひと気のない急勾配の旧滝坂道を上る。上りきると「馬宿　川口家」があった。戦前までは馬方や行商人を相手に旅籠を営んでいたという。京王線のつつじヶ丘駅からは五分ほど。(文：田中雅之)

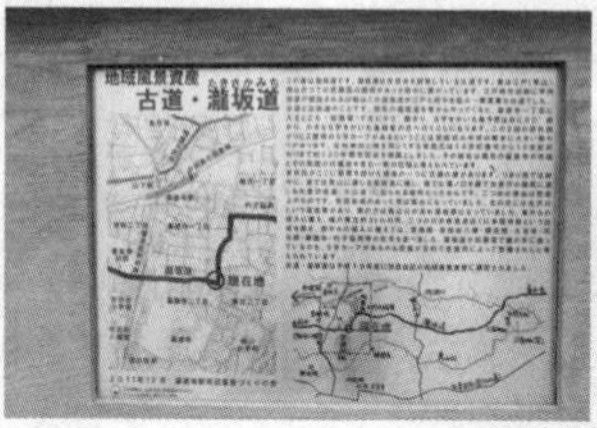

梅丘近辺には、郷土研究家の方々による案内板も多く見かけた

お屋敷近くのお米屋さんも宇田川

北沢川緑道

馬宿の石碑

川口家

調布市つつじが丘の滝坂道旧道

経堂駅までの旧道沿いに風情ある建物も

DRUNKARD'S ALLEY

3章

のんべい横丁

撮影＝大森克己　文＝田中雅之

渋谷のゼロ座標

日々変貌を続ける渋谷駅前で、「渋谷のんべい横丁」は変わらず異彩を放っている。二〇一九年の現在を撮影し、その魅力を横丁派おじさんT（60）と、酒場めぐり好き女子のY（25）が語る。

T 酒飲みには、水平（ヨコ）派と垂直（タテ）派がいます。横丁の店好きとビル内テナント好き。あたくしはヨコ移動が多い。

Y 渋谷のんべい横丁はその聖地ですよね。私もビルの中より、路面店が好きです。

T 不思議なのは、ヨコ派も、自分のテリトリー外の横丁には水平移動しないこと。

Y 渋谷のんべい横丁の常連さんは、新宿や池袋には行かないということですか。私は行きますけど。

T Yさんみたいに、横丁自体が好きで比較したい研究肌の人は別として、どこの横丁も基本的には常連で成り立つ。渋谷のんべい横丁の顧客ホールド力はとくに高いと思う。

Y 資料として推薦していただいた、小津安二郎監督の『東京暮色』観ました。

T 冒頭で笠智衆が、都心の銀行勤めの帰りにのんべい横丁らしき店に常連っぽく立ち寄るんだよね。タイトルバックに映画館「渋谷全線座」が映るから、昭和二十年代の渋谷という設定。

T 女将さん（浦辺粂《くめ》子《こ》）の割烹着が真っ白できれいでした。

T あの清潔さがのんべい横丁です。新宿、池袋にはない特徴。

Y 女将さんがすすめてくれたコノワタ、いただきます〜。

T 私も二十代の頃、このあたりの店で初めてコノワタってものを食べました。

Y お客さん全員にはすすめない。（小声で）常連以外には冷たいんですかね。

T 飲み方とか顔つきでよく来る客は覚えるんじゃない。どの店も狭いから。

Y 新宿思い出横丁もゴールデン街も狭いけど、距離感はちょっと違いますよね。渋谷のんべい横丁は、学生の頃に全店制覇してるんですけど、いつ行っても不定休で入れないお店もあって。

T へー、全部行ったの。夏場は一か月以上休む焼き鳥屋もあるよね。

Y オープンする時間もバラバラで。

T 自由で、それぞれの店にプライドを感じる。このプライドは成り立ちに起源があると思う。東京のターミナル駅前にあるいくつかの飲み屋横丁と同様に、渋谷のんべい横丁のルーツは、戦後の闇市。でも、ほかと違うのは、露店整理事業の対象となった露店をこの場所に集約して、一九五〇年に「すべて公式な権利関係のもと建設された」（石榑督和『戦後東京と闇市』）点といいます。

Y だから、高度成長期、バブル景気、そして今進行している「一〇〇年に一度」

の駅前再開発事業にも動じないんですね。

T　増改築したり、オーナーが変わったりはしていても、三〇数店の店舗数は六〇年以上ほとんど変わっていないそう。

Y　お客さんの方は変わったんですか。

T　ぼくが知っているのはバブルの頃からだけど、その頃も笠智衆みたいな品のいいサラリーマンが多かったかな。

T　今もインテリ風の人、多いですよね。あと、劇団系（笑）。声のよく通る。

T　近年はインバウンド客も。

Y　ロシア語のカップルや、テキサスから来た自称常連って人もいました。

T　英語メニューがあったり、外国人対応に慣れた店も多い。それでいて日本らしい雰囲気を感じられるのが、旅行者にも魅力なのでしょう。清潔さがよいと先ほどのイギリス紳士も言っていた。

Y　お箸の使い方がめちゃくちゃ上手な方でした。

T　自由に見えて、どの店もカウンターがきれいだし、共用通路に看板などがはみ出したりもしない。

Y　スクランブル交差点が渋谷の「変化と喧騒」の象徴だとしたら、のんべい横丁は「不変と静謐」。ずっとここにあってほしい。

T　本当にそう思う。山手線をy軸、宮益坂と道玄坂を結ぶ旧大山街道をx軸とすると、スクランブル交差点ものんべい横丁も座標0にあたります。どちらもどこか都市のエアポケットのようですよね。かたや一日に五〇万人が往来するという、空虚な空間。他方でここには、ビル化を逃れた密度の濃い空間が、六〇年変わらずに存在しています。周辺の象限（エリア）は全部ビル化されてしまった。

Y　絵本の『ちいさいおうち』を思い出しますね。

T　あれは最後どうなるの？

Y　周辺が高層ビル街になり、取り残されてボロボロになった「ちいさいおうち」は、郊外の野原に移築されて暮らします。

T　渋谷ののんべい横丁は、移転してほしくないなあ。再開発計画は行政や地権者が最終決定するのではない。ましてや首長の意思だけではない。多様な常連客と、この雰囲気に愛着を感じる人が増えれば、この環境は残っていくでしょう。

Y　変わらないでほしい！　ではもう一軒、行きましょうか。

WASHINGTONHEIGHTS

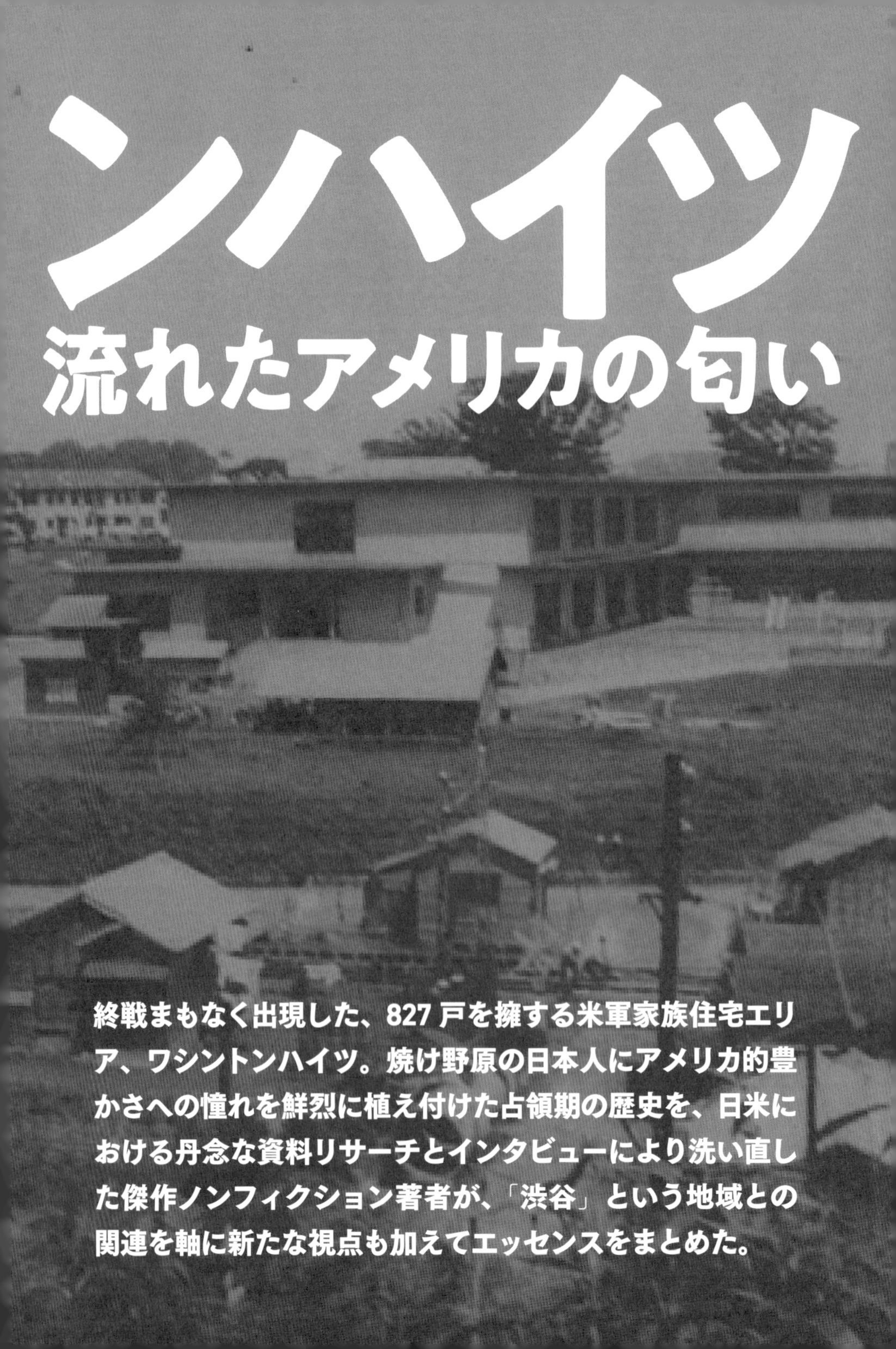

ンハイツ
流れたアメリカの匂い

終戦まもなく出現した、827戸を擁する米軍家族住宅エリア、ワシントンハイツ。焼け野原の日本人にアメリカ的豊かさへの憧れを鮮烈に植え付けた占領期の歴史を、日米における丹念な資料リサーチとインタビューにより洗い直した傑作ノンフィクション著者が、「渋谷」という地域との関連を軸に新たな視点も加えてエッセンスをまとめた。

4章

ワシント
GHQ居住地域から

秋尾沙戸子 SATOKO AKIO

アメリカ化の発信基地

かつて、渋谷に巨大な「アメリカ村」があった。フェンスに覆われたその村は、日本人が外から眺めることはできても、立ち入ることが許されない「禁断の世界」。青い芝生と白い家々。犬を散歩させる金髪の婦人たち。その村は終戦後の焼野原に忽然と姿を現し、中では米軍将校とその家族が天然色の生活を送っていたのである。

「ワシントンハイツ」と呼ばれたそのエリアは、広大な明治神宮の西に隣接する一帯である。勾玉《まがたま》状の、下膨れで涙型をしたその土地の総面積は二七万七〇〇〇坪におよび、終戦までは大日本帝国陸軍の代々木練兵場として使われていた。現在は、南北を分断する形で富ヶ谷に向けて東西に道路が通り、代々木公園、代々木オリンピック競技場、NHKなどとなっている。

戦後、沖縄にいた連合国軍総司令官ダグラス・マッカーサーが敗戦国の厚木に降り立ったのは、一九四五（昭和二〇）年八月三〇日。九月八日に東京へ入城している。その日、米軍第一騎兵師団は、東京にある大日本帝国陸軍の施設へ次々に現れて接収

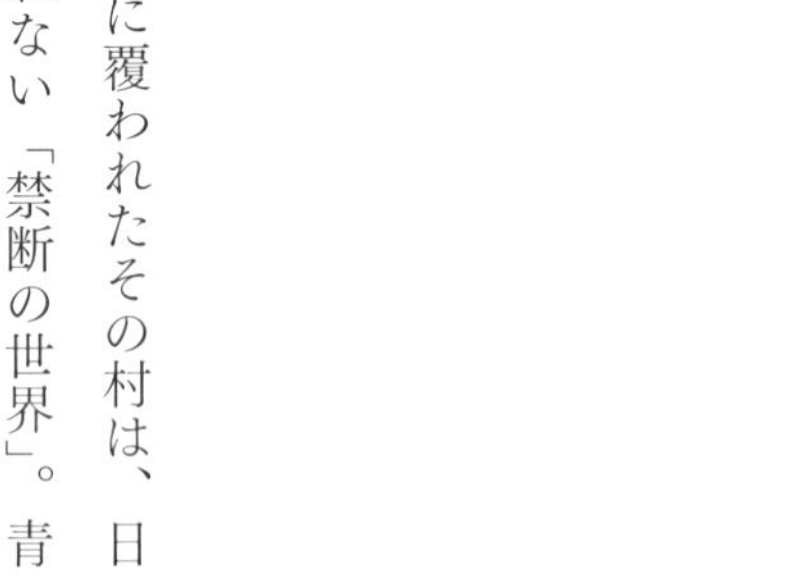

敷地外から見たワシントンハイツ　一九四五（昭和二〇）年撮影（写真提供：白根記念渋谷区郷土博物館・文学館）

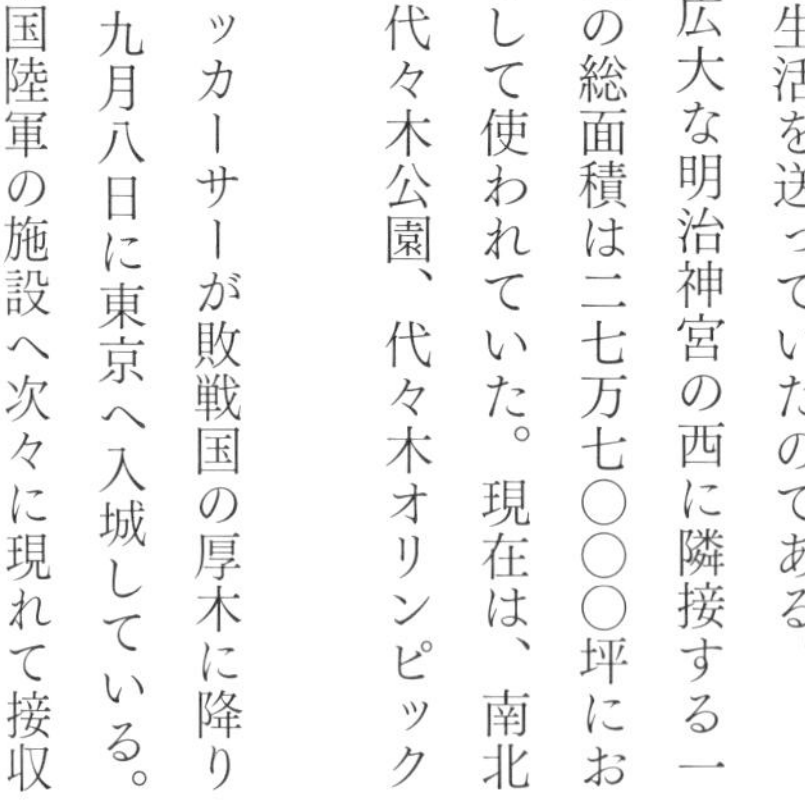

まるでアメリカ本国の郊外住宅のよう。こうした住宅八二七戸と多様な施設があった（写真提供：白根記念渋谷区郷土博物館・文学館）

を始めた。のちに「ワシントンハイツ」と化す代々木練兵場もそのひとつ。大日本帝国の軍人たちが日常的に訓練を行っていたその場所に、まずはキャンプを張り、やがて八二七戸の住宅、教会、学校、劇場、将校クラブ、カミサリー（ミニ青果店）、テニスコート、野球グラウンドなどを備えた巨大なアメリカ村を建設したのだった。明治神宮のように精霊が宿る木々はなく広大で、職場のある日比谷・霞が関からもほど近い代々木練兵場は、扶養家族住宅（ディペンデントハウス、以下ＤＨ）建設に適したロケーションだった。そして、ここから庶民の衣食住アメリカ化の磁界が形成されていった。

ＧＨＱデザインブランチ

占領に携わった兵士には、太平洋戦線からそのまま船で移動したグループと、アメリカ本国から直行したグループがいた。いずれも最初は単身赴任。やがて家族を呼び寄せる将校たちのために各地でＤＨが建設されるが、その任務はＧＨＱ（連合国軍最高司令部）のデザインブランチに、日本の建築家が雇われる形で進められた。施工を担ったのは、鹿島、清水、戸田建設などの建設会社。米軍からの受注を通して、結果、効率重視のアメリカ的仕事の進め方を学んでいく。大型機械を使い、アメリカ式契約書の書き方も体得していった。

建物自体は簡単につくって壊せる軍隊仕様の木造住宅。パイプにスチームを通す床

日本初の分譲マンション　宮益坂ビルディングは一九五三（昭和二八）年竣工（写真提供：満田照世）

暖房が備わり、冬でもTシャツで過ごすアメリカ人を見て、出入りした日本人は一様に衝撃を受けている。赴任する家族がスーツケース二個で赴任できるよう、ベッドや応接セットなどの家具も、冷蔵庫や電気レンジなどの電化製品、食器も調理器具も、何もかも整った中での暮らしは、日本にいながらにしてアメリカ本国そのままだった。

もちろん、そこにはGHQのしたたかな計算があった。DHの記録をまとめた本の結びに、デザインブランチ責任者クルーゼは、次のように述べている。

「本書に示された住宅は連合軍家族住宅の大部分に適合するものと考えられるのであるが、同時に、日本人にとっては、新住居・新生活様式の先駆となるものである」

ここから透けてみえる戦略は、焼野原の中、バラックなどの小屋で暮らす日本人に、アメリカの魅力を見せつけること。アメリカがいかに効率よく仕事を進めるか、物質的豊かさとは何かを目の当たりにすれば、日本人の生活様式は結果的にアメリカナイズされる。DHは、残像づくりも意図して設計しているというのである。

実際に戦後、東京の住空間は大きく変化する。日本間が消えてリビングに応接セットが置かれ、DHのために発注された電化製品が家庭の中に入ってくる。一九五二（昭和二七）年につくられた「代々木山谷アパート」には、日本初のダイニングキッチンが設けられた。「宮益坂アパート」は日本で初めての建てられた鉄筋コンクリート造の分譲集合住宅で、一九五三（昭和二八）年当時、セントラルヒーティングが完備され、白い手袋をしたエレベーターガールが存在して話題をさらった。「天国の百万円アパ

宮益坂ビルティングのエントランスホール（写真提供：満田照世）

建替工事中の宮益坂ビルディング　工事直前まで建設当時の姿を留めていた（画面右奥）

ート」と呼ばれた三一階建てのこのビルは、渋谷ヒカリエに隣接して建っていたが、二〇一六（平成二八）年になって取り壊され、二〇一九（令和元）年にリニューアル工事中だ。

トイ　ベジ　ドレス　ランドリー

衣と食、娯楽においても同様に、ワシントンハイツが発信基地となり、周辺地域にアメリカ化の磁界が形成されていった。

すぐに影響を受けたのは、青山表参道である。明治神宮参詣のための表参道は、原宿駅近くにある最初の鳥居（一の鳥居）に立って初日の出を拝めるようにと、東に向けてつくられた。現在の表参道交差点が、その入り口である。戦中は軍靴の音が響き渡り、練兵場に向かう将校たちが闊歩していたが、戦後は、目が覚めるような色の大型車が行き交う道路となり、周囲の日本人にアメリカの豊かさを見せつけた。毎朝、毎夕、通勤する夫たちだけでなく、子どもを乗せて出かける母親たちも、鮮やかな色のアメリカ車でこの道を走った。そこで、彼らを顧客にした土産物店が出現する。興味深いのは「キデイランド」である。戦後すぐは「バンブー・アンド・トイズ」という名で米軍家族相手に日本の書籍や玩具を売っていたが、やがてバービー人形やスヌーピーのぬいぐるみなど五〇年代のアメリカン・トイを扱うようになり、結果、日本

一九六〇年代のキデイランド原宿店（写真提供：株式会社キデイランド）

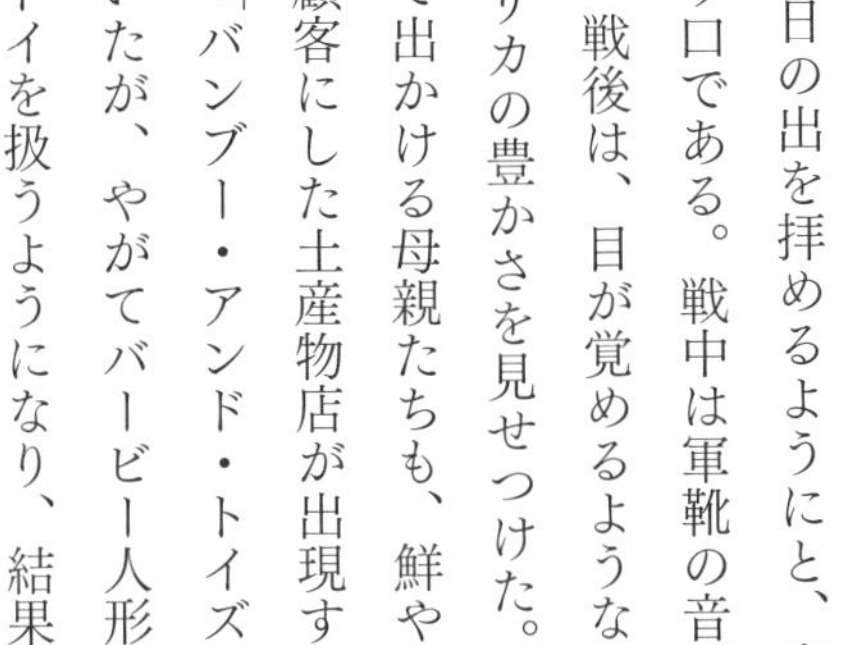

現在のキデイランド原宿店　一度建て替えののち二〇一二年にリニューアルオープン

の子どもたちをアメリカの虜にしてしまうのである。

食のアメリカ化は、公衆衛生管理政策と直結していた。食肉は冷凍して本国から船で運んだが、生野菜がない。すでに調布に米軍専用の水耕農園をつくっていたものの、生産が追いつかないのである。日本の野菜は不衛生だ。農家は糞尿を肥料にしている。アメリカ人のために化学肥料で栽培した果実野菜が必要だ。誰に任せるか。

白羽の矢がたったのは、表参道交差点から歩いてすぐの「紀ノ国屋」だった。戦前は「紀文」という屋号で皇室御用達の高級果物商を営んでいた。戦後すぐの一九四六（昭和二一）年秋、GHQの要請でリンゴを納めたが、オガクズの梱包が不衛生とされ、リンゴを紙で包んで木毛の中に入れ、箱は縄でなくワイヤーで縛るよう指導された。以後、ワシントンハイツ内カミサリーに果物を納め、GHQが示す数値に見合う衛生的な土壌を探して生野菜をつくるうち、ショッピングカートを置き、レジスターを備えた、日本初のセルフサービス・スーパーマーケットを開くことになる。レタス、セロリ、産みたて卵、新鮮な果物を備えた紀ノ国屋は、アメリカの主婦の注目を集め、結果、売り上げを四割伸ばした。

万国共通、ファッション・トレンドは女性たちがつくり出す。戦時中の抑圧が強ければなおのこと、女性は着飾ることに飢えるものだ。アメリカからやってきた将校婦人のきらびやかな服装《ファッション》は、日本国内に洋装・洋裁ブームを巻き起こした。

マッカーサー夫人のジーンには専属のデザイナーが二人いたが、ワシントンハイツで暮らす将校婦人たちは自ら調達せねばならない。なにせ本国から持ち込んだのはスーツケース二個。赴任してみれば、暇をもてあまし、日本の華道や日舞を習ってみる以外、ブリッジに興じ、将校クラブでダンスを踊る日々だった。ところが、ドレスがない。日本のデパートにはドレスが売られていないのだ。ならば、本国から生地を取り寄せ、あるいはPX（Post Exchange＝日用品の購買部）で生地を買い、オーダーするしかない。アメリカのドレスをつくれる人は一体どこにいるのだろう。

そこにチャンスを見出したのが「ミカ・シスターズ」だ。広島で被災して東京にやってきた藤原美智子和子姉妹は、英会話学校の勧めで、日本政府によるGHQ接待パーティに出てコネができ、婦人服の仮縫いでワシントンハイツの中を駆けずり回るうち、青山一丁目交差点にガラス張りの店を構えた。婦人たちは生地と一緒に、アメリカのファッション誌、ボタン、ジッパー、型紙を持ち込んで、自分の好みの服をリクエストした。直線裁ちの和服とは全く違う、丸いフォルムの洋服の裁ち方を、日本人はこうして学んでいくのである。

地方紙も含め、当時の日本の新聞には洋裁教室の広告がびっしり掲載されている。和服を箪笥の奥に追いやって、日本女性は洋服づくりに勤しんだ。新宿で将校婦人を顧客に洋服をつくり始めた森英恵氏も、やがて表参道に移ってくるのである。

衣類の手入れも大きな変革を遂げる。米軍はクリーニングにも卓越した技術を有していたのである。

ワシントンハイツ近隣にあって、ＧＨＱの指導下で効率を学び急成長した企業は、なんといっても白洋舎である。五年前まで本社のあった神山町、その場所が自宅だった。目の前の小高い丘には、やがてワシントンハイツがつくられ、天然色の暮らしが広がっていた。

クリスチャンでもある白洋舎創業の五十嵐家は、戦時中に日本軍の軍服をクリーニングした経験から、米軍にも需要があると見込んでＧＨＱ本部に働きかけた。結果、築地のＱＭ（Quater Master＝需品）部ランドリーに派遣され、監督を任される。築地魚市場は接収されて、米軍の巨大ランドリーと化していたのだ。洋服は揮発油で洗い、シミはスチームで落とす技術に、日本の業者は目を見張った。軍服に至っては、その形のまま機械を使って一気にプレスする。戦地で疲れた体に鞭打って兵士自らが手洗いしていた日本軍とは大違いだったのである。朝鮮戦争が終わると、払い下げられた米軍の機械を使って、白洋舎は自社の洗濯技術をアメリカ化していった。

ワシントンハイツで暮らすアメリカ人もまた、白洋舎の顧客となった。目の前にあるとはいえ、歩いてまわれる距離ではない。広大な敷地の隅々まで、オート三輪で配達した。洗濯物のポケットに入れたままの小銭や貴重品は闇市に持ち込めば高く売れたが、丁寧に袋に入れて返した。効率ではアメリカに負けても、誠実できめ細かな仕事ぶりは日本が上だった。筆者が話を聞いた元住人たちは本国に帰り年老いてもなお、白洋舎の名前をしっかり記憶していた。

現在の白洋舎　渋谷サービス店（渋谷区神山町）
本社は二〇一四年から大田区下丸子へ移転

円山 花街 軍の街

では、渋谷駅周辺は、どんな影響を受けたのだろうか。アメリカ化という視点で見た場合、町の表情からは変化が見えにくい。一九四七（昭和二二）年、アメリカ映画を上映する「テアトル渋谷」が建つものの、アメリカの映画やドラマに描かれているような陽気な暮らしぶりは、渋谷から匂ってこないのである。なぜか。

青山には、すでに戦前よりアメリカ化の素地があった。東京農業試験場所があった明治期、西洋の男女が馬車に乗って草花果実を買いに来たり、アメリカのグラント元大統領が訪れたりした歴史もある。ワシントンハイツで暮らす女性たちが警戒することなく馴染みやすい気配だった。他方、盛り場の渋谷は治安が悪く、お行儀のよくない印象を持たれていた。ワシントンハイツの中で事足りて、映画館にも闇市に行く必要もない有閑マダムたちからすれば、海抜の低い渋谷は、陰の気が漂う、危ういエリアだったのだ。

戦後すぐ、ワシントンハイツが完成する前から、渋谷は早々に特別のエナジーを放っていた。露天商と円山町花街――。戦前から、渋谷は軍人御用達の歓楽街だった。

占領政策において大切なのは、住宅の確保にくわえて駐留軍人向けの娯楽提供である。戦地での闘争心やストレスを鎮め、若い兵士たちを慰安するものは、芸能と女性の存在だ。それを見越して、終戦前から日本政府は国をあげて兵士のための慰安婦施設RAA（Recration and Amusement Association＝特殊慰安施設協会）を用意した。良家の女子を守るために〝プロ〟に防波堤になってもらおうというのである。

渋谷では、荒ぶる男たちの性欲の受け皿となったのが円山町だ。

明治以降、東京は軍都だった。渋谷が軍事色を深めたのは日露戦争以降のことである。駒場には騎兵第一聯隊、輜重兵第一大隊、近衛輜重兵大隊、東京第二陸軍病院があり、代々木練兵場が誕生してからは二万を超える兵士が渋谷を往来したといわれる。軍人のみならず、面会にやってくる人々もあり、道玄坂は夜店が立ち並ぶ繁華街だった。隣接する円山町は、そうした軍人たちと東急グループ創業者の五島慶太たち財界人に支えられ、往時には三〇〇軒のお茶屋と待合が存在したという。

円山町は弘法大師によって湯が湧いたという言い伝えがある神泉町の隣にある。この弘法湯に神泉館という旅館が併設されて花街となり、赤坂からの芸者も流れ着いて発展した。ところが、渋谷を襲った一九四五（昭和二〇）年五月二五日、いわゆる山の手空襲に遭い、焼け残ったのは八軒だけ。それでも六月から営業を再開し、占領が始まると「円山花街がその慰安所に指定され、当時の芸妓たちが身をもって、一般女子の防波堤となっていた」（『新修渋谷区史』）。

最初の客は、ワシントンハイツ建設前、九月七日に代々木練兵場にキャンプを張った米兵たちである。彼らは戦地から直行した単身者。夜な夜な円山町に通った。

ところが、日本政府が用意したRAAは、性病の蔓延と本国家族の反対に遭い、七か月で米兵の出入り禁止となる。実は別ルートで、GHQから日本政府への要請もあった。米軍は遊郭と赤線地帯を記した日本地図を持っており、「東京に十万人の兵士がいるので、彼らの性の処理のための適当な場所を捜したい」というのである。命じられたのは東京都民生局だったが、しかし、こちらも本国の家族に知れることとなり、一年半で閉じている。結果、街角にパンパンと呼ばれる女性たちが立ち、警察公認の赤線が誕生することになった。

闇市に漂った舶来の香り

円山町と同時に賑わったのが駅前の闇市だ。戦前から駅から道玄坂にかけて夜店が並び、筵《むしろ》の上で物が売られていた。ターミナルでもあった渋谷では、すぐにその光景が復活し、日本軍の払い下げ物資が流れた。敗戦が決まると東京の陸軍省や海軍省にいた兵士たちは砂糖などを倉庫から持ち出した。職場の女子を連れてデートを装い、検問をあざむいたのだった。そもそも渋谷は東京市民の野菜の供給地であるから、畑の農産物も高く売られ、米軍用の缶詰、アメリカ製のタバコ、ハーシーズのチョコレートも路上に並んだ。米兵がPXで購入し女性に贈った化粧品や、ワシントンハイツに出入りした日本人が持ち帰った残飯を流したりした。米軍払い下げの服やGパンは

一九五七（昭和三二）年　渋谷地下街建設工事中のハチ公前広場（写真提供：白根記念渋谷区郷土博物館・文学館）

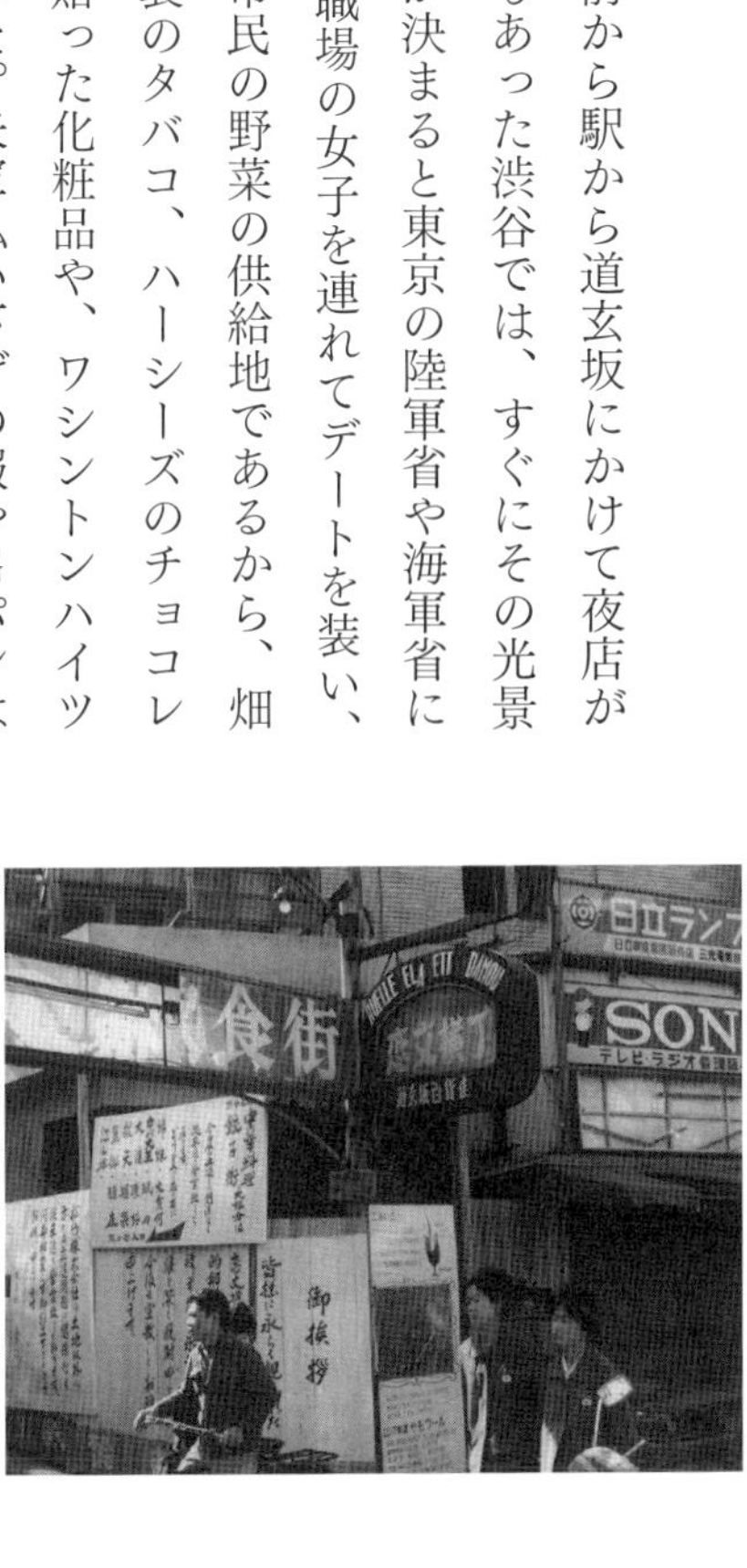

一九五八（昭和三三）年　現・文化村通り側から見た恋文横丁（写真提供：白根記念渋谷区郷土博物館・文学館）

古着屋で売られた。実際、一九五八（昭和三三）年の地図には、「のみや」と「古着ヤ」ばかりが集中的に並び記載されている。

そうした古着屋が一役買った話がおもしろい。彼の功績は、ロマンティックな地名をも生み出している。その名も「恋文横丁」だ。占領も長くなると、明るく頼もしい米兵に恋する女性も増えていた。そんな思いを綴る英語のラブレターの代筆を、現109の裏手で古着商の主人が引き受けたのだ。この話は丹羽文雄の小説『恋文』に描かれ、映画化されると瞬く間に広く知れ渡り、地名として定着したのだった。

戦後占領期、いずこも闇市では抗争が絶えなかったが、渋谷の危うさは、日本人に加えて台湾人が仕切ったことにある。敗戦と同時に、日本の警察は武装解除され、他方、GHQは大日本帝国の支配下にあった台湾・韓国を第三国と位置づけて日本に残留した人々を優遇した。それを受けて、新興住宅地ゆえ日本の大きな組の支配下にならなかった渋谷に、台湾人が集まって商いを始め、華僑総本部が置かれた。凱旋門を建て、本国より中国軍を呼び寄せて中国租界をつくる計画まで持ちあがった。さすがに凱旋門は日本の警察に撤去されたが、結果、抗争の果て、流血の惨事に至り、米軍も鎮圧に加わった。その後、台湾グループは渋谷から去るが、現在もある台湾料理店はその名残である。

日本人の目線では、彼らに特権を与えたことはGHQの失策と映る。しかし、戦勝国からすれば彼らに特権を与えることがデモクラシーの証でもあり、あえて敗戦国に火種を埋め込むことも、日本の反乱を見越した策として有効と考えたに違いない。そのように軍人は思考する。

ところで、駅前に闇市が出来たのには理由があった。戦争末期、渋谷駅周辺で暮らす人々は疎開を奨励され、同時に建物の強制疎開も行われた。建物疎開とは空襲の対象となりそうな木造の家々を壊し、間引きすることである。一九四四（昭和十九）年、閣議で一般都市疎開要項が決定し、渋谷駅周辺の建物もその対象となった。一般家庭だけではない。東急も本社が壊され、その機能を他の建物に分散させていた。さらに翌年五月の空襲では東横百貨店（現・東急東横店東館）も焼かれた。建物疎開と空襲によって平らになったその土地に、露天商が集まってきたのは自然のことだった。

駅前の闇市は、その後しばらくは平和に営まれたが、しかし、一九四九（昭和二四）年、GHQが出した露店撤去指令によって、姿を消すことになる。屋台飲食業者は「のんべい横丁」として二年後に開業し、そこに収まり切れなかった物品販売業者を、やがて地下街に収めることになった。これが「しぶちか（渋谷地下街）」の始まりである。一九五七（昭和三二）年のことだった。

道玄坂にあった「西村総本店」（フルーツパーラー）の西村一家が、疎開先の等々力から戻ったのも、駅前の露天商が消えてからである。もしも疎開を強いられず道玄坂で営業出来ていたら、西村もGHQの要請で生野菜を開発し、紀ノ国屋のようなアメリカンスタイルのスーパーになっていただろうか。

エンタテインメントの浸透

さて、娯楽のもうひとつの側面は、芸能である。東京にいた米兵たちは母国を思い、ジャズを聴きたがった。一九三〇年代からのアメリカはスィングジャズ全盛期。強い人種差別がまだ残る時代、黒人をバンドのメンバーに登用することで全国民の心を束ねた。ジャズが戦意高揚の道具にされたといっても過言ではない。占領下の日本ではワシントンハイツ内の将校クラブでも、下士官クラブでも、生演奏できるバンドマンが求められた。奏者は米兵だけでは追い付かず、日本人を〝調達〟して米軍施設で演奏させた。破格のギャラを受け取ったバンドマンたちは、家を建てられるほど豊かな日々を送った。後に、渡辺プロダクションやホリプロなどを興す芸能事務所社長も、世界的スターも、米軍クラブでの演奏を経験している。

ジャズ・トランペッターの日野皓正氏は、ワシントンハイツにいた。父と弟が「日野ブラザーズ」としてタップダンスを踊っていたからだ。やがて彼自身もトランペッターとなって米軍基地で演奏し、NYに渡って認められ、二〇一九（令和元）年、旭日小綬章を受けている。

基地の外でも、日本人経営者による米兵相手のキャバレーやクラブが誕生していた。「フォリナース・クラブ」は、経営者がフランス人とのハーフで、店は渋谷から現在

百軒店にあった渋谷テアトルボーリングセンターは一九六八（昭和四三）年オープン（提供：東京テアトル株式会社）

一九四七（昭和二二）年、百軒店に誕生したテアトル渋谷。壁面のAmerican Movie Theaterが誇らしい（提供：東京テアトル株式会社）

の道玄坂上交番を過ぎて二つ目の角を左にいったあたりに掘立小屋に紛れて建っていたらしい。米兵と日本の若手がジャム・セッションをしたことで知られ、たとえばサックス奏者の松本英彦らが、ビバップ（即興でメロディをつくり出す新しいジャズ）を演奏していたのである。アメリカでは戦後、スウィングジャズからビバップへとトレンドが変わり、その潮流は日本にも押し寄せていた。クラリネットを持って栃木から上京していた渡辺貞夫氏は、銀座松坂屋の地下「オアシス」（現・銀座シックス）や六本木の米軍施設ハーディバラックス（後の防衛庁 現・東京ミッドタウン）で日々演奏していたが、三宿の下宿までの帰り道、「フォリナース・クラブ」に決まって立ち寄り、漏れてくる音に集中していた。ある日、セッションに合わせて外で演奏しながら中に入って飛び込みで演奏してみたところ気に入られて、道玄坂で中華料理をごちそうになり、新しいバンドに誘われている。一九五一（昭和二六）年頃のことである。

やはり米兵に人気だったボーリング場が誕生するのも、渋谷ではかなり後、一九六八（昭和四三）年のことである。東京テアトルが、宇田川町に「渋谷テアトルボーリングセンター」を建て、続いて緑屋が現・渋谷プライムビルに「東京ホリデーボール」をつくっている。「東京テアトル」はすでに百軒店で「テアトル渋谷」「テアトルＳＳ」などの映画館や、キャバレー「渋谷クラブハイツ」を経営していた。折しも同年、渋谷西武がオープンし、渋谷に新しい風が吹いていた。とはいえ、北青山には一九五二（昭和二七）年に「東京ボウリングセンター」ができたことと比べれば、渋谷におけるアメリカ化の反応はかなり遅れたことになる。

ならば渋谷が、北に位置するワシントンハイツの磁界にあったかといえば、答えはイエスである。一九四七（昭和二二）年に誕生した映画館「テアトル渋谷」は、外壁にAmerican Movie Theaterと書かれ、そこだけ切り取れば、ハリウッドを思わせるデザインだ。そうした建物が次々に建てられ、渋谷がアメリカ村となっても、あるいは現在の表参道のような街並みになっても不思議はなかった。が、そうならなかったのは谷底的湿度のせいなのか。闇市が放った負のオーラのせいなのか。

ジャニーズも生んだワシントンハイツ

結局、渋谷のイメージ陽転は、オリンピックまで待たねばならない。

一九六三（昭和三八）年、ワシントンハイツが日本に返還され、北半分がオリンピック選手村となり、南半分が代々木競技場に変わり、ＮＨＫが内幸町から移ってくる。注目すべきは、このときテレビ放送が始まることだ。ＮＨＫの映像とともに「シブヤ」が連呼され、渋谷は新しい顔を持ち始める。そしてオリンピックが終わると、ワシントンハイツは消滅し、そこは代々木公園となった。

戦後、渋谷を「シブヤ」たらしめたのは、谷底に集積された闇市時代のエナジーの上に、北から形成されたアメリカ化の磁界にありながら、やや遅れて、ＮＨＫの発信力と、東急と西武がつくり上げた間接的アメリカ文化を、若者たちが受容し、彼らの感性で上書きしたことにある。戦争の副産物であるワシントンハイツが消えてもなお、平和が保障された日本社会で、戦地に送られる心配のない若者たちは、アメリカに憧れ、大量消費社会へと身を投じていく。それはアメリカの国力とパラレルでもあった。

　ワシントンハイツの少年野球チームから生まれた「ジャニーズ」も、アメリカの残像といえるだろう。彼らを発掘したジャニー・ヒロム・キタガワ氏は米国ロサンゼルス生まれの日系二世。父は高野山米国別院の開教師でありながら、別院内にステージを設けてコンサートを開く異色の僧侶で、彼自身は生まれたときからアメリカ文化の中にいた。

　キタガワ氏は米兵として朝鮮戦争の戦地に送られ、その後も軍の任務を果たすべく東京の米国大使館に勤務、ワシントンハイツで暮らしていた。その間、フェンス越しに中を眺める日本の少年たちに声をかけ、野球チームを結成。ソフトボール・グランドで野球指導しながら、内四人を選び出してデビューさせる。それが「ジャニーズ」だ。彼らがＮＨＫ紅白歌合戦に出場したのは、皮肉にもワシントンハイツが消滅した年の暮れだった。

　やがてワシントンハイツ跡地には渋谷公会堂が建ち、ＮＨＫホールがつくられるなか、「ＳＭＡＰ」や「嵐」など、彼がデビューさせた少年ユニットは芸能界で不動の地位を築いていく。アメリカのショービズを真似て彼が育てた、歌って踊れる少年た

ジャニーズのデビューシングル『若い涙』は一九六四（昭和三九）年リリース　メンバーは全員渋谷区立代々木中学校出身

ちの存在は、日本の若者たちを虜にし続けた。親になってもなお、昭和から平成の世に替わってもずーっと。

そのキタガワ氏が、二〇一九（令和元）年、この世を去った。アメリカで生まれ、アメリカ文化を自らの細胞に埋め込んで、少年たちを育てあげた男を失ったいま、日本の芸能界は、どこに向かうのだろうか。

ワシントンハイツ敷地図

太平洋戦争末期の渋谷の空襲被災状況　（出典：白根記念渋谷区郷土博物館・文学館　常設展示図録）

昭和20年5月24日焼失区域

昭和20年5月25日焼失区域

渋谷区が初めて空襲を受けたのは昭和19年11月27日。
その後、昭和20年5月29日まで12回におよぶ爆撃が行われた。中でも、
5月24・25日の空爆はほぼ渋谷区全域におよび、最大の被害を出した。
結果、区総面積の約77％が被害を受け、世帯数は戦前の3分1近くとなり、
人口は5分1近くとなってしまった。

渋谷はどうして「住みたい街」になったのか？

渋谷駅周辺をはじめ、恵比寿、代官山、広尾、原宿・表参道、代々木上原など、人気のエリアが集中する渋谷区。その一方、多くの高級住宅地を有する、大人の憧れの住宅地でもある。本章では、白根記念渋谷区郷土博物館・文学館特別展『住まいからみた近・現代の渋谷』(2007)の図録をもとに、わずか100年前には都市郊外ののどかな場所であった渋谷が「行きたい街」「住みたい街」になった経緯を探る。原稿作成は同館学芸員で同展の企画担当者である松井圭太氏に監修いただいた。本章に掲載した図版は、特に記さない限りすべて同館所蔵。

宅地

5章

住

畑が広がり牧場があった、明治の武蔵野

今日われわれが考える渋谷は、都市部の最先端の街である。しかし、こうした位置づけがなされるようになったのは太平洋戦争後のことであり、それ以前の渋谷地域(以下、現在の渋谷区の範囲をいう)は、都市近郊の農村であった。

江戸時代の渋谷地域は、東側の一部が江戸の町に含まれたものの、ほとんどは農村であった。現在の千駄ヶ谷・代々木神園町・神宮前・渋谷・広尾など東側の台地には武家屋敷が広がっていたが、災害時の避難所や隠居所などとして使用された下屋敷・抱屋敷といわれる重要度の低い施設がほとんどだった。

明治になっても渋谷の位置づけは変わらないものの、廃藩置県により多くの大名屋敷が明治政府の所有となり、一部は政府高官や宮家、華族となった旧大名家などに邸宅用地として与えられた。また、この時期広大な空地となった旧武家地の活用のため、政府は桑畑や茶畑をつくることを奨励し(桑茶政策)、東京では製茶業が盛んになった。都市近郊の渋谷では、運搬の時間や費用がわずかで済むことなどから、生産と販売が

註:武蔵野とは、東京二三区の北西から多摩地域、埼玉と神奈川の一部を含む武蔵野台地にかつて広がっていた原野をいう。国木田独歩の代表作の『武蔵野』は当時独歩の住んでいた渋谷をえがいており、明治期の渋谷は、雑木林の広がる「武蔵野」であった。

茶摘みの風景。現代の渋谷区猿楽町

盛んに行われ「渋谷茶」として広く知られた。渋谷区を代表する地名のひとつである「松濤《しょうとう》」もこの時期「松濤園」という名の茶がその地域でつくられていたことから地名となった。しかし、一八八九（明治二二）年、東海道線の開通により、本場の宇治茶が大量に入ってくると、渋谷地域での製茶業は急速に衰退していった。

また、明治期にはそれまでほとんど飲まれていなかった牛乳の消費量が、都市生活者の健康志向により拡大していった。当時は保存・殺菌技術が未熟であったため、消費地の近くで牧場を営む必要があり、渋谷地域には六〇以上の牧場がつくられた。特に現在の初台・西原・恵比寿・広尾などに牧場は集中していた。

作家の田山花袋は『東京の三十年』で、およそ一二〇年前（一八九七・明治三〇年頃）の渋谷の風景を描いている。「武蔵野に特有な林を持った低い丘がそれからそれへと続いて眺められた。私達は水車の傍の土橋を渡って、茶畑や大根畑に添って歩いた」。これは現在のＮＨＫ放送センター付近に住んでいた国木田独歩を花袋が訪ねた際の記述である。この時独歩は花袋のために隣の牧場から搾りたての牛乳を取り寄せ、コーヒーを入れてもてなしたという。

しかし、この時期渋谷で見られた牧場の多くは、都市化の波が押し寄せるなかで、わずかな期間で郊外へと移転していった。

現在のＪＲ千駄ヶ谷駅近くにあった回陽舎牧場

回陽舎牧場での牛乳の瓶詰め作業

大正期、住宅地としてのステイタスが急上昇する

渋谷の宅地化は、鉄道の敷設と大きな係わりがある。一八八五（明治一八）年、日本鉄道会社品川線（現・JR山手線の一部）の開通により渋谷停車場が開業した。さらに一九〇四（明治三七）年に甲武鉄道（現・JR中央線）の千駄ヶ谷停車場が開業すると、現在の山手線の駅も次々に開業し、一九〇六年には代々木・原宿・恵比寿の停車場ができた。〇七年に玉川電鉄の渋谷―玉川間が開通、一一年には東京市電が渋谷まで開通した。

こうした交通網の整備により都市部と郊外である渋谷地域が結ばれ、通勤・通学時間が短縮され、渋谷地域は都市近郊の住宅地としての条件が徐々に整っていった。そして、一九〇四・〇五（明治三七・三八）年の日露戦争による好景気で住宅は著しく増加し、東側から都市化が広がっていき、畑や牧場などは急速に減少していった。

大正期になると渋谷地域は大きく変貌する。渋谷地域のほぼ中央に位置する国有地に、明治神宮が建設（一九一五〜二〇・大正四〜九年）されると、近接する現在の千駄ヶ谷・神宮前・代々木の一帯はその影響を強く受けることとなった。

千駄ヶ谷は明治期に停車場ができたことから、早くに都市部との交通が整い、華族・政府高官・軍関係者などの邸宅が建てられた。その後の急速な都市化のなか、一般の住宅の需要に応える形で、華族が所有していた邸宅や敷地など、広大な土地が細分化

され、住宅地として供給された。さらに、一九一四（大正三）年に起こった第一次世界大戦による好景気は、こうした都市化に拍車をかけた。

代々木地域は農耕地であったが、一九〇七（明治四〇）年に代々木練兵場がつくられ、多くの民有地が買収された。続いて、明治神宮が建設されると地価がさらに高騰し、土地にかかる税が上がったこともあり、土地を手放す農家が多く、一九二二（大正一一）年、明治神宮付近に三〇〇〇坪の分譲が行われたのを皮切りに大規模な分譲が相次いだ。この背景には、軍人を中心に、代々木練兵場に近いことや、天皇の臣下として明治神宮近くに住宅を持ちたいとの要望が増えたためと考えられ、この時期そこに住まうことが一つのステイタスともなっていたと考えられる。

関東大震災を経て、理想の田園生活の舞台に

一九二三（大正一二）年の関東大震災により、東京都市部は甚大な被害を被った。しかし、市街地であり強固な地盤をもつ渋谷地域の被害はわずかであったことから、都市部から被災者が流入し、定住する者も多くいた。この結果人口が増加し、住宅の需要に応える形で大規模な住宅分譲が行われ、急速に宅地化が進んだ。

神宮前では、明治神宮参道（表参道）を整備するため、浅野家（旧安芸広島藩主）所有の土地の中央部分が買い上げられた。そして参道の両側の土地を浅野家が借地とし、

あるいは売却して宅地化が進む。表参道北側にはインテリ層に向け、当時最先端の近代住宅であった同潤会青山アパート（現在は表参道ヒルズが建っている）が一九二七（昭和二）年に建設され、南側にはその翌年、八〇〇〇坪あまりの土地が「青山前浅野侯爵土地分譲地」として、箱根土地株式会社（後の西武グループ）により分譲された。

また、現在の東急百貨店本店の背後に広がる高級住宅地・松濤の原型もこの頃に生まれた。江戸時代には紀伊徳川家下屋敷だったこの土地は、明治になると旧佐賀藩主鍋島家（あるいは旧家臣）が取得する。そして、先述したように「松濤園」という銘柄の茶が生産されたが、渋谷での製茶業の衰退とともに、鍋島家により宅地業が始められた。

英国ケンブリッジ大学に留学し、農事に明るかった鍋島家一二代当主直映《なおみつ》によって、この頃、松濤には農園がつくられ、農事試験や品種改良なども行われていた。鍋島家の本邸は、もとは永田町（現在の首相官邸位置）にあったが、関東大震災で倒壊したのを機に松濤に本邸を移し、この地の開発が本格的に始まったのである。直映は、北海道庁長官などを務めた中村純九郎と、東京帝国大学農科大学農学科教授で明治神宮の造園にも携わった原熙《はらひろし》という二人の専門家を迎えて開発を進めた。

大正〜昭和初期の松濤は、大きく鍋島本邸、宅地分譲地、賃貸住宅地の三つで構成されており、本邸は中央の高台に位置していた。現在の文化村通りからS字を描いて

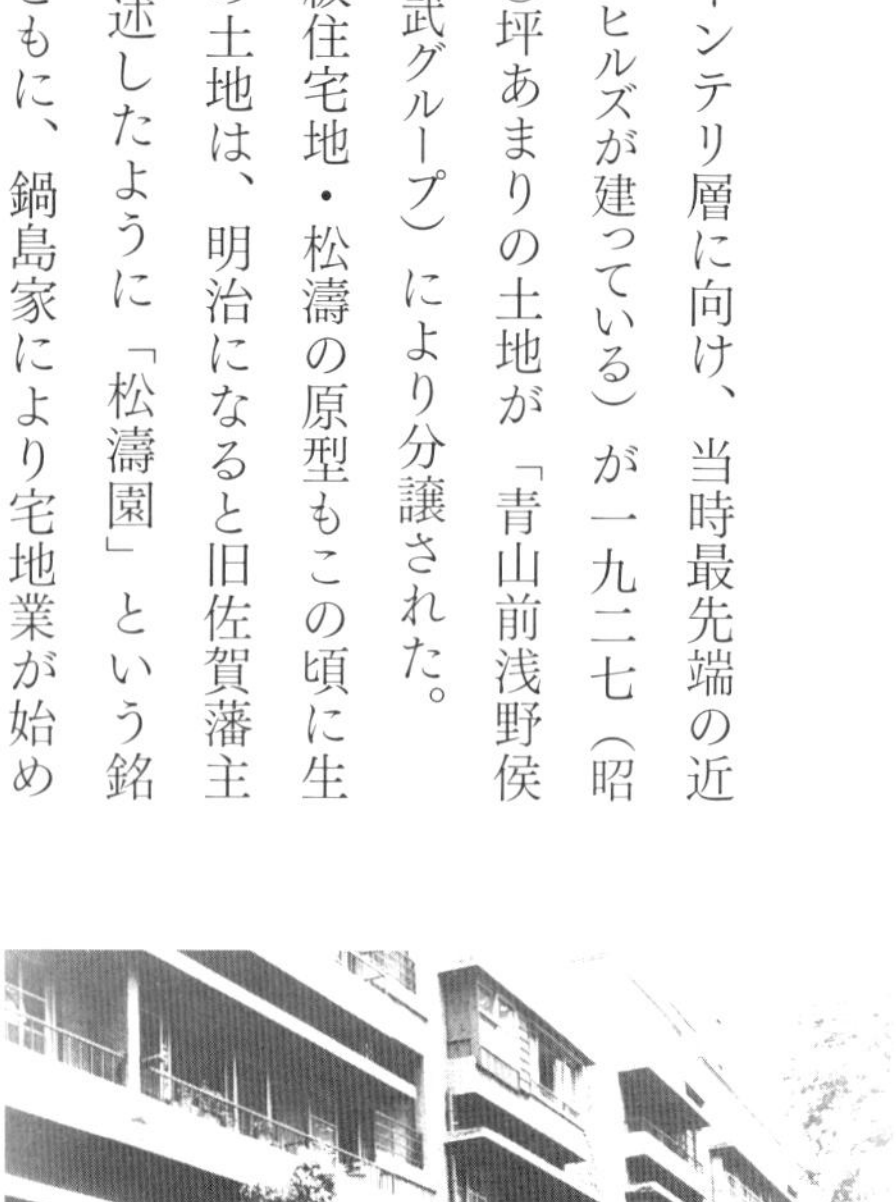

表参道にあった同潤会青山アパート（一九二六〜二〇〇三）

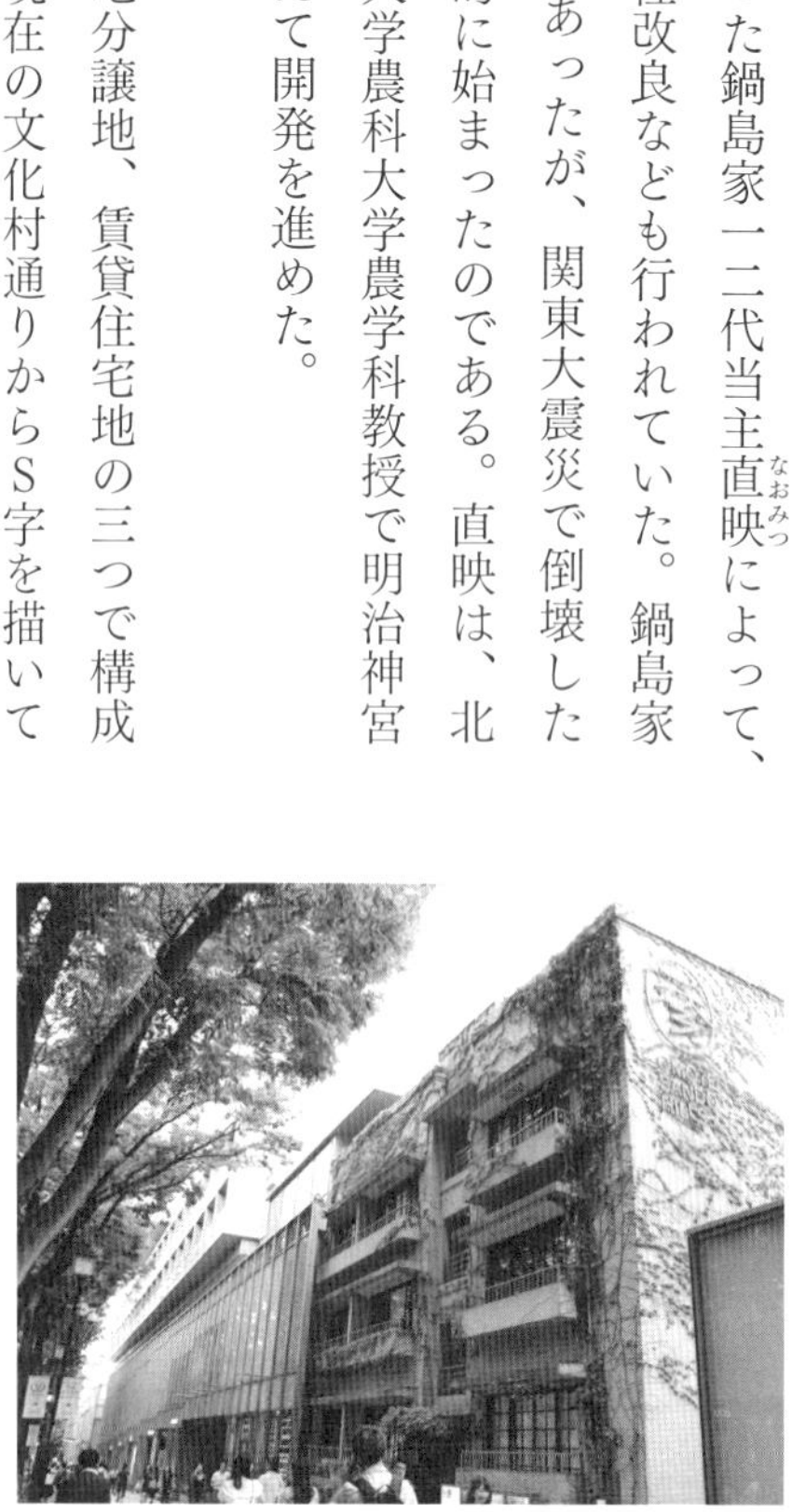

敷地には現在、表参道ヒルズが建っている。施設の一部「同潤館」（手前）には、解体されたアパートの建材も使われている（撮影：編集部）

延びる道路は、かつては本邸車寄せへとつながっていた。その道路沿い、本邸の南側に当たる部分は宅地分譲地とし、東側の渋谷の街に近い部分と、街から遠い西側は賃貸住宅地とする明確なゾーニングが行われている。宅地は二〇〇〜三〇〇坪で、大谷石の擁壁、ヒマラヤスギや赤松が植えられていたという。南側には商店を配置、このほかに幼稚園もあった。現在、鍋島本邸があった場所の一部は渋谷区立松濤中学校となっている。

また、鍋島家の借家には、大正期には、ハチ公の飼い主として有名な東京帝国大学教授の上野英三郎博士がおり、博士はハチ公とともにそこで暮らした。昭和期には、作家の三島由紀夫（一二〜二五歳）が居住し、そこで作品を執筆するなど、著名人が暮らした。

渋谷駅がターミナルになった

こうして宅地化が進む中、関東大震災以後の人口増加や鉄道の開通などにより、渋谷地域にあたる渋谷町・千

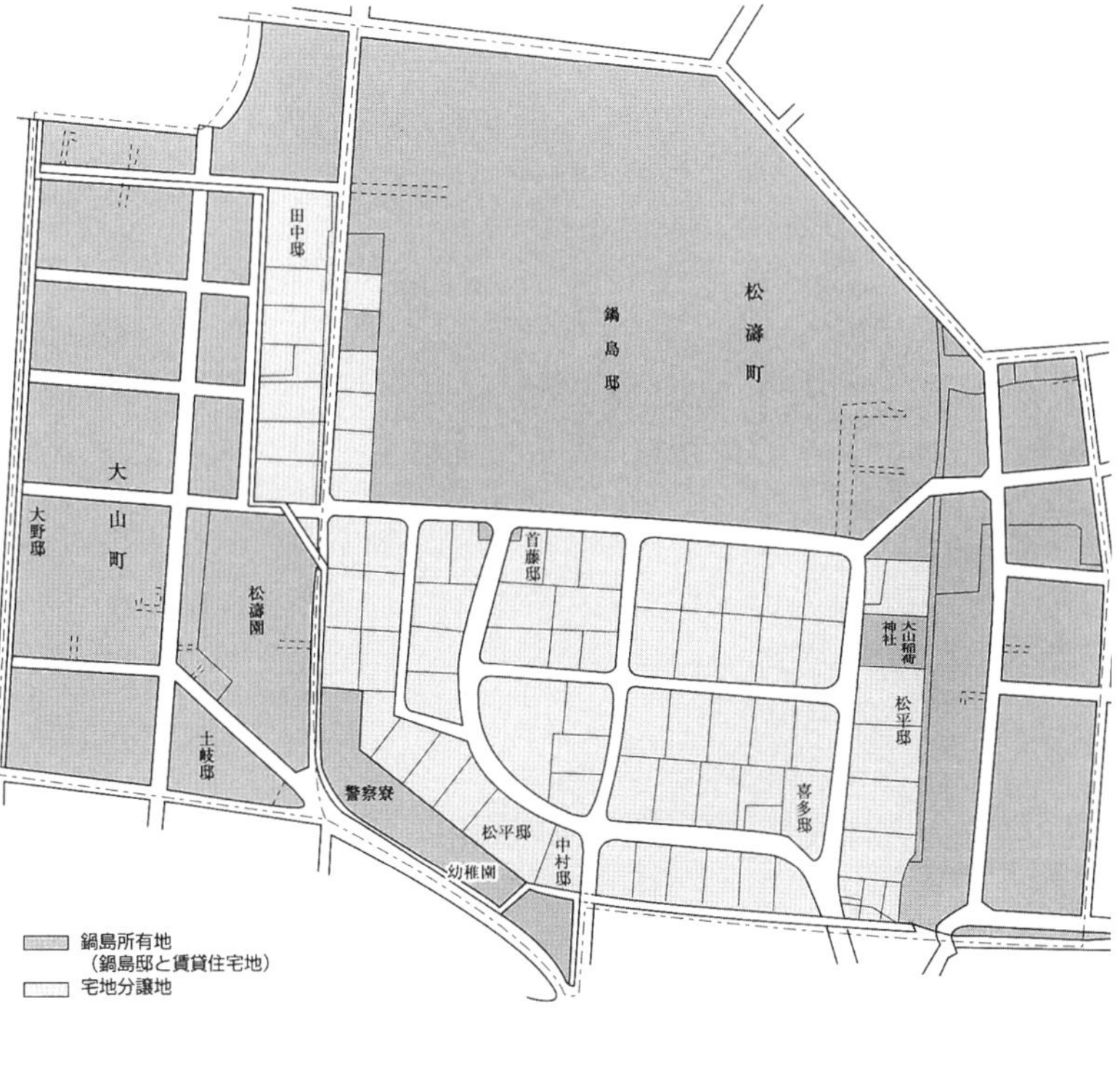

旧松濤町・旧大山町における鍋島所有地と宅地分譲地図。一九三五（昭和一〇）年
（白根記念渋谷区立郷土博物館特別展図録『住まいからみた近・現代の渋谷』より転載）

駄ヶ谷町・代々幡町は急速に都市化し、この三町が合併し一九三二（昭和七）年には渋谷区が誕生し、東京市に組み込まれた。また、翌三三年には東京横浜鉄道（現・東急東横線）渋谷―神奈川間と、帝都電気鉄道（現・京王井の頭線）渋谷―井の頭公園間が開通する。続いて一九三八（昭和一三）年に東京高速鉄道線渋谷―虎ノ門間が開通、その翌年に浅草まで全面開通する（現・東京メトロ銀座線）。これにより渋谷駅のターミナル化が完成した。（次ページの図）

また、明治の初めには皇居周辺に居住していた久邇宮家《くにのみや》、梨本宮家《なしもとのみや》、東伏見宮家《ひがしふしみのみや》、山階宮家《やましなのみや》といった宮家は、昭和初期までに、渋谷駅を中心に広がる渋谷町の範囲に屋敷を移転した。これは当時あった一三の宮家の三分の一ほどであり、この事実は東京が西郊に向かって拡大発展していく姿を反映するとともに、渋谷が市街地化していったことを示している。

この時期文化人の間では、田園に住み都市に通勤する「田園生活」という生活様式が理想とされ、多くのインテリ層が渋谷に居住した。同潤会により代官山と青山に建設されたアパートも、最先端の近代的な生活様式を新しい時代の担い手であるサラリーマン層（インテリ層）に紹介し、供給するための住宅であった。こうした時代の流れの中、毎月定収入のあるサラリーマン層が月賦で住宅を購入できる仕組みもこの頃に発達した。

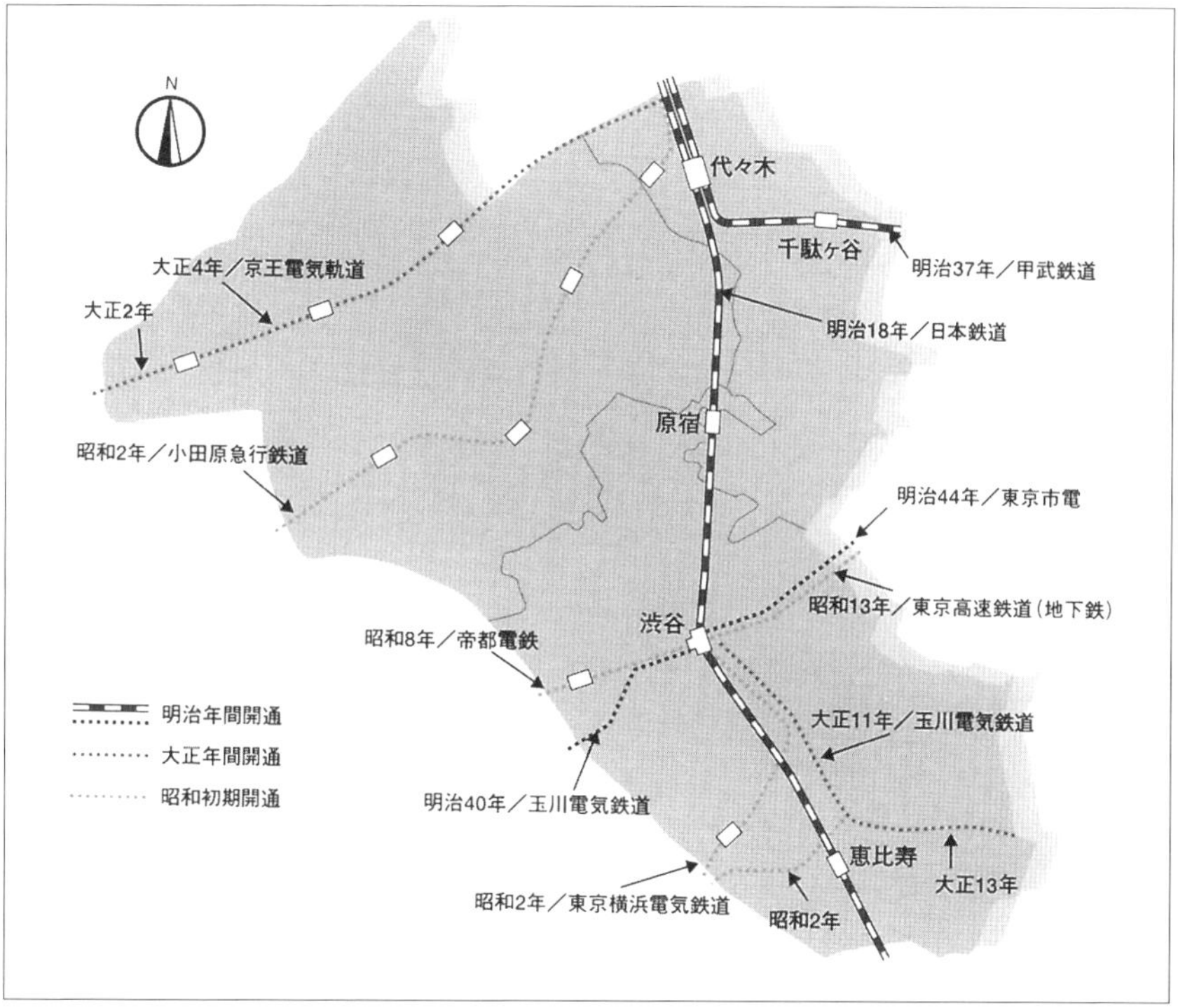

大正・昭和の鉄道敷設状況（白根記念渋谷区立郷土博物館特別展図録『住まいからみた近・現代の渋谷』より転載）

旧久邇宮邸。二代邦彦（くによし）王が営んだ本邸で、その長女がのちの香淳皇后。一九二四（大正一三）年、昭和天皇とのご成婚の際は、この家から宮中に向かった（写真提供・聖心女子大学）

渋谷には政府高官も多く住んだ。写真はニューヨーク総領事などを務めた明治政府の外交官、内田定槌氏の邸宅。一九一〇（明治四三）年築。アメリカ人建築家のJ・M・ガーディナーの設計により渋谷区南平台に建てられた。現在は横浜市中区山手町一六に移築され「外交官の家」として一般公開されている（写真提供・横浜市緑の協会）

一九三三（昭和八）年、に東横百貨店がターミナルデパートとしてオープンし、郊外居住者を対象に生活必需品を主力とした販売をおこなった。これにより、郊外生活者の生活が向上し、さらには渋谷区内の郊外住宅増加に弾みをつけた。一方で道玄坂を始めとする渋谷駅周辺の商店街の形成に大きな影響を与え、渋谷は、新宿・池袋と並ぶ東京西部地区有数の繁華街となった。

宅地化が進む一方で、同潤会アパートの盛況ぶりに影響され、一九三三年頃から各種集合住宅の建設ブームが起こる。これにより、渋谷区内でも多くのアパートが建設され、震災以後増加した人口を吸収した。

宅地化の遅れていた西部の代々幡地域でも一九一五（大正四）年に京王電気鉄軌道（現・京王電鉄）が、一九二七（昭和二）年に小田原急行線（現・小田急電鉄）が開通すると、沿線の宅地化が行われた。代々木上原駅周辺では、一九二七年に前田家分譲地（分譲主は旧加賀藩第一六代当主前田利為。以下、カッコ内は開発主体）、一九三〇年から三六年にかけて大山園分譲地（箱根土地株式会社、山下汽船社長・山下亀三郎）、三八年に徳川邸跡分譲地（目黒蒲田電鉄株式会社田園都市課）（次ページの図版参照）、四〇年に徳川山分譲地（箱根土地株式会社）など、次々に分譲された。こうして現在も良好な住宅地として知られる上原をはじめ大山町《おおやまちょう》、富ケ谷《とみがや》、西原などの開発が進んだ。しかし、代々木地域の開発から外れてしまった場所や本町《ほんまち》・幡ケ谷《はたがや》の一部などは宅地化が遅れ、戦後にまでおよぶこととなった。

ワシントンハイツが渋谷を若者の街に

こうして急速に宅地化の進んだ渋谷区だが、太平洋戦争により甚大な被害をこうむり、渋谷区総面積の七七%が焼け、多くの尊い命が失われ、住宅も焼失してしまった。（二〇一ページ図版参照）

焼け残った住宅の中で比較的大きな西洋風の住宅は、進駐軍軍人の住宅として接収され、その数は一〇〇軒以上あり、港区につぎ都内で二番目に多かった。また、進駐軍住宅としては、恵比寿に恵比寿キャンプ、現在の代々木公園を含む広大な敷地にワシントンハイツが建設された。

ワシントンハイツは、都内最大の進駐軍住宅で、渋谷区の総面積のおよそ一六分の一の面積を持ち、内部には住宅だけでなく、スーパー、小学校、礼拝堂、銀行、ガソリンスタンドなど、まるでアメリカの町がひとつ渋谷に現れたようであった。そこでは豊富な食料品・便利な家電製品など、当時の日本人には夢のような暮らしがひろがっていた。

これらの進駐軍住宅は、イスにテーブルという現在のわれわれの生活スタイルのモデルとなり、それまでの畳にちゃぶ台といった日本の住宅

「徳川邸跡分譲地案内」パンフレット

と生活様式に大きな変革をもたらした。また、ワシントンハイツ周辺では、日本では見ることのできなかった外国人向けの日用品や、軍の払い下げ品を販売する店などがあった。そのため、アメリカ文化を求める若者が渋谷や原宿に集まったことから、渋谷が今日のように、「若者の街」として賑わうことになったともいわれている。

一方、戦後の市民の住宅は、バラックなどの簡易な小屋から始まり、徐々に復興していった。しかし、住宅資材の不足から、終戦後三年間は進駐軍による「統制経済」のもと資材使用は統制され、当初は建築面積一二坪以下の住宅建設しか許されなかった。こうした制限が徐々に解除されると、小規模な住宅に二階を増築するなどして住宅規模が大きくなっていた。しかし、大きさだけでなく、新たな住宅スタイルとしてダイニングキッチンなどが取り入れられ、戦前とは異なる住宅が普及する。

また、戦後の住宅不足は緊急の課題であったため、応急簡易住宅が建設された。渋谷区内でも一九四八（昭和二三）年に幡ヶ谷・笹塚地域に都営住宅が建設された。これは一つの建物に九坪の住宅が二軒入る木造平屋の建物であった。この後、年を重ねるごとに住宅の規模は少しずつ大きくなり、構造も木造からブロック造を経て鉄筋コンクリート主体となっていった。渋谷区内では、一九五一年に建設された参宮橋《さんぐうばし》アパートが戦後初の鉄筋コンクリート造のアパートであった。

宮益アパート（宮益坂ビルディング）。一九五三年に建設された、日本初のRC造分譲マンション

集合住宅の実験場

一九五五（昭和三〇）年前後に、ようやく戦後直後の混乱した様相が一掃され、一九五三年、東京都住宅供給公社（当時は東京都住宅協会）により渋谷駅からほど近い宮益坂沿いに「宮益アパート」と呼ばれるアパートが建設された（二〇一六年解体時の名称は「宮益坂ビルディング」）。このアパートは日本で初めての鉄筋コンクリート造の分譲集合住宅であり、戦後初めての高層住宅でもあった。一一階建てのこのアパートにはエレベーターが完備され、当初はエレベーターガールが常駐するなど、かなりの高級分譲アパートであった。これは現在のマンションに相当するものだが、この当時は「マンション」という言葉が使われないだけでなく、集合住宅の一戸を「購入・所有する」という発想自体が日本にはなじみのないものだった。

一方、中流勤労層のための住宅供給を行った日本住宅公団により、渋谷では市街地型の賃貸住宅や分譲住宅が多くつくられ、昭和三〇年代（一九五五～六四）には、渋谷区内に分譲

時代を象徴するクリエイターが集まった原宿セントラルアパート。一九八〇年撮影。現在は東急プラザ表参道原宿が建っている（写真提供：東京おとなガレージ）

住宅五か所、賃貸住宅八か所が建設された。

　この頃になると民間の高級賃貸集合住宅の建設も盛んになり、東京ではにわかに高級アパートメントブームが到来する。その先駆けとなったのが、「代官山東急アパート」（右下）で、これは高所得でありながら相応の住まいが見つからない在日外国人をターゲットにしたものであったが、日本人の高所得者層にも大人気となった。一九五八年には、「原宿アパートメント」が建設され、同年表参道に「セントラルアパート」（右ページ）も建設された。セントラルアパートには、その後写真家の操上和美や浅井慎平、イラストレーターの宇野亜喜良ら、さまざまなクリエイターが次々と事務所を構えた。さらに、「話の特集」など雑誌の編集部も入居して、広告やファッション、最新のカルチャーに関わる多くの人が出入りすることでも有名となった。こうしたアパートの建設は、渋谷で最先端な都市生活をおくるための建物が他の地域に先んじて準備されたことを示している。

　渋谷を一つの震源地として東京都心に展開したこの高級集合住宅ブームは賃貸であったが、一九五七年、民間による分譲集合住宅「東急スカイライン」が南平台に建設された。ここでは、日本で初めてのオートロックが導入された。さらに、東京オリンピックが開かれた一九六四（昭和三九）年、明治神宮近くに建設された「コープオリンピア」（左下）は、第一次マンションブームを引き起こした。それと同時期に代官山には「恵比寿パーフェクトルーム」が建設され、ここもまたカメラマン、スタイリ

代官山東急アパートメント玄関。外国人向けの高級賃貸アパートとして一九五五年竣工

コープオリンピア。一九六五年当時の分譲価格は一億円をこえた（撮影：編集部）

スト、デザイナーなどが住む有名なマンションとなった。こうした建物の登場と、そこに集まるスタイリッシュな人々が、代官山・原宿・表参道などの地域的特徴を形成する一要素になっていったと考えられる。

振り返ると大正から戦後にかけて渋谷では、時代を象徴する新たな試みや工夫をした住宅が次々と現れ、その成功は、その後の日本の集合住宅の方向性を決めるほど大きな影響を与えた。そして、日本における昭和期の代表的な集合住宅の多くが渋谷につくられており、渋谷の集合住宅の歩みは、ほぼそのまま日本の集合住宅の歴史ともいえる。

以上、住宅地としての渋谷の歴史を、明治以来およそ一五〇年にわたって駆け足で振り返ってきた。武蔵野台地の東端に位置する強固な地盤の上に、鉄道をはじめとした交通インフラが整備されて地理的条件が整った上に、明治神宮造営など土地のステイタスを高める要素が加わり、ワシントンハイツが外国の風を送り込み、同潤会アパートから戦後のマンションにいたる各種の集合住宅とそこに出入りする人々が、文化や流行の発信地としての渋谷の地位を高めていった。こうして渋谷は、住宅地として成熟してきただけでなく、時代の先端のライフスタイルを体現する街として発展してきたのである。

コラム

渋谷モダニズム住宅 宮益坂ビルディングの記憶

二〇一六年に惜しまれつつ解体、建て替えとなった「日本初の分譲マンション」宮益坂ビルディング。その資料を探す過程で、この五〇七号を所有し、建替え委員のひとりとして活動されていた満田照世さんの存在に行き当たった。かつて六三年にわたり当時の姿を保ち続けたこの宮益坂ビルディングには、常に変化する渋谷の街の中でも独特の、ゆっくりした時間が流れていた。その最後を知る満田さんから、この建物の魅力について改めて聞いてみた。

日本初の分譲マンションが渋谷にあった

宮益坂ビルディングは渋谷駅から徒歩一分という超一等地に建てられた、日本初の分譲高層マンション。竣工は一九五三（昭和二八）年というから、板倉準三設計の東急百貨店西館（一九五四年竣工／当時の名称は東急会館）や東急文化会館（一九五六年竣工）と、渋谷モダニズム建築の先駆けといえる存在だ。当時周囲に建つのは低層の建物ばかりだった頃、地上一一階というこのビルの高さは際立っていた。

事業主は東京都住宅協会で、設計は東京都建築局。高所得者層を対象に企画された住居部分の分譲価格は八十〜百万円で、これは郊外に広い庭付きの邸宅が買える、当時の庶民には手の出ない金額である。当時の新聞では「夢の百万円アパート」「お金持ちアパート」などと報じられて話題になった。五階から十一階までが分譲住宅で、高層階になるほど価格が安く設定されていたというから、現在とは価格設定が逆になる。

購入にあたっての支払い条件は初回が三割、二回目が七割の現金二回払い。この金額を支払える購入者は、大学教授や会社経営者、高級官僚などの富裕層であり、六階は銀行が支店長クラスの社宅として所有していたという。

電気や水道、ガスのライフラインはビル全体で加入。電話交換手が常駐して各戸に内線で電話を取り次ぎ、二基のエレベーターは制服を着たエレベーターガールが操作していたといえば、その超高級住宅ぶりが偲ばれるだろう。

当時の最新技術を凝らした設備と内装

解体工事直前の二〇一六年、関係者やメディアを招いたメモリアルイベントが催された。その際、新築当時の姿のまま保たれていた五〇七号室が公開された。間取りは2DKで洋風のダイニングキッチンと畳敷きの和室が二室という和洋折衷。面積は三九・四平米、天井高は二メートル二五センチというから、「夢のアパートメント」として羨望を集めたこの建物も、現在の視点で見れば決して広いとは言えないサイズ感である。

昭和 30（1955）年　渋谷駅方面から見た宮益坂　右奥が宮益坂ビルディング（写真提供・共同通信社）

その一方で、共同部や各部屋の設備や造作には当時の大工たちの技術や工夫が惜しみなく投入されていた。

全室バス・水洗トイレ付きでセントラルヒーティング完備。ダストシュートが備わり、エレベーター層にはメールシュートもあった。当時としては最先端の都市生活をかたちにした部屋であった。

この部屋の所有者・満田照世さんによれば、生活の快適性を追求する細やかな工夫が、部屋の随所に盛り込まれていることに改めて感心するという。たとえばスチール製の窓枠には木製の枠が接着され、和室との調和が保たれていた。さらに窓の上部には手動で開閉する通気口が設けられていた。当時はここから富士山が見え、竹芝桟橋の汽笛が聞こえたというから、風通しもよかっただろう。

階段室などの共用部にも自然光を採り入れる工夫が見られる

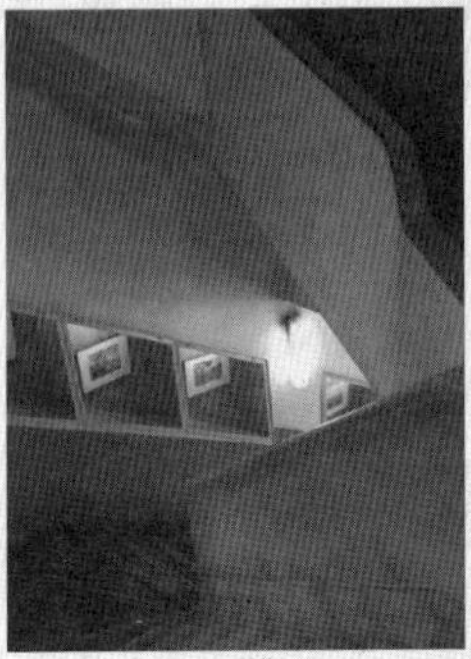

エントランスから二階へと上る階段室には絵画を飾るスペースが

住居部分の廊下（この写真 3 点は 2009 年撮影）

建設当初の姿が保存されていたいくつかの理由

一九六二（昭和三七）年に区分所有法が制定される以前に分譲された宮益坂ビルディング。当時は住民の自治組織により運営されていた。

やがて外壁や給排水管の老朽化が問題となり、昭和五六（一九八一）年には「宮益坂ビルを考える会」が設立され、建て替えの検討がスタートした。しかし建て替え委員会が発足したのは、それから一九年を経た二〇〇〇年。二〇〇三年に現在とは異なる建て替え決議が成立したが、二〇〇八年に一度、計画そのものが頓挫している。

事務所化、賃貸化が進んで区分所有者がほとんど住んでいない状態だったため合意形成も難しく、権利関係も複雑で整理が進まなかったという。こうした事情で宮益坂ビルディングは長い間、変化の速い渋谷の中でも竣工当時の姿を留め続けることになった。

ビルの一室に残された家族の記憶

老朽化が進んではいたものの、このビルの立地のよさは魅力であり、住居区画の多くが事務所などとして賃貸され、利用さ

キッチンにはつくりつけの収納や調理台などが備えられていた

507 号室の室内　窓の上に通気口が設けられ風を通していた

水洗トイレは当時まだ珍しかったことがうかがえる注意書き

コンクリートに木製の枠が組み合わされて和室とも調和を図っている

作り付けの食器棚　中央部分は食物と一時的に保存する「蝿帳（はいちょう）」

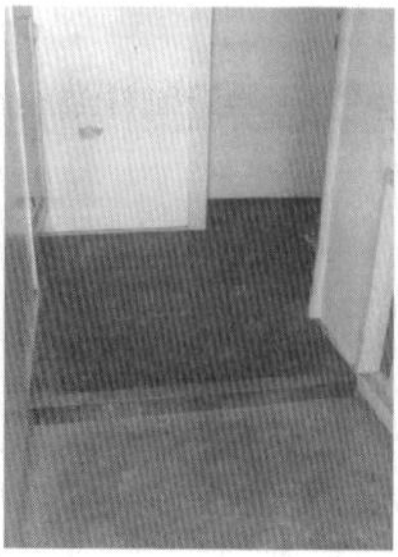
玄関のたたきも精巧な左官技術が用いられている

セントラルヒーティングのボイラーからの煙を排出するための煙突

れ続けていた。そんな中でも五〇七号室が竣工当時の姿を留め続けた理由を、満田さんはこう語っている。

「五〇七号室を新築当時に購入したのは私の叔母です。彼女は別の場所で店を経営していたのですが、彼女自身は銀座に住んでおり、ここは倉庫のように使っていたんです。叔母が亡くなった後は私の母がここに住んでいましたが、改装はせず、部屋の内装もそのままの状態を保っていたのです」（満田さん）

手すり「人研ぎ」と呼ばれる人工大理石の研ぎ出し

一階エレベーターホールの天井照明　共用部の至るところに工夫が見てとれる

「宮益坂ビルディング」の名称は改装後も残されることになった

オフィスフロアだった二階の共用部　つくりは至って簡素

夜になるとかなり薄暗かった住居用フロアの廊下（2009年撮影）

満田さんご自身も文化財保存の仕事に携わっていたこともあり、この建物には歴史的な価値を感じていたという。こうしたいくつかの要因が奇跡的に重なったことで、宮益坂ビルディングの貴重な一室を目にすることができたのである。

そして粘り強い保存運動の甲斐もあり「宮益坂ビルディング」の名前は二〇二〇年のリニューアル後も継承されることになった。相次いで姿を消した「渋谷モダニズム建築」の記憶が、一部でもこうして残されていくのは嬉しいことだ。（文：本橋康治）

※特に表記のない画像はすべて提供・満田照世

FOOD

6章

食

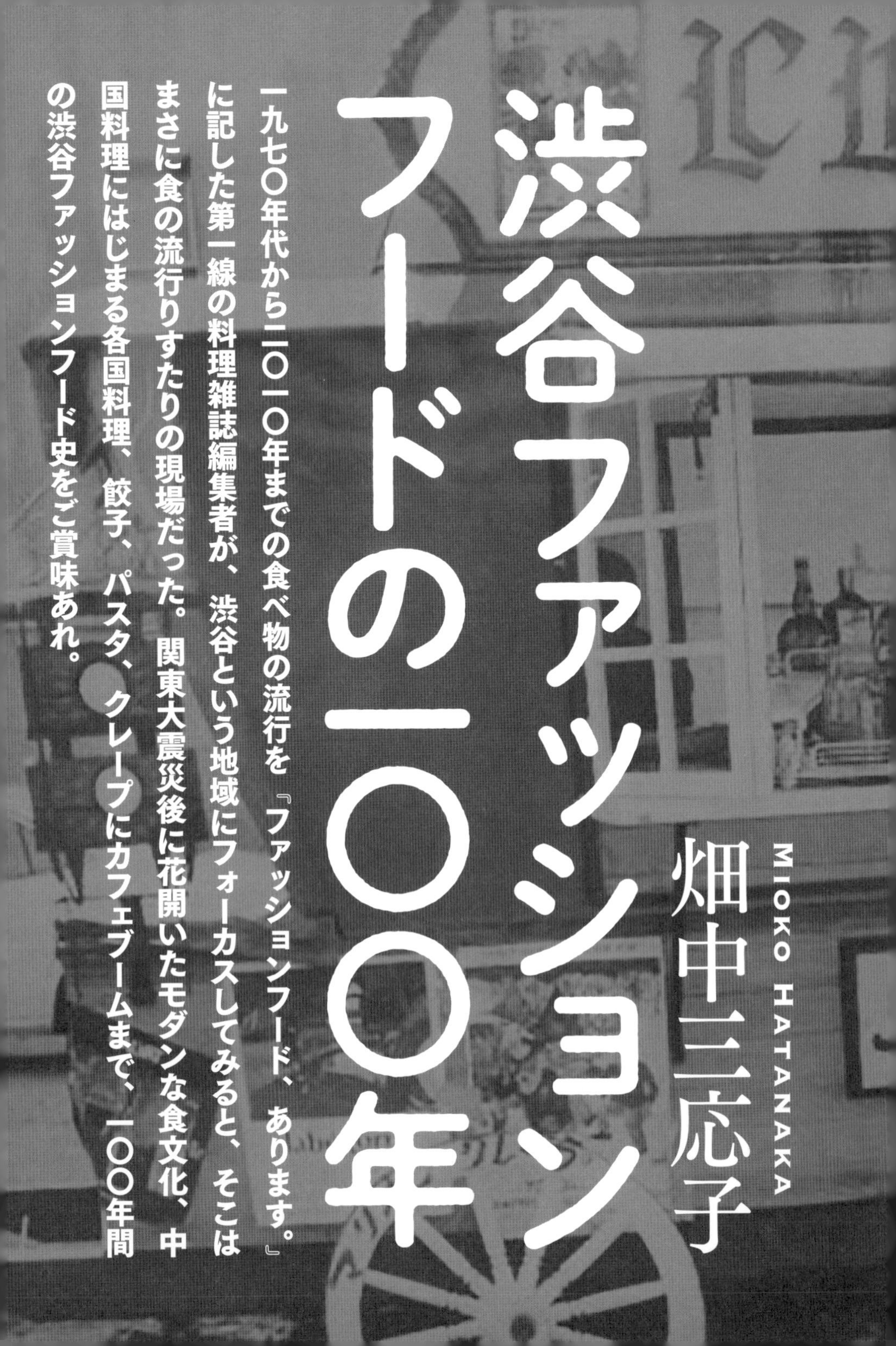

渋谷ファッションフードの一〇〇年

畑中三応子
MIOKO HATANAKA

一九七〇年代から二〇一〇年までの食べ物の流行を『ファッションフード、あります。』に記した第一線の料理雑誌編集者が、渋谷という地域にフォーカスしてみると、そこはまさに食の流行りすたりの現場だった。関東大震災後に花開いたモダンな食文化、中国料理にはじまる各国料理、餃子、パスタ、クレープにカフェブームまで、一〇〇年間の渋谷ファッションフード史をご賞味あれ。

軽便なモダン洋食の似合う街

詩人の児玉花外《こだまかがい》が一九一三（大正二）年、武蔵野の緑が消えていく渋谷の風景を「見逃すべからざる色濃き現代図」と表現しているように、大正初期から商業地が広がりつつあった渋谷だが、劇的な発達を遂げたのは一九二三（大正一二）年の関東大震災がきっかけ。避難者がそのまま定住して人口が急増し、被害が甚大だった都心部の一流店がこぞって移転してきた。

日本初の旅行ジャーナリスト、松川二郎が「震災後の道玄坂の賑わいときては、何といってよいか。全くもって言語道断の有様である」と書いたのは、震災の翌年。夕方から両側にずらりと露天が立ち並んで道は人の波で埋まり、毎晩がハロウィーン状態だった。

当然、食べ物屋も急増した。当時は「荒木山」と呼ばれた円山町には一九二四（大正一三）年、料理屋だけで四〇軒。百軒店には、西洋料理の「精養軒」、銀座の高級食料品店「菊屋」、仕出し弁当の「弁松」、ラーメン元祖の「来々軒」、饅頭老舗の「塩瀬」、元祖握りの「与兵衛寿司」、熱帯フルーツ専門の「台湾館」、アイスクリームやシャーベットがおいしい喫茶店の「三角軒」、絶品みつ豆と評判の「ニコニコ堂」などが軒を並べた。これだけあれば、ブラブラ歩きだけでも楽しそうだ。

店の大半は二、三年でもとの都心や下町に帰ってしまったが、郊外の人口増加にともない、渋谷の都市化は昭和になってさらに進んだ。玉川電気鉄道・東京横浜電気鉄道・帝都電気鉄道の沿線は、新中間層のサラリーマンやインテリ文化人が多く住むエリアになり、銀座のモガとモボが追求した〝尖端的〟ウルトラモダンとはちょっと違う、なごめるモダンさというのか、渋谷は中産階級好みのするこじゃれた食べ物屋や喫茶店が集まる街になった。この特色は戦後も受け継がれる。

昭和のはじめ、駅の北側から道玄坂方向を見て真向かいには「明治製菓」「東京パン」「富士グリル」「甘栗太郎」が並んでいた。甘栗はこんな早くから渋谷名物だったのだ。

明治製菓は一階が食料品売場、二階はジャズの流れるパーラーで、コーヒーが一五銭、クリームソーダが二〇銭。渋谷駅構内の二階には、東横電鉄直営の「東横食堂」があった。メニューはすべて洋食で、フライ、ビフテキ、カツレツ、コロッケ、オムレツ、タンシチュウ、ハムサラダ、ライスカレー（コーヒー付き）が三十銭均一。お手頃なので、会社勤めの郊外シングル生活者や学生で大賑わいだった。

今和次郎は一九二九（昭和四）年の『新版大東京案内』で、「百軒店のイルミネーションが輝きはじめる。と、道玄坂賑わいの幕が切っておとされる。どこからか一時に吐き出される洪水のような人波、肩と肩、足と足、押し合い絡《もつ》れ合って流れていく。ずらりと並んだ夜店の灯を眩しく顔に受けながら五町の坂を一巡する」と、ロマンテ

東横百貨店の全景と七階「お好み食堂」の様子（百貨店日日新聞社『東横百貨店』より転載、所蔵：国立国会図書館デジタルコレクション）

ィックに描いている。駅前の「富士グリル」が、今の気に入りの店だった。

セレブが集まる高飛車フレンチ登場

簡便な飲食店天国で、一流店・高級店はそれほどなかった渋谷で、唯一「東京で屈指」と名を轟かせたのが、道玄坂上にあったフランス料理の「二葉亭」である。

創業は一九二五(大正一四)年。オーナーシェフ渡辺彦太郎の父は、明治期を代表する料理人だった渡辺鎌吉。華族会館(旧鹿鳴館)の料理長を務めたのち、松方正義と桂太郎の支援を受け、三菱財閥がパトロンとなって、丸の内・三菱八号館のなかに「中央亭」を開業、というピカピカのエリートで、幾多の優秀な弟子を輩出したことでも知られる。

彦太郎はそんな父から英才教育を施され、八年間(一説では一七年間)ヨーロッパで修業し、帰国後に中央亭をまかされたが、経営手腕には欠けていたようだ。店は明治屋の手に渡り、四五歳のとき背水の陣で開いたのが二葉亭だった。

そういう出自の人だから、当時もっとも本場風といわれた味を出して、華族や実業家、政治家など「御前階級」ごひいきの店になった。内外の食文化に詳しく、東京のグルメ情報をリードした、戦前のフーディーズたちである。

作家の子母澤寛が『味覚極楽』に、「ずば抜けてスープはうまかったが、どうにも〝おれのところはうまい物やである〟という気取りが鼻についていけなかった」「ここの悪い癖は名士の来ることを鼻にかけて、われわれ下々の者には食べさせるぞというような調子が時々出た」と書いているように、フレンチにありがちな高飛車な店でもあった。定食は三円だったから、いまの七～八千円くらい。威張られても、ハイソな店でも、庶民の手にも届いたのが、渋谷らしい。

戦後はシェフが代替わりして南口寄りに移り、繁盛はしたが、名声も味も以前ほどではなくなって七〇年代にひっそりと閉店。意外と知られていない事実だが、渋谷にはフレンチ系の個性的な店が、このあとも度々出現する。二葉亭は、記憶にとどめるべきその草分けだ。

『恋文』効果で全国区になった三角地帯

空襲で焼け野原になった渋谷は、敗戦直後から闇市で賑わい、それが迷路のような路地と横丁を形成して、やがて飲み屋と料理屋でひしめく盛り場になった。砧の撮影所から直通のバスがある東宝の映画人も、渋谷を根城にした。女優の高峰秀子が通うお汁粉屋には、スタア会いたさの女学生が群がったそうだ。

ここに突如として、全国区で知られるようになる名所が登場した。いま１０９が立つ三角地帯にあった通称・恋文横丁である。

発端は、諜報活動専門の元陸軍中佐で語学の達人だった菅谷篤二が、横丁に古着や古道具の店を開いたことだった。古道具を買いに来たワシントンハイツの奥さん方が、代金をコートやドレスで支払うようになり、それを商品に並べていたら、今度は米兵のオンリーさんが買いに集まるようになった。彼女たちの相談にのって、アメリカに帰国したり、朝鮮戦争に出征したりしている恋人にラブレターを英語で書いてあげているうちに、代筆業が商売になって女たちの行列ができ、世間の評判を呼んだというもの。

1958年の恋文横丁　餃子会館の手前に「手紙の店」の看板がある（提供：白根記念渋谷区郷土博物館・文学館）

1960年の渋谷区指定マーケット（新興市場）地図より　現在の渋谷109の背後あたりにあった恋文横丁

丹羽文雄が菅谷をモデルに小説『恋文』を朝日新聞夕刊に連載したのが、一九五三（昭和二八）年の早春。その年のうちに、田中絹代の第一回監督作品として同名の映画が公開されると、観光バスに乗って人が見物に押し寄せるスポットになってしまったのである。名前も「すずらん横丁」から恋文横丁に変わり、便乗景気で、板張りのマーケットはたちまち五〇軒あまりの食道楽街に変貌。平日でも五〇〇〇人からの客で混雑する渋谷繁栄の一大拠点となった。

日本洋菓子史に名を残す名店があった

ところで『恋文』は、駅前から道玄坂あたりを動画で見ることのできることでも貴重な映画である。戦前からの大スタア、田中絹代の監督第一作だけあって、キャストは超豪華で、しかも脚本は木下惠介だから、原作よりはるかにおもしろい。

菅谷役は宇野重吉、代筆を手伝う悩める主人公役は森雅之。小説でも映画でも、ふたりがコーヒーを飲むのが、道玄坂下にあった洋菓子喫茶の「ヒサモト」（開業一九四〇（昭和一五）年頃）だ。小説で「狭い喫茶店だが、清潔で、しずかな、上品な、高級喫茶店である。壁間の油絵にも、この店の趣味があらわれていた」と褒められている店内がロケーションで映されるから、当時の高級喫茶店の様子がよくわかる。

実はこのヒサモト、いかにも山の手らしい実質本位の上等なケーキのほうが主力で、

『恋文』（一九五三年　新東宝）写真提供：国際放映株式会社

創業者の久本晋平が、日本洋菓子協会会長を務めるほどの実力店だった。渋谷の飲食店で、最初に冷房を導入したのもここである。一九五八（昭和三三）年には栄通り（いまの文化村通り）に立って飲み食いができるイタリアのバール式を採用した支店を開き、「江戸前風のケーキ・スタンド」と、マスコミがこぞって取り上げ、押すな押すなの大入りになった。

ヒサモトはその後、三軒茶屋に本店を移して地道においしいお菓子を作っていたが、三代目の早世で二〇〇五年、六五年の歴史に終止符が打たれた。日本の洋菓子史に名を残す名門店が、渋谷スイーツの系譜で始点であったことは、いまでは完全に忘れられてしまっている。

恋文横丁から広がった餃子ブーム

恋文横丁からもうひとつ、全国に波及するブームが生まれた。餃子である。

中国料理が家庭に浸透するのは、一九五〇年代後半からだが、渋谷と中華の関係はそれ以前から深かった。

戦後最初にサラリーマンやプロレタリアの安価な外食としてもてはやされたのは、中華ソバ、すなわちラーメンだった。道玄坂上の、戦前はしゃれた高級中国料理店だったが、戦後は場所を駅寄りに移し、大衆中華に様変わりした「北京亭」のラーメンが、渋谷では飛び抜けて美味だったようだ。作家の佐藤愛子が売れない小説家の仲間と、この店で五〇円のラーメンを食べるのが、敗戦後の最高のご馳走だったと回想している。モヤシと豚バラ、キクラゲが麺の上にかかっていたというから、横浜中華街発祥のサンマー麺に近い。大衆化しても、和風中華に迎合しなかったのは、高級店のプライドだったのだろう。

ちょうど『恋文』がブレークした頃、餃子が世に現れた。当初は餃子を鮫子と読み間違って「サメの子が食べられるのか」と驚かれるほど、なじみの薄い食べ物だったが、一、二年で人気は中華ソバを上回った。一九五四（昭和二九）年、東京の餃子専門店は四〇数軒だったのが、翌一九五五（昭和三〇）年には約二〇〇軒と急増している。

食べ物や料理の起源を突き止めるのは、難しい作業だ。とくに戦後の混乱期に誕生した餃子のような大衆食は諸説が紛々。そのなかでもっとも有力なのが、渋谷発祥説である。

よく根拠に使われるのが、古川緑波の『ロッパの悲食記』の「戦後はじめて、東京に出来た店に、ギョーザ屋がある。（中略）僕の知っている範囲では、渋谷の有楽という、バラック建の小さな店が、一番早い。餃子の他に豚の爪の、ニンニク沢山の煮物などが出て、支那の酒を出す。此の有楽につづいて、同じ渋谷に、ミンミン（字を忘れた）という店が出来、新宿辺にも、同じような店が続々と出来た」という記述。

「有楽」は一九四八（昭和二三）年、満州から引き揚げてきた高橋道博が、現地で覚えた餃子で商売を始めた店だった。一九五二年に三角地帯に移って「珉珉」と改名し、ここでも餃子は大当たりした。そこにふってわいた恋文ブームで、高橋と同じく満州引揚者が多かった三角地帯の商売人がいっせいに転業し、恋文横丁は専門店が軒を連ねる餃子の聖地になってしまった。

餃子人気は、やはり引揚者が多く、戦後は「大和田胡同《フートン》」と呼ばれていた大和田横丁にもすぐ伝播した。どちらの横丁も一歩足を踏み入れると油とニンニクの臭いが立ちこめて、苦手な人は近寄れなかったほどだったという。

一九五〇（昭和二五）年六月に勃発した朝鮮戦争の特需景気で復興は進み、食料も豊富になった。特需の滴は、渋谷の横丁もおおいに潤したのである。

餃子が渋谷でブームになった理由

渋谷の餃子ブームは東京全域に広がり、次いで大阪や福岡、宇都宮や浜松などの地方都市で同時多発し、やがて家庭料理に取り込まれ、国民食の一角に食い込んだ。

ブーム初期の東京の餃子専門店分布図を描くと、右半分の銀座、新橋から下町が著しく少なく、渋谷、次に新宿に集中していた。この現象について、「文化人は、栄養源として容易に説明のつく餃子を納得して食べているが、大衆はまだこの柏餅《かしわもち》の真価が判らないのだ」と、ある評論家が分析している。

餃子を柏餅に喩えているのが笑えるが、つまり渋谷の客にはインテリが多く、ニンニクとニラの滋養強壮効果に対する彼らの認識の深さが、餃子の受容を早めたというわけ。最初から女性の愛好者が多かったのも、同じ理由からだったようだ。

また、小麦粉で作った皮が米にかわるカロリー源になり、脂身の多い豚肉にニンニクとニラがたっぷり入り、見るからにスタミナがつきそうなところが、まだまだ栄養不足の時代にマッチした。

当時の雑誌や随筆を調べてみると、古川緑波がそうだったように、最初に餃子に飛びついたのは、渋谷に集まる映画・演劇の関係者や山の手のサラリーマンたちだった。日中をミックスしたような味に、彼らは新しさと同時に、一種のノスタルジアを感じたようだ。加えて、ニンニク臭くなるのがはばかられる銀座とは違って、渋谷ならあとは家に帰るだけ、という気安さがあった。

おかしいのは、豪華で清潔な店のほうが少数だったろうに、「餃子はきたない店でないと旨くない」というセオリーがあったこと。猥雑さのなかに美味が発見されたのが、餃子だった。

日本で最初のロシア料理店

ソ連崩壊まで、インテリは外国料理のなかでも、とくにロシア料理を好む伝統が存

（一九五八）年　渋谷駅前の飲食店街（写真提供：白根記念渋谷区郷土博物館・文学館）

在したように思う。労働運動とは距離を置きつつ、思想的にも心情的にも左翼、というのがロシア料理店の客のイメージ。実際に客がみな左翼知識人だったわけではないとしても、地味で素朴なロシア料理は、グルメ志向とは距離を置き、独特の存在感を放っていた。

プロレタリア文学が流行した大正時代、進歩的青年はルパシカ姿で街を闊歩し、新宿中村屋がロシアパンを売り出したように、ロシアへの共感や憬れは、戦前の早い時期から食やファッションにも届いていた。飲食業に携わる亡命ロシア人も多かったが、日本で最初のロシア料理店が誕生したのは、渋谷の闇市マーケットだった。

一九五〇（昭和二五）年一一月、三角地帯に「サモワール」、翌五一年三月には大和田胡同に「ロゴスキー」と、同時期に二軒が開店した。まだマーケットの中心は古着屋や古物商だったが、終戦後はロシア文学への関心が再び高まった時代で、満州のハルピンや大連でロシア料理に親しんだ引揚者も多かったから、両店とも繁盛した。

サモワール主人の酒井宗武は、伊達政宗の子孫で旧華族という異色の経歴で、のちの恋文横丁共同組合長。幼少期に伊達家の農場で働いていたロシア人一家と親しく交わり、ロシア料理とロシア語を覚えたらしい。一階はスタンド、二階はテーブル席で、思想家の清水幾多郎や、評論家の戸川エマなどが初期からの常連だった。

一方、ロゴスキーは八人で満員になるバラック店で、店主の長屋緑はハルピンで長く任務に就いた旧陸軍主計中佐。妻の美代がコックをつとめた。開店からまもなく、洋画家の池辺鈞が読売新聞でこの店を自作のイラスト入りで推薦し、「客はインテリが多い」と書いている。

二軒とも専門的な修行を経ない素人料理だったが、ザクースカ（ロシア風冷製前菜）、野菜の酢漬け、ボルシチ、ピロシキ、ペリメニ（シベリア風水餃子）、シャシリック（肉の串焼き）、ストロガノフ、キノコの壺焼き、キエフ風カツレツ、ジャムを添えたロシア紅茶という、ロシア料理の骨格がすでに出来上がっている。

材料もない時代だし、おそらく本場の味とはかなり違った、日本的なロシア料理だったはずだが、いまだにこの一〇品は全国のロシア料理店で不動の定番、とりわけボルシチとピロシキはロシア料理の代名詞になっている。それが渋谷の闇市で生まれたのは、興味深い事実だ。

その後、サモワールは円山町で、ロゴスキーは東急プラザの最上階で営業を続け、渋谷で数少ない大人がくつろげるレストランとして愛されたが、前者は二〇〇七年に三宿に、後者は二〇一五年に銀座に移転。目下、渋谷にはロシア料理店は一軒もない。

たらこではじまったスパゲッティ革命

「もはや戦後ではない」と経済白書が書いたのは、一九五六年。だが、渋谷の食から戦後が消えていく節目になったのは、やっぱり一九六四年の東京オリンピックだった。

洋画家・池辺鈞が描いたロゴスキーの主人　池辺は岡本太郎の叔父

当時は「オリンピア通り」と呼ばれた公園通りはまだ人影も少なかったが、オリンピックの前年、いまの東急ハンズの向かいのオルガン坂上に、日本のスパゲッティに革命を起こすことになる一軒の店がオープンした。和風スパゲッティ元祖の「壁の穴」である。

と、大げさに表現したくなるほど、和風スパゲッティとイタリアのスパゲッティとでは、とんかつとその原型のコートレットくらい味に距離がある。しかも、とんかつのようにゆるやかな変化ではなく、一代でこの味を作り上げたのはすごい。

壁の穴の創業者、成松孝安の前職は、ＣＩＡ初代東京支局長ポール・ブルーム邸の執事だった。サンフランシスコ講和条約後の一九五三（昭和二八）年、ブルームや友人たちの資金援助で、新橋・田村町にスパゲッティ専門店「hole in the Wall（壁の穴）」を開業した。店名はシェイクスピアの「真夏の夜の夢」からブルームが名づけたという。この当時から、茹で置きではなく、茹でたてのアルデンテで出していたが、アメリカ風のトマト味がメインだった。

渋谷移転を機に店名を日本語に改めた「壁の穴」は、カウンター一五席の小さな店で、近くのＮＨＫ関係者など、客筋がよかった。

たらこスパゲッティは、Ｎ響の主席ホルン奏者が持参したキャビアで和えてみたのが発端。同じ魚卵で値段の安いたらこを使って、おいしさを再現したものだ。これが突破口になって、納豆、醤油と生姜で煮たアサリ、椎茸、ウニ等々、ご飯に合う和風

創業当時の「壁の穴」とたらこスパゲティ（写真提供：株式会社壁の穴）

材料で次々と新作メニューを開発していった。青じそや海苔をトッピングしたのもこの店が最初だ。

想像するに、成松が最初に覚えたのはトマト味ばかりで、代わり映えのしないアメリカのスパゲッティだったから、発想の転換がありえたのではないだろうか。もし、イタリアの多種多様なソースだったら、わざわざ和風に変える必然性を感じなかったかもしれない。

成松の工夫で特筆すべきは、洋風のソースや具にも昆布の粉を隠し味に入れて、全メニューに和の風味をまとわせたことだ。うま味の研究が進んだ今日では、昆布だしを使う欧米のシェフも珍しくないが、六〇年代にこの方法を編み出したのは、とんでもなく画期的だった。

店の前にはいつも行列ができ、それがまた話題を呼んだ。やがて追随する和風スパゲッティ店が、雨後の筍のごとく各地にできた。

現在、和風スパゲッティの大手チェーン「洋麺屋五右衛門」は、一九七六年に公園通りに一号店を出店。五右衛門風呂のような大釜で茹で上げ、すまし汁とお新香つきで、箸で食べさせた。元キックボクシング東洋チャンピオンの富山勝治が一九七七年、百軒店に開いた「がんがん石」も、ぐらぐら沸きたった大鍋で麺を茹でるパフォーマンスがおもしろかった。

和風スパゲッティは最盛期の七〇～八〇年代を経て、家庭料理にも定着した。いまでは折衷の幅が広がりすぎて、なんでもありの世界。その源流を遡れば、渋谷の坂上の小さな店にたどりつく。

ファッションフードの先進地

私はファッションとして消費されるようなった流行の食べ物を「ファッションフード」と名づけ、本格的成立の年を一九七〇（昭和四五）年としているが、渋谷では西武百貨店開店の一九六八年あたりから、その前ぶれ的な店がぽつぽつと現れていた。

たとえば公園通りでは、日本初のプロヴァンス料理専門フレンチの「シェ・ジャニー」、激辛ペッパースープが名物で日本で一軒しかなかったガーナ料理店の「オスン」、吹き抜けの中央にステージがあったピザレストランの「ジローー」や、一軒家の喫茶店「時間割」など。宮益坂では、数年後に起こるサラダブームの火つけ役になったサラダ専門店「赤ひょうたん」はもう女の子でいっぱいだったし、早くもクレープ専門店の「ブルターニュ」が出現していた。

パルコが一九七三年に開店してから、渋谷のファッションフード現象は一気に加速した。パルコが提唱する女の生き方に共感した女性たちはまた、食の情報消費に敏感な、ファッションフードの牽引役だった。

飲食業の資本自由化で、七〇年代にはアメリカの外食企業がいっせいに上陸し、渋

駐車スペースもあり、等々力店や井の頭店など郊外に店舗展開したアメリカンスタイルのカフェ「ジロー」。ホットケーキが人気メニューだった（月刊「商店建築」一九六七年三月号より転載　撮影：大橋富夫）

原宿のイメージが強いマリオンクレープだがスタートは渋谷公園通り（写真提供：株式会社マリオンクレープ）

谷にも主要ファストフードチェーンが出揃ったが、いまは沖縄にしかない「A&W」が東急文化会館裏にあって、他のチェーンにはないホットドッグと、「ものすごくヘンな味」のルートビアフロートが女子高生に人気だった。渋谷は普通のものでは満足しない、とびきり新しがりやの街だった。

少し前まで人通りがまばらだった公園通りの両側には、喫茶店やレストランが立ち並ぶようになり、どこかおっとりして、それでいて個性的な店が多かった。代官山にある日本最初のメキシコ料理店「ラ・カシータ」も、創業の地は公園通り。渋谷は「日本初」の食べ物屋が、ともかく多かった。

日本初のクレープ屋台、「マリオンクレープ」が公園通り・東京山手教会横の駐車場にお目見えしたのは七六年。目の前で大きく焼いて朝顔形に丸め、歩きながら食べられるよう、紙で巻いて渡してくれた。値段は具によって一八〇～三〇〇円。クレープ専門店がすでに何軒かあった渋谷だが、肉やチーズを包んで料理として提供した他店とは一線を画し、キュートな創作菓子にアレンジしたのが独創的だった。たちまちブレイクし、屋台の前にはいつでも長い行列ができた。渋谷ストリートフードの草分けである。

屋台方式はあっという間に全国に広まって、クレープは大衆化していった。マリオンは七七年、原宿に移ったが、渋谷はいまもストリート系だけでなく、発祥地の仏ブルターニュ風の専門店も混じってしのぎを削る、クレープの激戦地だ。

渋谷と台湾料理の親和性

恋文横丁が取り壊されたのは一九七七（昭和五二）年。人の流れが公園通りに移っていくなかで、道玄坂小路の「麗郷《れいきょう》」が赤煉瓦の西洋風ビルに建て替えられたりと、従来の店も変わっていった。

麗郷は一九五〇年、恋文横丁で創業した台湾料理店。道玄坂上で一九〇七（明治四〇）年創業のそば屋「朝日屋」や、ステーキレストラン「石川亭」など、古くからの店の大半が閉店した現在、繁盛を続ける数少ない老舗だ。

餃子は中国北部の料理だが、渋谷と台湾料理も相性がよかった。コース中心の高級中国料理店と、ラーメンと餃子中心の大衆中華のちょうど中間。品数が多く味も本格的で、気楽なところが渋谷的だった。

宮益坂の「天厨菜館《てんつうせいかん》」は、台湾出身の作家・実業家の邱永漢《きゅうえいかん》がオーナーで、本国から呼んだ一流のコックが作る料理は絶品だった。宇田川交番近くの「新楽飯店」は朝四時まで営業していたので、ミュージシャンや飲食業の常連が多かった。オーナーは台湾系華僑の大物だったそうだ。一九八一（昭和五六）年には、交番横に「龍の髭《ひげ》」もオープンした。

八〇年代の中頃、ついに台湾屋台料理の全国的なブームが起こったとき、パイオニア役だったのが、道玄坂裏の「台南担仔麺《タイナンターミー》」だ。屋台風に演出したインテリア、腸詰

恋文横丁で創業した「麗郷」一〇年目の一九六〇（昭和三五）年に現在の場所に移転

め、モツ類、シジミの醤油漬けなど、少量多品種のメニュー構成というパターンは、その後の中国料理店に大きな影響を残し、「屋内の屋台」という空間プロデュースも、この店が先駆けだったと思う。

同じ頃、「ハーゲンダッツ」や「ホブソンズ」など、高乳脂肪で濃厚なスーパー・プレミアム・アイスクリームブームが起こったとき、井の頭通りの「パピーモンロー」では、低カロリーの豆腐ジェラートに女の子が群がって、異彩を放っていた。そういえば、八〇年代のカフェバーブームは港区が中心で、渋谷ではこれぞという店がなかった。よそから来たブームには、主流から少しはずすのが渋谷流なのかもしれない。

二〇一九年の渋谷ラビリンス

渋谷のファッションフードのなかで、私がいちばん思い入れがあるのは、もつ鍋だ。バブル崩壊の翌一九九二年、突如として大ブームが起こり、「ポストバブルの主役」、「東京ディナーの新定番」などと世間を騒がせまくって、一九九三年夏には終わっていた。

当時、渋谷で行く先々に新規もつ鍋屋が出現し、「もつ鍋」と染め抜いた幟《のぼり》がヒラヒラはためいていた光景は、いまも忘れない。なかでも公園通り付近は「渋谷もつ鍋ストリート」と呼ばれ、幟が林立していた。

少し前までは一軒もなかったもつ鍋屋が急に増殖し、幟が街の景観を支配したと思

宇田川町交番そばにあった台湾料理店「龍の髭」二〇一四（平成二六）年に閉店

カフェ・アプレミディはカフェブームの先駆けであると同時に渋谷系音楽の発信地でもあった。公園通りから二〇一八（平成三〇）年ファイヤー通りに移転

ったら、あっという間に消えた。流行のはかなさと、幟の思い出が、『ファッションフード、あります。』という拙著のタイトルにつながった。

それから現在まで、数々の食べ物が渋谷で流行しては、消えていった。九〇年代、渋谷に遊びに来る年齢層が若年化するにつれて、センター街は各種ファストフードの密集地帯になり、コロッケ屋台などのストリートフードも隆盛した。円山町や百軒店に人波が戻ってきたのも、その頃だ。

その一方で、カフェブームの先鞭をつけた公園通りの「カフェ・アプレミディ」を筆頭に、第二の自宅や仕事場のように使えるカフェ、雑貨やアパレルの店に併設された複合型カフェ、フードメニューが充実したダイナーカフェなど、公園通り周辺はおしゃれなカフェが次々と登場し、二〇〇〇年にはスクランブル交差点前に「スターバックス」がオープンし、ランドマークになった。

二〇一九年五月現在、センター街やハンズ通りの雑踏はあいかわらずだが、食べ物屋にもっとも勢いがあるのは、のんべい横丁、百軒店、円山町、プラザ裏[注]といった、路地が入り組むラビリンス・ゾーンだ。全域をくまなく歩きまわってみると、外国人観光客を含め、行列ができているのは、大ブーム中のタピオカ専門店を除けば、昭和創業の古い店ばかりである。人々は、渋谷に昭和の幻影を求めているのだろうか。

そうだとしても、この街はずっと昔から新しかった。渋谷のよき伝統である新しもの好きの精神は、大規模な再開発で息を吹き返すことができるだろうか。

創業一九五一（昭和二六）年の老舗のカレー店「ムルギー」　代替わりして百軒店になおも健在

注　プラザ裏。東急プラザ渋谷は、渋谷駅周辺の大規模再開発に伴い二〇一五年（平成二七）年一時閉館。二〇一九年一二月に複合施設　渋谷フクラスの商業メイン施設として開業予定。引き続きプラザ裏のネーミングが残るのか、その存在感に注目したい。

THE UNDERGROUND

7章

福富太郎 盛り場

TARO FUKUTOMI

昭和26年ごろの渋谷

わが青春の「盛り場」物語

渋谷篇

福富太郎（一九三一～二〇一八）は昭和の立志伝中の人物。一九七〇年代には、「人生相談やビジネスアドバイスなどで今のワイドショーコメンテーターのように頻繁にテレビ出演していた。十代から東京アンダーグラウンドビジネスの経験を積んで、二六歳で独立。福富の創業したキャバレー「ハリウッド」は最盛期には全国四四店舗を数えた。驚くべき記憶力と表現力で終戦直後の渋谷アンダーグラウンドを活写した渋谷史の基礎文献ともいえる一篇を再録する。

『東京風物名物誌』（岩動景爾、東京シリーズ刊行会）より

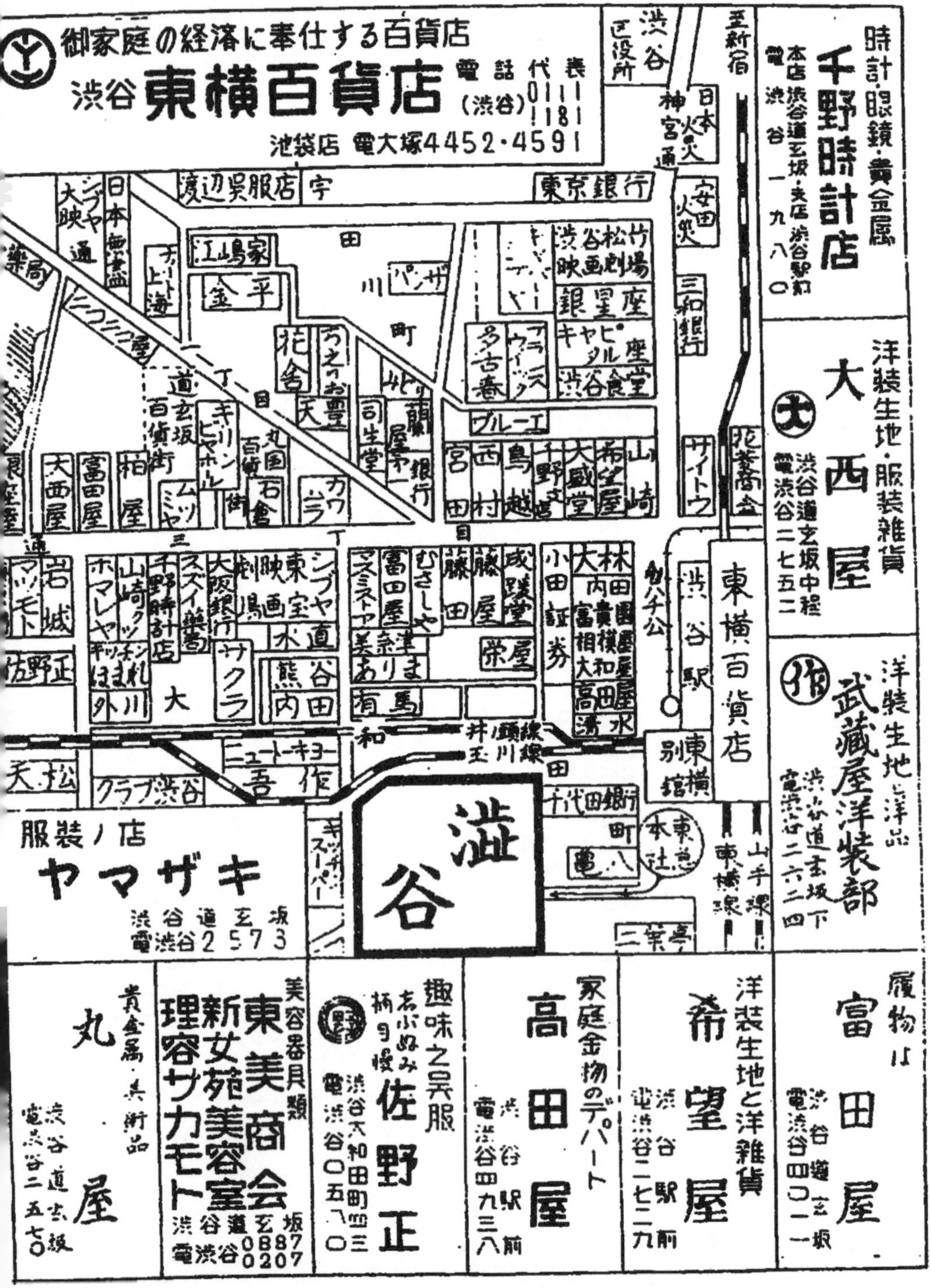

昭和26年頃の渋谷駅から宇田川町、大和田町、道玄坂方面。ハチ公前に「大盛堂」「西村」など今もある店が。広告にある「うなぎ鶏料理 花菱」も現存する（岩動景爾編『東京風物名物誌』より転載）

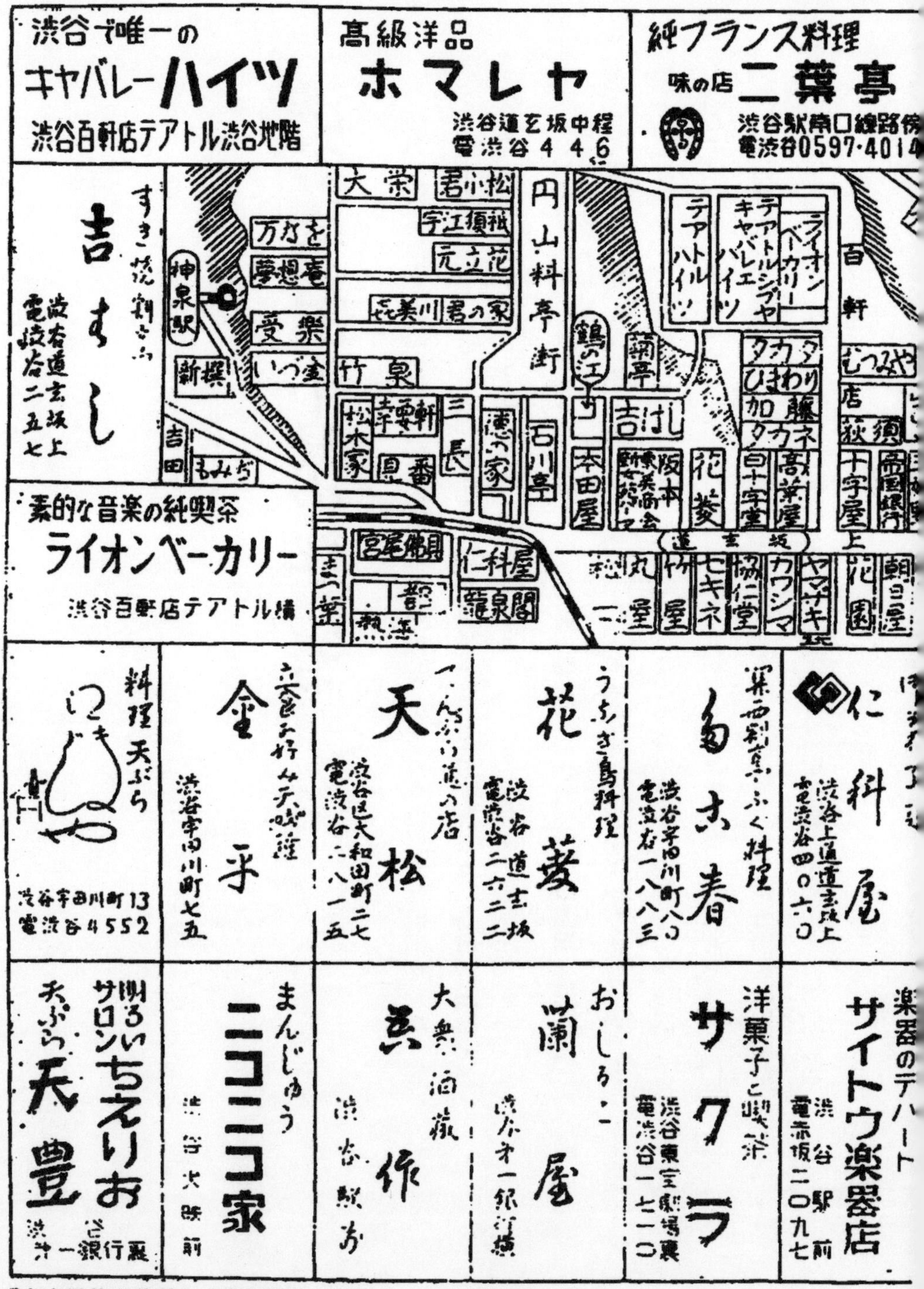

「東京風物名物誌」（岩動景爾、東京シリーズ刊行会）より

渋谷周辺の不良少年たち

戦前から銀座は上品な盛り場、新宿はガラの悪い盛り場というのが通り相場だった。しかし、新宿に高層ビルが建ち、淀橋浄水場跡が東京都庁になってからは、新宿が銀座を追い越して日本一の盛り場になった。

一方、渋谷は神南にＮＨＫができてから若者の盛り場と化し、流行の先端を行く街としてすぐ近くの原宿、六本木と並ぶようになった。最近*の中・高校生が遊びに行くのは新宿ではなく渋谷で、高校生が悪いことを覚えるのも夜の渋谷である。警視庁の少年課なども渋谷には目を光らせているという。渋谷のこの変貌ぶりには私も驚いている。

かつての渋谷は「玉電」（当時の不良少年は「ギョクデン」と呼んでいた）が世田谷の田園地帯や二子玉川と結び、浅草から地下鉄が入っており、それに山手線、東横線、井の頭線な

*原著発行一九九五年

どが渋谷の人の流れを形成していた。

渋谷も空襲で焼け、宮益坂の映画街（東急ビル）あたりは敗戦直後は焼け野原で、人が殺されたり、よく物騒な事件が起きたものである。

また、道玄坂の現在の「１０９」の向かいも焼け跡だったが、間もなくその真ん中に東宝映画劇場ができ、話題の外国映画の封切館として賑わった。しかし、すぐその裏には焼けた鉄骨やトタンなどがそのままあり、不良学生がよく喧嘩をしていた。私もそのころ中学生で、一人のテキヤにからまれて仲間六、七人で取り囲んだが、たちまちやられてしまったことがあるが、このことは後述する。

東京の盛り場で渋谷ほど変貌・発展した街はないだろう。逆に、浅草はJRが入らないこともあって盛り場としては衰退してしまった。戦前はロック（六区）、エンコ（公園）と符丁で呼ばれたように、映画や演劇など娯楽といえば浅草だった。ひょうたん池があり、観音様の横には見せ物小屋、またメリーゴーラウンドなどで人を楽しませる花屋敷などがあり、子供たちも浅草に連れて行ってもらえるというと大喜びしたものである。寄席や芝居が上演される木馬館や、古い映画を専門に見せる劇場もあった。

私の家のお寺は上野の谷中にあるので、私も墓参りの帰りにはよく浅草に連れて行ってもらったものである。そして、帰りには釜めし屋に寄って釜めしを食べるのが通例であった。

それに対して当時の渋谷は、そんな盛り場などまったくない街だった。私が通った学校は等々力と駒沢の間の田園地帯にあった都立の園芸学校（農業高校）だったので、大井町から田園都市線（現在の大井町線）の等々力駅で乗降していたが、駅から学校まで早足で歩いても三十分かかった。一帯は畑で、ウズラに似たコジュケイという鳥がよく畑の方から「チュッ、チュッ」とこちらをからかうように出てくる。焼き鳥にしたらうまそうなので捕まえてやろうと追うと、素早く畑に逃げ込んで見えなくなってしまう。よく見かけるわりには「コジュケイを捕まえた人はいない」と言われるくらいすばしこく、私もついに一羽も捕まえられなかった。

等々力駅と園芸学校の間には大東亜学寮という、東南アジア諸国のエリート留学生の寮があった。その近辺で強姦事件があり、留学生のなかに犯人がいるのではないかという噂が立ったが、真相は分からずじまいである。そこから上野毛に寄ったあたりに児玉誉士夫（戦時中、軍部の物資調達に暗躍し、戦後は右翼の大物と目され、ロッキード事件にも関係した）の邸宅がある。静かな街で、私も子供心に将来こういう所に住みたいと思ったものである。上野毛にかけては等々力不動があり、滝などもあって等々力渓谷と呼ばれてきれいな水が流れており、まさに東京の秘境だった。

田園都市線の沿線では、大岡山や尾山台は優秀な学生ばかりで問題が起きたことはなかった。元気がよくて生徒数が多かったのは自由ヶ丘の自由ヶ丘学園、等々力には荏原中学、日本体育専門学校、そして五島慶太が建てた東横学園などがあった。東横学園は女学校で、戦後はここを卒業した生徒は東急関係の会社に就職できるというので人気であったものである。当時はどの学校も周囲には畑が多く、広々とした環境であった。

また、旗の台にあった香蘭女学校が空襲で焼けて九品仏のお寺に疎開していたが、ここは私服の女学校で可愛い女の子が多く、われわれの憧れの的だった。彼女たちからすれば、私たち農業学校の学生なんて「百姓」で汚いというのだろう、全然モテなかった。しかし、私の学校の生徒はみんな農家の子で、食べ物が良かったので他の学校の生徒より体格はいいが根が真面目なので、向こう見ずの生徒は少なかった。

玉電沿線の中心は三軒茶屋、田園都市線では自由ヶ丘で、当時の不良少年は前者を「サンチャ」、後者を「ガオカ」と呼んでいた。玉電沿線の不良学生は三軒茶屋にたむろし、彼らがもう少し成長すると渋谷にのして行く。彼らは渋谷を「ブヤ」と呼んでいた。三軒茶屋近辺で最も威張っていたのは国士館中学の生徒で、そのなかに『昭和キャバレー秘史』でも紹介した花形敬がいた。もう一つは生徒数の多い世田谷中学（地元の人たちはヨタチュウと呼んでいた）と荏原中学（バラチュウ）で、これらにも不良少年が多かったが、国士館中学の生徒には押され気味だった。

女生徒にモテない園芸学校生

こうして、玉電の国士館中学、田園都市線の荏原中学に挟まれ、私のいた園芸学校は強い生徒がいないので、切歯扼腕したものである。農家の子だから生活が真面目なので破天荒な人間がいないのである。園芸学校から出た役者では、若いころの芦田伸介に似た感じで顎に傷のある大日向伝は、『燃える大空』という映画などで軍人役をやり、園芸学校出のたった一人の英雄だが、その後ブラジルへ行ってしまった。さらに挙げるとすれば、宮田ハーモニカの向こうを張って有名になった南部ハーモニカや二十世紀ナシをつくって有名なった人くらいで、不良も出ない地味な学校だった。不良が出ないというよりも、太陽とともに寝起きして、土とともに生きるのだから、むしろ不良たちの嫌がる学校で、満蒙開拓青少年義勇軍に参加した生徒もいた。というのは、義勇軍の育ての親は農本主義者の加藤完治で、茨城県にあった彼の内原訓練所に行くように学校から勧められたからである。私たちは毎日のように満州の話を聞かされ、加藤は〝満州移民の父〟などといわれていた。

『昭和キャバレー秘史』で紹介した、満州に街ぐるみ渡った武蔵小山の商店街のニュースに私が注目したのもその影響である。

義勇軍に参加した少年たちは日輪兵舎というものをつくり、丸太を五、六本立てて屋根をつけただけのところに輪になって寝るのだという。私たちが学校で習うことといえば、自分が出した排泄物を汚がってはいけないということくらいだった。汚がる生徒に対して加藤完治は、オワイ桶の中に腕を突っ込ませ、それを太陽にさらしてパリンパリンに乾くまで立たせたという。加藤完治は人糞肥料を舐め、その味で良し悪しを判断したというので、その通りに実行し、また生徒にその通りにさせた教師もいる。堆肥にした干し草は牛糞、馬糞、人糞などと混ぜ、腐って発酵した肥料を大きなフォークのようなものでかき混ぜるのである。

こんな具合だから不良生徒が出るはずがないし、女子生徒にもモテるわけがない。私がその園芸学校に入ったのは戦時中のことで、すべての基になる身体を鍛えるのが目的だった。私はもっと高いレベルの学校に入れる成績だったのでバカにして入学したのだが、私より優秀な生徒はいくらでもいたし、おまけに体力も私より勝っている。小学校では私は運動会でもいつも一番だったが、園芸学校ではビリなのでガックリきてしまった。世の中、上には上がいるものだと思い知らされたのはそれが最初である。

その学校では泥だらけになって作業するのだが、私は土で汚れるのが嫌いだった。しかも、園芸学校は普通の学校よりも早く始まって遅く終わるので、学校まで遠い私は朝は五時に起きなければ間に合わないし、近所の同年齢の子がとっくに帰って遊んでいる夕陽が落ちるころでなければ帰れない。初めはいい学校に入ったと思ったのだが、そのうち大変な学校に入ってしまったと思うようになり、しぶしぶ通っていたため、勉強などに身が入るわけがない。肥桶など担いだこともないのに重いのを担がなければならないし、いやいや担ぐものだから中身がはね返って衣服につくのでますますいやになる。歩いて通える地元の農家の子は私より早く登校するし、おまけに私は鍬や鎌の使い方も知らない。

学校に置いてある鍬や鎌は歯がこぼれて使い物にならず、農家の子は自分の家の使いやすい鎌を研いで持ってくるし、しかも彼らは小さいころから使い慣れているので、開墾でも草刈りでも私などと比較にならない。成績が悪いからますます不満をもち、不満だから勉強しない。そもそも勉強など教わった記憶がないのである。

私がいまだに苦手なもの、戦時中の〝鬼畜米英〟の影響もあって英語など習う必要がないという教師のおかげである。私の学校の英語教師は小野という教頭で、都内でもかなり有名な人だったようだが、敵性語排斥の風潮が強まると座間の方に飛ばされてしまった。その教頭の代わりに来たのが栗原金左衛門という東北出身の陸軍中尉で、新任のあいさつで「予は陸軍チュウエ栗原」と強い東北なまりで言ったのでゲラゲラ笑ったらぶん殴られてしまった。彼が教頭になって「英語の授業は必要なし」ということになり、英語は国語の教師が受け持ってムチャクチャな教え方をしたので、それがいまだに私の英語アレルギーとして残ってしまった。

ところが、敗戦後はコロッと変わってアメリカ（米軍）に媚を売るような英語の授業になったが、私は不器用なのでコロッとは変われなかった。

そんな私がたった一つ園芸学校に感謝しているのは、この学校は農作物や家畜を育てているので三百六十五日、学校を休めなかったことである。私が社会に出ても仕事を休まず、「働き者」といわれたのはその影響だと思っている。

また、私がどの店でも早く出て遅く帰るのも、園芸学校時代の習慣である。便所掃除も、園芸学校での肥料づくりで鍛えられているから汚いトイレなどものとも思わないので、どこでも「おまえほどよくやるやつはいない」と言われたものである。学校で教わったことがこれほど役に立ったことはほかにない。裸足で農作業をしていたためか身体も丈夫になり、三十二歳まで病気一つしたことがないのも園芸学校のおかげだと思っている。

渋谷のテキヤと初めての本格的な喧嘩

そんな園芸学校の生徒でも三年生ともなるとやや色気が出てきて、三軒茶屋あたりでヨタ者同士の喧嘩をするようになる。しかし、三軒茶屋は狭い地域なので、やがて渋谷まで足を伸ばす。もちろん私も、中学二、三年になるとよく渋谷へ行った。渋谷といっても私たち少年は、せいぜい映画を観て帰るだけだったが、徒党を組んでいるから映画館の中で喧嘩になる。そこでも威張っているのは国士館中学の生徒だった。

園芸学校で一目置かれていた生徒に、慶応から転校してきた不良学生がいた。彼は猛威をふるう国士館中学の連中を向こうに回しても引けをとらないくらいの腕力と度胸があった。園芸学校の生徒の多くをまたたく間に不良化させたのは彼である。園芸学校の生徒も不良の素質は持っていたが、根が真面目だからそれまでは不良連中とは一線を画していたのだが、たちまち不良少年が続出することになった。まさに不良少年の促成栽培である。農家の伜だから体は大きく腕力も強いので、取っ組み合いや殴り合いでは負けないところへ不良の根性が入ったものだから、沿線でもすぐに一目置かれる存在になった。ただ、人数が少ないので上級生の不良が下級生を勧誘する。その勧誘に乗った生徒は少なかったが、私はその数少ない一人で、上級生と一緒に渋谷をのし歩いたものである。前述したテキヤと大喧嘩したのはそのころである。

そのころ、道玄坂も表側の商店街の裏はほとんど焼け野原だった。例によって私たちは映画館に入ったが、外へ出ると顔も知らない一人のテキヤが「ガンをつけた」と言ってからんできた。相手は一人だから勝てると思って、私たちは彼を道玄坂の焼け跡に誘い込んだ。彼は「キサマら、おれと喧嘩するつもりなら相手になってやるぞ」と言いざま、壊れたコンクリートの上に跳び上がり、「さあ、一匹どっこい（一対一）で来い！」と凄んだ。私たちの仲間では体が最も大きく、喧嘩も負けたことがないという森という少年が、彼のところへ上がろうとした瞬間、ストレートパンチをくらって倒れてしまった。仲間で一番強い男がやられてしまったので、こちらはみんな萎縮してしまった。すると、仲間の知恵者で笠原という少年が進み出て仁義を切り、その喧嘩はおさまったが、私は本格的な喧嘩はそのときが初めてで、一人が複数と喧嘩するにはこういうふうにするものなのかと感心したものである。翌日、この話が学校中に伝わると、そのテキヤにやられたという生徒がほかにも大勢いたことが分かった。

当時の渋谷には国士館の花形敬と並んで不動丸という有名な不良がいた。彼は伝説的な不良少年だったが、最後には殺されたらしい。

もう一人、やはり国士館中学に上原勇という不良少年がいた。彼はバンタム級のプロボクサーなので、彼に対抗するために私の学校の一年上の森岡という生徒が国光拳闘クラブに入ってボクサーを目指したが、彼は上原と対決せずに、ロバート森岡という芸名をもらってエノケン『拳闘狂時代』という映画に出演した。この映画は、ピストン堀口の弟の堀口宏が主演したが、彼の前座でロバート森岡がボクシングを見せた。このころが園芸学校の不良の全盛期といえるだろう。

森岡の影響で園芸学校でもボクシングを習う生徒が増え、私も負けじと空手を習い始めたものである。やがて、いよいよ上原勇とロバート森岡のカードが組まれたが、森岡が恐れをなして逃げてしまったため、対決は実現しなかった。上原は、当時の渋谷の不良学生の間ではかなりの顔だった。

渋谷で対立した安藤組と力道山

当時の渋谷のテキヤでは弦切と関谷の二人が有名だった。弦切は喧嘩がめっぽう強いので、キャバレーの経営者も彼を頼りにしていたものだが、その後、彼は寿司屋などをやって成功し、私の店にも来たことがある。一方、関谷は私たち不良少年とも親しかった。弦切と関谷の二人には、さすがの安藤組もうかつに手を出せなかった。とくに関谷一派と安藤組はしょっちゅう出入りがあった。

昭和二十年代後半の渋谷は安藤組が席捲していた。昭和三十年ごろが安藤組の頂点で、三十二年には安藤組による横井英樹（目をつけた企業の株を買い占め、〝乗っ取り屋〟ともいわれた。昭和五十七年二月、経営していたホテル・ニュージャパンの火災で業務上過失致死傷の容疑で逮捕、起訴された）襲撃事件が起きる。この事件は、私が聞いている限りでは、横井英樹が蜂須賀小六の末裔である蜂須賀家から金を借りて返さないので、蜂須賀家が困っていた。これを元山某というヤクザがらみの取り立て屋が耳にはさみ、横井のところへ乗り込んだ。それでも横井が返済しようとしないので、元山が安藤昇にこぼした。すると安藤が「おれが話をつけてやろう」と乗り出した。ところが、横井もそう簡単に恐れをなすような男ではないので、逆に「なぜギャングなんかを巻き込むのか」と元山を責めた。そこで安藤組が腹を立てて横井を銃撃したのだといわれている。

これが表面に出ている説だが、もう一つはそれとは異なり、横井英樹が五島慶太と組んで東洋製糖の株を買い占めたので、手を引かせるために安藤組が横井を威したという説である。だから安藤昇は同時に五島慶太も狙ったので、五島がこれはたまらんと安藤に金を出して襲撃を免れたという。さらには、渋谷は東急の地盤なので、五島慶太に株の買い占めをやめさせるために、五島の代行で買い占めをやっていた横井を襲ったという説もある。

いずれにせよ、安藤は横井の命を狙ったわけではなく威すのが目的だったのだが、弾丸がそれて胸のあたりに当たって横井は重傷を負ってしまった。

安藤昇は学生出身であたまが良く、マスクもいいので一部の女性にも人気があった。彼は子分が乱暴を働くと「すみませんでした」と謝りに行った。その紳士的な態度に、地元でも彼だけは単なるヨタ者とは見ていなかった。むしろヨタ者の乱暴を彼の力で抑えてもらおうと利用した面がある。彼は当時、東京宣伝社というサンドイッチマンを斡旋する会社や東興業という興行会社を設立したが、弦切や関谷を知らない地元の人たちはやはり、ヨタ者の乱暴による被害を防ぐために東京宣伝社を利用したようだ。

その安藤昇が最も男を売った事件がある。昭和三十年、現在のNHKへ行く大通りの途中に「クラブ純情」(純情チェーン)という大きなキャバレーができ、その経営者がプロレスの力道山・東富士と仲が良く、彼らが開店祝いにその店に来るということになった。それを聞きつけた安藤組は、渋谷で自分たちを無視して力道山たちを用心棒にするというなら思い知らせてやる、というのでピストルを持って店に押しかけた。さすがに力道山はその情報を事前に察知して身を隠したが、店にいた東富士が拉致されてしまったという事件である。

大相撲の関脇だった力道山は昭和二十六年にプロレスラーに転向し、同年十月、アメリカのプロレスラー、ブランズと日本人で初めてプロレスの試合を演じた。二十八年七月には日本プロレスリング協会を結成、日本橋に力道山道場を開設した。NHKと日本テレビが、蔵前国技館で行われた国際プロレスリング大会を初めて実況中継したのは二十九年二月である。そして同年十二月には、柔道界で最強といわれた木村政彦との一騎討ちに勝ち、力道山は日本プロレスヘビー級の初代チャンピオンとなった。それを実況放映した街頭テレビに人だかりしていたころでもあり、力道山の人気は全国的に爆発した。当時、木村の復讐ということで空手の大山倍達が力道山に挑戦したが力道山は避けたいという噂が流れたが、両者とも故人であるいまとなっては、その真偽のほどは分からない。木村との試合も、メッタ打ちにされた木村の姿を現に大勢の人がテレビで見ているのだから事実ではあるけれど、力道山の騙し討ちだという噂もあった。

そのような背景があってか、安藤組は渋谷の街で顔にドロを塗られたのではメシの喰いあげだというので、力道山を懲らしめてやれという意図もあって、安藤組の舎弟分が何人かで押しかけたというわけである。その現場を見ていた男の話によると、店内でピストルを突きつけられた東富士はひどくビビってまったく無抵抗だったという。人気絶頂の力道山をへこましたこの事件で、渋谷における安藤組の名声は一躍上がった。

地元の人間に迷惑をかけた事件ではないし、強引に出店した純情チェーンのやり方に対する反発もあって、地元の人たちも安藤組に好意的だった。というのは、渋谷にもすでにキャバレーが何軒かあるのに、他所者である純情チェーンが乗り込んで来た形だったからである。

台湾人ヤミ屋の集団が渋谷警察を襲う

当時、渋谷警察署の署長室の壁に、殉職した警察官の写真が何枚か並んでいた。それは敗戦直後、渋谷警察署をトラックで襲った台湾人（旧台湾省民）ヤミ屋の集団と銃撃戦をして殉職した人たちである。渋谷警察では事前に襲撃の情報をつかんで応戦体制をとっていたが、トラックで乗り付けた台湾人ヤミ屋の連中は機関銃を乱射したという。私はこの事件を学校で聞いたが、警察側の応戦で襲撃側にも二、三人のケガ人が出たので一層いきり立ち、二派、三派の攻撃をかけて来る。応戦する側も日本の警察の面子にかけて負けられないが、ピストルだけでは機関銃に対抗できないというので、進駐軍を応援に頼んで迎え込んだという。

〝戦勝国民〟である「第三国人」が、戦時中の恨みを爆発させたかのように日本人と対決した事件は、その前に新橋でも起こったが、詳細は新橋篇*で述べることにする。新橋の事件は、ヤミ市を取り仕切っていた松田組と台湾人ヤミ屋との対立がエスカレートし、松田組はほかのヤクザ組織に助っ人を頼む回状を回し、新宿や渋谷からも応援に来て、その出入りは日本人ヤクザが勝った。その出入りに加わったという私の知っている男は学生上がりの愚連隊で、大勢で鉢巻きを締め、「日本人のために闘うぞ！」と日本刀を抜いて台湾人の集団に飛び込んで行ったが、気がついたら周りに誰もいないので刀を鞘におさめ、新橋駅近くの桜田小学校のトイレにしばらく身を潜め、夕暮れに紛れて帰ってしまったという。敵・味方入り乱れての戦闘の現場では、得てしてそういうちゃっかりした人間もいるものである。その出入りのとき、警官が撃ったピストルの弾が台湾人に重傷を負わせたというので、渋谷・道玄坂にあったヤミ市を仕切っていた台湾省民の集団が愛宕警察署でなく華僑総会本部のある渋谷の警察を襲ったらしい。

この新橋と渋谷の事件については梶山季之も書いているが、戦後の盛り場（敗戦直後はヤミ市がすなわち盛り場だった）を語る場合には逸することができない。

たとえば、ヤミ市を傘を持って歩いていると、「その傘、買った！」と声がかかるが、

＊原著第四章参照

相手はカネメを持っていないので彼の持ち物と交換する。ヤミ市で最も流通したのは北海道産のスルメだった。コメは統制されていたためすぐに摘発されてしまうので、スルメがヤミ市での貨幣の役割を果たしていたのである。食物で思い出すのはサクラ餅。サツマイモをすりつぶして丸め、うどん粉の皮に包んだもので、私もよく食べたものである。それから平貝のバター焼きとイカの丸焼き。焼け跡のトタンのわけの分からない油をひいて焼くのである。もちろんスイトンも忘れてはならない。

最も大きなヤミ市は新橋で、敗戦直後の八月二十日ごろには、夕暮れ時に駅前に人が大勢集まり、誰かが「日本はなぜ負けたのか」とか「天皇制は是か非か」などとアジ演説を始める。やがて、全国からヤミ物資を持ち込んだ連中が露店を並べるようになってヤミ市となった。新橋に次いで尾津組の「光は新宿より」というスローガンで賑わったのが新宿マーケット。渋谷にヤミ市ができたのはそれより少し後になる。

道玄坂の途中に百軒店があり、その中には飲み屋あり映画館あり、バーやおでん屋、テアトル興業系のキャバレーもあって、よく人が集まった。道玄坂を上がった右側が花街の円山町、その南側が南平台、その駅寄りが桜ケ丘、そして駅のそばに柳街という一画があり、そこで前述の弦切が寿司屋をやっていた。ガード下は大和田マーケットといい、焼鳥屋がビッシリとすきまなく軒を並べていたが、いまでも焼鳥屋が並んでいる。それが京王線の初台方面につながる。

一方、宮益坂を上がると焼け跡が広がり、現在のようにすぐ青山とつながらず、昭和二十年代はとり残されていた。昭和三十年代初め、青山の近くに「青い城」というナイトクラブができ、これがナイトクラブのはしりである。また、「神田パール」の三木英義が渋谷に進出して宮益坂の途中に「渋谷パール」を開店したりして、宮益坂も徐々に盛り場として賑わいを見せるようになる。

土性っ骨《どしょっぽね》のある男でないと務まらない宇田川町

私が昭和二十四年九月から勤めていた角筈のキャバレー「新宿處女林」のオーナーが二十六年に替わり、その新しい経営者とはどうもソリが合わなかったので、先輩の車田利幸のすすめに乗って同年七月、隣の軽演劇場「ムーラン・ルージュ」がキャバレーに転換してオープンするというので、何人ものホステスを引き抜いて移った。ところが上野・浅草篇や新宿篇でも述べているように、台湾人経営者は私の功績を少しも評価せず、私をボーイ扱いし、散々利用するだけのやり方に腹を立て、「出るところへ出てやるぞ」と息巻いた。

するとその経営者は、「おれがあんたを雇ったんじゃない。あんたはマネージャーの車田が連れて来たんだ」と逃げた。それを聞いた車田は慌てて私を宥めにかかった。

「おまえ、あんまり社長に楯突くな。おれの顔が丸潰れじゃないか。おまえの就職口はおれが世話するからしばらく我慢してくれ」

しかし、「ムーラン・ルージュ」を辞めても車田は何もしてくれないので、「處女林」で私と一緒に働いていて、私が二十万ほど貸している津布久という先輩の紹介で二丁目の喫茶店に勤め、昭和二十六年十二月、再び津布久の斡旋で五反田のキャバレー「オデオン」に移った。

したがって、私は車田に対しても腹を立てていたので、彼が当時マネージャーをしていた同じ五反田のキャバレー・ダンスホール「カサブランカ」から何人かのホステスを引き抜いて仕返しをした。先輩だからそんなことはしたくなかったのだが、そうでもしなければ私の気持ちがおさまらなかったのである。

案の定、「オデオン」のオープンの日、車田が「ひどいじゃないか」と怒鳴り込んできた。

「おれとおまえの仲じゃないか。しかも目と鼻の先だぞ。この前おれのおごりで飲んで、そこに付いたホステスを引き抜くとは、人情も友情もあったもんじゃないな。絶交だ！」

「上等だ！」

そんな別れ方をしていたので、上野・浅草篇に登場する〝鳥の羽の女〟と一緒に「オデオン」を辞めた後、車田のところへは行けなかった。しかし、彼の奥さんには以前、よくしてもらっていたので、ある日、車田のいないところを見計らって、彼女の好物のアジの干物を持って訪ねた。

「車田があんたを探してるよ」

「オヤジさんとは喧嘩別れしちゃって、会えないんですよ」

「そんなバカなこと言うもんじゃないよ。車田はそんなことを根に持つような気の小さい男じゃないから、すぐ車田の店に訪ねて行きなさい」

車田は、そのときすでに五反田の「カサブランカ」から東京駅八重洲口の大キャバレー「ハバネラ」に移り、支配人をしていた。私もいつまでも失業状態ではいられないので、その足で車田を訪ねた。

車田の要件とはこうである。

――渋谷の宇田川町に、車田が共同経営者になっている「グランド渋谷」というキャバレーがあり、そこの経営者に適当なマネージャーを紹介してくれと頼まれている。ただ、その辺は〝泣く子も黙る宇田川町〟といわれ、安藤組が暴れ回っており、付近もガラの悪い連中ばかりなので普通の人間では務まらない。現にいま、やはり車田の紹介で綾野という男がマネージャーとして行っているが、彼の話によっても、並のマネージャーでは手に負えないので、土性っ骨《どしょっぽね》のある男を回してくれというのである。

「そこで、あんたどうかね」

私もあまり度胸のある方ではないので不安だったが、職にはありつきたいので行くことにした。車田は、一人では不安だろうから、鈴木満喜次という大男と一緒に行けと言ってくれたが、満喜次とはすぐには連絡がとれないので、とりあえず私一人で渋谷に乗り込むことになった。

女の誘惑をひたすら拒絶

宇田川町の「グランド渋谷」にマネージャーの綾野を訪ね、彼と向かい合って座っているところへ鉄棒を持った三、四人の男が暴れ込んで来た。

「マネージャーはいるか?」

彼らはこの店のマネージャーが最近、替わったことをどこからか聞きつけて来たらしい。

「マネージャーはおらだけど」

綾野が立ち上がると、彼らは「てめえがマネージャーか！」と言いながら、背の低い綾野を、鉄棒でメッタ打ちにした。止めるすきなどありはしない。鉄棒と見えたのはストーブの火かき棒である。綾野は入院し、全治十日間の負傷だった。

大変なところへ来てしまったと思っていると、ボーイが二人やって来て私を威するようにいうのだった。

「車田さんの紹介で来た人ですか。こんな物騒な土地には来ない方がいいですよ。何しろ〝泣く子も黙る宇田川町〟ですからね」

私は、こんなやつらに威されて尻尾を巻いて逃げてたまるかと逆に発奮し、しばらく居座る決心をしたが、「とりあえず今夜は泊めてくれませんか」と下手に出た。

「いいですよ。どうぞ」と案内してくれた二階の部屋を見ると、敷きっ放しの布団にはどれにも枕が二つあり、それぞれバーテンやボーイとホステスが男女一人ずつ寝ており、屏風のようなもので仕切られているだけである。

「好きな場所で寝てください」と言うのだが、そんなところに寝られるわけがないではないか。その店には十五、六の小僧が一人いたが、彼を一人のホステスが、「○○ちゃん、今夜はわたしが寝てあげるからおいで」などと言っている。

「いやだよ、おれ、恥ずかしいから」

「何よ、食っちまうわけじゃないんだからいいじゃないの」

まだ二人とも、田舎から出てきたばかりの感じなのにこれである。

後に私の部下になった藤村というボーイが私に、「じゃあ、マネージャーどうですか?」と促したが、私は「冗談じゃない。おれは階下で寝るから」と断って、客席のボックスに毛布を持ち込み、酒を飲んで寝た。すると、深夜、小夜子という小ぎれいなホステスが、いきなり私におおいかぶさって来て頬や首筋を舐め始めた。

泉鏡花が明治三十三年に発表した『高野聖』は、妖怪の化けた美しい女が旅の僧をコウモリやガマや牛にするためにさまざまな手段で誘惑するのに対して旅僧はひたすら読経して女を退ける話だが、私もその旅僧と同様に小夜子の誘惑をひたすら拒絶した。もし彼女の誘惑に乗っていたら、私もまたコウモリかガマに変身させられていたかもしれない。

コウモリやガマに変えられることが不幸・災難に遭うことの比喩であるとするなら、私が小夜子の誘惑を拒み通したことは、私に幸運をもたらした。

というのは、間もなく私に目をつけて招聘してくれることになる、現在の西武A館地下に二十六年にオープンしたキャバレー「渋谷松竹」の小松靖明という経営者が、「グランド渋谷」の経営者・杉山に、私という人間について聞いたという。杉山は私と小夜子の一件を聞かされていたので、「彼は若いけどしっかりした男ですよ。女がどんなに誘惑しても乗らなかったんですから」と言ってくれたので私に対する信頼が高まり、同じ渋谷とはいえ、〝泣く子も黙る宇田川町〟から脱出できるきっかけを得られたのだが、それはやや後のことである。

「給料を払え」「いや、慰謝料を払え」

経営者である杉山は伊東の寿司屋の息子で、戦前、明治大学とかの拳闘部で活躍したボクサーで腕力には自信があったので、悪名高い宇田川町でキャバレーを開店する気になったのだろう。私は店に泊まった翌日、その杉山に意見せずにはいられなかった。

「従業員の男と女が一緒に二階の部屋で寝ているような店では、繁盛するはずがないですよ」

「じゃあ、おまえがマネージャーとして止めさせてくれ」

そこで、私は「今日から男女が一緒に寝てはいけない」と宣告した。

すると、バーテンやボーイは「だったら、その代わり金をください」と言う。聞くと、彼らは三年間、給料をまったくもらっていないというのだ。私もそれは不当だと思い、杉山に問い質した。杉山の答えはこうである。

「おれもあいつらが女と一緒に寝ているのを知っている。つまり、ここの男たちはみんな女のヒモなんだ。だから、ホステスに給料を払うけど、ヒモには払わない」

私は従業員を呼んで杉山と対決させた。

「三年分の給料をくれれば、すぐにでも別れますよ」

「何を言うか。そんな金はない。店が集めたホステスを、きみたちは食いものにしてきたじゃないか。こっちが慰謝料をもらいたいくらいだ」

完全に平行線である。そのうち従業員が怒り出し、「殴っちまえ」と呼び出した。

しかし、杉山は落ち着いたものである。

「そうか。やれるものならかかって来い。おれも昔はボクサーだ。おまえたちの二人や三人、怖くはないぞ」

杉山はそう言って顔を前に突き出し、挑発した。バーテンの一人が飛び出して拳を振り挙げ、まさに殴りつけようとした瞬間である。

「やめた！」

私もびっくりして、「なぜやめるんだ？ オヤジを殴って気がすむなら殴ればいいじゃないか」と言った。

「このオヤジはこっちに殴らせて全部パーにしようとしてるんだ。もしおれが殴れば、三年分の給料を出さないつもりなんだ。そんな手には乗るもんか」

このままではいつまでたってもラチがあきそうもない。開店の時間も迫って来ているので、私は苦しまぎれに妥協案を考えた。

「おれが仲に立つからおれの顔を立ててくれ。こうしよう。きみたちは今夜からホステスと寝るのをやめてくれ。その代わり、オヤジさんは今日の分から給料を払ってください。オヤジさんは三年間も給料を払わなかったし、きみたちは三年も女と寝てきて、両方ともいい思いをしてきている。いまさらオヤジさんに三年分の給料を払えといっても無理だろうし、きみたちが女に慰謝料を払うのも無理だろう。だから、過去のことは両方ともおしまいにしましょう」

不満は残しながらも、双方とも私の妥協案を納得してくれそうだった。

ところが、女たちは別れたくないらしく、「別れなくちゃいけないなら店を辞める」と言い出すホステスもいた。そういうホステスは相手の男に頼んで引き留めてもらい、その晩から、住み込みの者は、女たちは二階、男たちは階下に寝ることに決め、出勤簿もつけることにした。

このことは杉山にも共同経営者の車田にも報告して了承を得た。その後、その店はかなり繁盛した。

客をキャッチする店と警察のイタチごっこ

当時の渋谷はヤミ市のあった道玄坂が一番の繁華街で、道玄坂の下の宇田川町界隈は〝泣く子も黙る〟といわれたいかがわしい地帯だった。ここに戦後いち早くカフェー（当時はバー・キャバレーをカフェーと呼んでいた）ができたが、まだ法的には認められていない上に、怖いところなのでお客が入って来ない。そこで、ホステスがハチ公前あたりまで出かけて行って客を引っ張り込むという営業をやっていた。坂口安吾がその手で店に引っ張り込まれ、ビール二本しか飲んでいないのに二十四本分の代金を請求され、暴力バーだと警察沙汰にしたという記事を私が読んだのはそのころである。

私が渋谷にいたのは昭和二十七年から三十年にかけてだが、非合法の営業を取り締まる警察と、客をキャッチする店とのイタチごっこだった。というのは、店の側は警察官の顔を知っているので警官が来ると地下に潜ってしまうため、なかなかシッポをつかまれない。しかし、なかに一人、警官らしくない年配の人がいて、彼は路上でホステスに「おじさん、一杯飲まない？」と誘われるとついて行き、店に入った途端、「警察だ」と名乗って現行犯でパクる。彼にだけは、どの店もこの手でやられてしまうのである。それが続いたので、渋谷の業界は彼の顔写真を回して、この男には声をかけるな、というお触れを出した。

私がマネージャーをやっていた昭和二十七年、警察に呼ばれて行くと、業界の組合の人たちが来ていて、新聞記者もいた。記者連中が言うには、「警察に言いたいことがあったら言いなさい。われわれがあんた方業者と警察との間に入るから」とのこと。こういう時代もあったのだ。

キャッチのホステスが捕まると、店のマネージャーはたいてい、自分がやらせたと証言して代わりにブタ箱に入る。そのマネージャーが出て来ると、自分の身を捨てて庇ってくれたというのでホステスは恩に着るのだが、私はそんなことでブタ箱に入りたくなかったので庇ってやらず、ホステスにはあまり評判が良くなかった。ホステスが捕まると私がもらい下げに行ったが、釈放するまでは面会に行っても差し入れに行っても門前払いなので、そのころからどうも渋谷警察は苦手である。その後、園芸学校の私の先輩が渋谷警察署の署長になったので訪ねて行ったことはあるが、渋谷警察にはどうもあまりいい思い出はないのである。

殴られても平然としている男

キャッチされて店に連れ込まれ、法外な金額を請求されて支払いを拒む客を暴力で威すことも珍しくなかった。というよりも、それが日常茶飯の営業のやり方だったので、世間からはいかがわしく暗いイメージで見られていた。

そこで、車田は杉山に提案し、店の外に「みじめで暴力的なキャッチは絶対にしない店」という看板を出させた。すると、付近のマネージャーの親分格の男が「みじめで暴力的とは何だ」と腹を立て、「車田を呼べ」と私のところに怒鳴り込んで来た。その店には必ず車田が来るだろうと踏んだらしく、店の前のとんかつ屋の隣にある喫茶店で見張っているので、私は電話で車田に報告した。「危険だから渋谷には来ない方がいいですよ」

「そんなことをされて逃げるようなおれじゃない」

彼もさすがに度胸のある男で、その日のうちに堂々とやって来た。だが、店に入らないうちにたちまち数人の男に取り囲まれ、殴る蹴るの暴行が始まり、私一人で止めに入ることもできなかった。車田は洋服をズタズタにされたが、平然としていた。

そもそも、私が車田という男に一目置くようになったのは昭和二十四年、私が「新宿處女林」に勤め始めて三日目のことである。ヤクザ風の二人の男が店に来て車田を呼び出し、外へ拉致して行った。どうも様子がおかしいので私がつけて行くと、彼らは新宿駅の南にあったドヤ街の旭町の共同便所に入った。隠れて見ていると、二人の男は車田を殴りつけている。車田はメガネを飛ばされ、口の端から血を出してうずくまった。私が飛び出すと、男たちはさっと逃げてしまった。私は車田を助け起こし、メガネを拾ってやった。

車田は店に戻ると洗面所で顔を洗って身なりを点検し、何事もなかったかのように「いらっしゃいませ」とやっている。二人のヤクザがなぜ車田を殴ったのかは聞きそびれたが、十八歳の私は車田を、これまで私の知っているマネージャーとは異なって貫禄もあり、度胸のある男だとすっかり見直した。

見直したというのは、車田の前任者は踊りながらお客を案内したりするので、面白い支配人だと感心していたのだが、この支配人と比べると車田はいかにも厳しそうで好意を持てなかったのである。車田は「新宿處女林」に来た初日、一升びんを二本持っており、ボーイにコップを持ってくるように言ったが、ボーイがグズグズしているので自分で持って来てずらりとテーブルに並べ、酒を注いだ。そして、スルメを自分で割いて皿に入れ、「さあ、みんな飲んでくれ」と言うのだが、誰も手をつけようとしない。すると、彼はコップを片手にあいさつを始めた。

「わたしが今日からこの店の支配人として来ることになった車田という者です。この店の経営者はワンマンだそうですが、従業員をこき使うだけが経営者ではないので、困ったことがあったらわたしのクビを賭けてでも皆さんを庇うつもりだから言って来てください。その代わり皆さんも、経営者というのは金を儲けるのが仕事なのだから、儲けさせてやってください。そのうち、みんなで社員旅行に行きましょう。私が、秋は鬼怒川、春は熱海というように責任をもって行けるようにします」

毛利社長に心酔していた私には、酒をふるまったこともそのあいさつも車田の見え透いた懐柔策としか思えず、いい気持ちがしなかった。「そんなきれいごとに騙されてたまるか。そのうちシッポを出すぞ」と思っていた直後に、二人のヤクザに殴られる事件を目撃してしまったのである。「やっぱりシッポを出した」と思ってつけて行ったのだが、彼の平然たる態度を見てただのネズミではないと見直し、近づくようになったわけである。私を「グランド渋谷」に斡旋してくれたのが、その車田であることは前述した。

ヤブを突っついて蛇を出してしまった男

私がマネージャーを務めていた「グランド渋谷」の周辺では常に暴力事件が絶えず、

私一人では物騒だからと、車田は、当初の予定通りやはり大男の鈴木満喜次を送り込んで来た。鈴木は勤め始めて三、四日後、浮かぬ顔をして私に聞いた。

「あんた、給料いくらもらってるんだ?」

「日給三百円だよ」

「歳はいくつだ?」

「二十五だよ」

「おれは三十だ。軍隊上がりの大の男が、あんたみたいな若い者と同じ給料じゃやってられねえな。オヤジに五百円出すように言ってくれねえかな」

「でも、あんたをここへ寄こしたのは車田さんなんだから、車田さんに言うのが筋ってものじゃないかな」

そこで、鈴木は車田に言ったらしい。

「車田に言ったら、中村（私のこと）が三百円ならおれも三百円で我慢しろと言われたよ。だから、あんたからオヤジに言ってくれよ」

「それなら言うけど、結果は保証できないよ。何て言えばいいんだ?」

「そうだな、こう言ってくれ。鈴木が五百円欲しいと言っている、わたしと鈴木では貫禄もキャリアも違うから倍の六百円出してほしいところだけど五百円出してやってください、そうすればわたしが助かります、ってな」

私は少々シャクに障ったので、杉山に「鈴木がこう言ってくれって言ってます」と鈴木が言った通りに言うと、杉山はカンカンに怒った。

「あのデクの坊の電信柱野郎が五百円出せだと？ ふざけるんじゃない。おまえさえいればあいつはいらないから、すぐクビにしろ」

「まあ、そう言わずに三百円で使ってやってください」

「あいつの根性が気に入らない。五百円どころか三百円も払いたくない。クビだ！」

私はその通り鈴木に報告し、「やっぱヤブを突っついて蛇が出ちゃったな」と言ってやった。

今度は鈴木が怒り出した。

「頭に来たぞ。あんなやつにバカにされてたまるか」

鈴木はそのまま帰ってしまった。杉山に言うと、「放っとけ。その代わり、あんたには今日からタマゴを一個付けるよ」

それまではドンブリ飯一杯だけ出て、おかずは自弁だったのだが、それにタマゴを一個プラスするというのである。鈴木のおかげでタマゴを得したわけだが、鈴木はその後、武蔵小山に店を持った。だが、開店当日から借金取りに追い回される始末で、店もすぐ潰れてしまった。

座ると鋲が刺さる椅子に大騒ぎ

私は渋谷には昭和二十七年から三年間いたが、一年ちょっといた杉山の「グランド渋谷」でも、引き抜かれた「渋谷松竹」でも、完全に住み込みで働いたことはなく、疲れると、ぐっすり眠るために荏原町のアパートに帰るようにしていた。緊張することが多いので、そうでもしないと体がもたないのである。

ある日、アパートから宇田川町の店に行くと、椅子もテーブルもすっかりなくなって、みんな音楽に合わせてダンスを踊っているではないか。

「どうしたんだ? ダンスホールになっちゃったのか?」と聞くと、税務署の執行官が来て椅子やテーブルを全部持って行ってしまったのだという。

「これじゃあ、店を開けないじゃないか」

「お客さんが来ても座るところがありませんね」

「杉山のオヤジは知ってるのか?」

「知ってます」

そこで、杉山に電話すると、彼は落ち着いたものである。

「今日、税務署が持って行っちゃうことは知っていたから、もう椅子もテーブルも手配してあるよ。夕方までにはお店に届くから安心してくれ」

車田にも連絡すると、彼は驚いて飛んで来たが、私たちは杉山が言ったことを信用して、これまで椅子とテーブルが邪魔で掃除できなかった部分まできれいにして待っていると、杉山が言った通り椅子とテーブルがトラックで到着した。ところが、運び込んでみてびっくりした。

「何だ、これは。ルイ十四世の椅子か?」

車田もあっけにとられてそう言ったが、ルイ王朝期の椅子ならともかく、小学校の教室の椅子を大きくしたような、背板の真っ直ぐな代物なのである。ただ、尻を置く部分だけはワラを詰めて布で覆ってある。その仕事を前夜、徹夜でやらせたので、杉山は焼酎を持って激励に行ったという。

それでも店内に並べると、何とかサマにはなった。やがて、お客がポツポツ入って来たが、みんな奇異の目で椅子やテーブルを見ている。それはいいのだが、どっかと腰を下ろした客が「ギャーッ」と叫んで飛び上がった。調べてみると、ワラの中に布を止める大きな鋲がいくつも混じっているではないか。焼酎を飲みながら作業をしているうちに酔っぱらって、ワラの上に鋲の箱をぶちまけてしまい、そのまま詰め込んでしまったらしい。

被害者はお客だけではない。女の子たちも尻に鋲を突き刺して悲鳴を上げたり泣きベソをかいたり、大騒ぎである。とくに女の子はドレスなので、鋲が尻に刺さると血が滲み出したり大変である。

私たちはその晩、アイスピックとハサミで鋲を取り出す作業に追われた。入念にやったつもりだったが、一週間ほどはときどき「ギャーッ」という悲鳴が上がったものである。こんなひどい経験もしてきたので、私はキャバレーの経営ではちょっとやそっとのことではビクともしなくなった。

大幹部の服が本人のそばで盗まれる

そんなある晩、ビフテキを食べたいというお客がいるので、ボーイに肉を買って来るよう命じると、金がないという。

「じゃあ、どこでもいいから帳面付けで買って来い」

「どの店にもツケを払ってないので、この辺にはもうツケで売ってくれる店なんかないですよ」

仕方なく私の財布から十円札を渡してそのボーイに買い出したところが、いくら待っても帰ってこない。三時間近くたったころ、ようやく帰って来た。

「いったいどこまで買いに行ったんだ？　まさか代官山あたりまで買いに行ったわけじゃないだろう」

「いいえ、もっと先まで行ってきました」

「えっ。おまえ、何を考えてるんだ？」

「この辺では『グランド渋谷』の者として顔を知られちゃってるんで、肉屋でお金を出しても、お金だけ取って肉は渡してくれませんよ。恵比寿まで行ってもダメなんですからね。仕方がないので逆方向の大橋まで歩いたけどやっぱりダメで、三軒茶屋まで行ってきました」

「グランド渋谷」はこれくらい、金を払わない店として有名だったのである。もともとは「アルプス」という店を「グランド渋谷」として新装開店したものだが、金をかけすぎて潰れてしまった。杉山が再建に乗り出し、車田が共同経営者になったとき、彼は五反田の「カサブランカ」を大繁盛させて男が売ったので、同じ北アフリカの砂漠にある「リビア」

と名付けた。「カイロ」でも「モロッコ」でもよかったのだろうが、それでも「グランド渋谷」という店名は消えずに残っており、「リビア」を知らないので「ビリア」と呼ぶ客もいた。

その店には安藤組の組員もときどきやって来た。あるとき、大幹部が白いスーツを着て店に来た。真っ白い上着が汚れないように隣のソファーに掛けたところまでは私も見ていたが、店内がまだ空いている二、三十分の間にその上着が消えてしまった。大幹部は激怒して私を呼びつけ、「きさまの店は泥棒を飼っているのか!」と詰め寄られたが、まさか安藤組の幹部の服を、しかも本人のすぐそばから盗む者がいるとは思ってもみなかったことなので、こちらはまるでキツネにつままれた感じである。お客は少なかったから、犯人はおそらくホステスかボーイの一人と思われるが、結局、分からずじまいだった。

こんな具合なので、私の渋谷体験は、さすがの私も泣きたくなるほど、ひどいものだった。銀座でも見かけとは裏腹に惨めな思いはしたが、〝天下の銀座〟だという自負心がこちらにもあって、いくらかの救いにはなった。しかし、渋谷は私にとって恐怖と緊張と悲惨の連続で、三年間で精も根も尽き、すっかり痩せてしまった。

客を泥酔させて身ぐるみ剥ぐ店

それでも、気持ちを奮い立てて、もう少しの私の渋谷体験を続けよう。私が「グランド渋谷」に勤め始めて十日ほどたったころである。「新宿處女林」でナンバーワンだったリツ子と、宇田川町の路上でばったり出会った。

彼女は不思議なほど気前のいい女で、ボーイの私に一日に二回もチップをくれたことがあった。戦前はカフェーのボーイには給料はなく、女給（ホステス）が客からもらうチップの分け前が収入だった。このチップ制は昭和二十六、七年まで続き、私たちボーイはホステスからもらうチップの分け前が頼りだったのである。大熊という先輩も「リツ子は気っぷのいい女だ」と感心していたが、後で分かったことは、彼女はお客の財布を抜いて、そこからボーイにチップを出していたのである。それでもこちらはありがたいので、彼女を「姐さん」と立てていたが、もちろん気前のいい客ばかりではない。財布を抜かれたと怒る客もいたのは当然で、大騒ぎになったこともある。そのために居づらくなったのか、私が「處女林」を辞めた後、間もなくリツ子も辞め、同じ新宿でも二丁目のいかがわしいキャバレーに勤めていた。先輩の車田がそのキャバレーに飲みに行ったとき、腕時計を巻き上げられたと腹を立てていたが、その店にリツ子がいたと言っていたので間違いはないだろう。

「しばらくだねえ、四年ぶりかね。この辺は怖い街だけど、偶然こんなところで会うなんて、あんたもこの辺の店に勤めてるの?」

「そうよ。わたしが務めている店ではね……」

通行人をキャッチして店に引っ張り込むと、ウイスキーを生のままストローで吸い、それを客の口に入れるのだという。ストローでの口移しなので、客は拒絶できないまま、何度も生のウイスキーを吹き込まれているうちに酔ってしまう。ストロー作戦はそれが目的なので、客が酔ってフラフラになったところを見計らって財布を抜き取り、抱きかかえるようにして店からなるべく離れた場所まで送って行く。それをボーイが風呂敷を持ってつけて行き、ホステスが客を突き放したとき、客の頭から風呂敷を被せてボカボカと殴りつける。泥酔しているところに風呂敷を被されて殴られるのだから、客は何が何だか分からないまま気絶してしまう。客が気を失ったら、身ぐるみを剥いでそこに放置して引き揚げる。客は意識を取り戻しても、自分がどうされたのか、なぜ身ぐるみを剥がされてここにいるのか分からないというのだ。

当時の宇田川町はカスバのように迷路になっており、そこにバー・キャバレーをはじめ小さな店が立ち並んでいるので、自分がどの店に引っ張り込まれたのか、何度も行ったことがある者でないとまず分からない。また、たとえ分かったとしても、「知らない」とシラを切られれば、客の側が証拠でも握っていない限りそれまでである。

「わたしがいる店はこういう商売をしてるのよ。おっかないわよ」

私もさすがに、そこまでやるのかと驚き、〝泣く子も黙る宇田川町〟とはよく言ったものだと考えさせられた。安部譲二の自伝的な作品を読むと、彼も当時、宇田川町の奥で、バーテンダーをやっていたようだ。

そんな街だから、マネージャーたちもまた、それぞれ一騎当千の強者ぞろいなのである。客を奪った、ホステスを引き抜いたなどのよくあるトラブルで店同士が喧嘩するのだから、豪傑でなければマネージャーが務まらなかったともいえる。渋谷に勢力を張っていた安藤組に対しても一歩も退かないというマネージャーもいたほどである。

とはいえ、宇田川町という歓楽街には、他の盛り場とは異なった独特の頽廃ムードがあり、イイ女もいたので、怖さをものともせずに来る客も少なくなかったし、腕力に自身のある学生なども出入りしていた。

私が「グランド渋谷」に勤める気になったのも、また、怖さに耐えて勤めていられたのも、何を隠そう、その店にスミレというい女がいたからである。彼女はそのあたりでは多いアバズレとは異なって天真爛漫に見え、いつもニコニコしていた。こんないい女がこんなところにいるのかと驚いたものだが、当時の私には、彼女に近づいてモノにしようなどという魂胆があったわけではなく、事実、最後まで彼女とは何の関係も生じなかった。

現在の宇田川町はすっかりきれいになってしまったが、昭和二十年代の宇田川町で遊び、楽しい思いを味わった人も多いのではないだろうか。

*

昭和二十年代の渋谷では宇田川町のはずれにあったお好み焼きの「こけし」が有名で、男たちが女の子と一緒に行った。いまは規模が大きくなったが、主人がうまい肴をつくるので繁盛した「玉久」、「とん平」など独特の雰囲気のある店があった。キャバレーでは私のいた「渋谷松竹」、それに「リビア」(=「グランド渋谷」)、「ナイト上海」「サロン富士」、百軒店の「ハイツ」、ナイトクラブでは宮益坂の「パール」、高級バーでは「ベラミ」「パンザ」が代表的で、文士や芸能人がよく飲みに行った。夜遅くまでやっている食堂は「ナカムラヤ」と「ひさご」で、私はこの二店で焼酎のウメ割りやブドウ割りを覚えた。焼酎の中にドロッとしたブドウ液を入れると、液の甘さで焼酎の臭味が消えてうまく飲める。その翌朝はなぜか目ヤニが出て、「こんなものを飲んでいたら体にいいわけないな」と思いながら、よく飲んだものである。

「シブカジ」などといわれるくらいに渋谷がファッションの発信地となったのは、最近のことである。昭和三十年代までは盛り場としてはやや低調で、われわれの業界でも渋谷の店の支配人というと格下に見られたものである。しかし、昭和四十八年六月にＮＨＫホールができると人の流れが変わり、さらに東急一色だったところにパルコなど西武資本が乗り込んで来て、にわかに盛り場としてボリュームアップした。そして宮益坂の上が青山とつながり、そのため六本木、赤坂ともつながったといえる。こうして渋谷は、文化的な盛り場、中・高校生を中心とする若者の盛り場として定着した。

福富太郎『わが青春の「盛り場」物語』（河出書房新社、一九九五年）より転載

FUTURES OF THE CITY

8章

対談

未来

クリエイティブコモンズとしての渋谷
新庁舎で描く、渋谷の未来予想図

収録日　2019年6月2日
会　場　渋谷区役所　本庁舎
司　会　三浦展
撮　影　大森克己

渋谷区長

長谷部健×林千晶

ロフトワーク共同創業者・代表取締役

渋谷駅周辺を中心に「一〇〇年に一度」の大改造が着々と進み、ハロウィーン騒動から、LGBTをはじめとする多様性への取り組みでも注目を集める渋谷区の首長・長谷部健氏。クリエイティブ・カンパニー「ロフトワーク」の共同創業者として、年間二〇〇件以上のプロジェクトに携わる実業家・林千晶氏。本書監修の三浦展を司会に、今年一月に開庁したばかりの真新しい渋谷区庁舎に集まり、渋谷の魅力と未来予想図を語った。

都内を歩き回った末に選んだのが神泉（林）

三浦　本書では渋谷の歴史についてさまざまな方向から取材をしてきましたが、この対談では、お二人に渋谷の未来について語っていただきたいと思います。林さんはロフトワークを二〇〇〇年に立ち上げられて以来、WEBやコンテンツ、サービス、空間、さらに街づくりまで、さまざまな領域のクリエイティブを手がけられていますが、企業活動の拠点を一貫して渋谷に置かれてきました。そもそもなぜ渋谷を選ばれたんでしょうか。

林　都内を実際にあちこち歩いてみて決めたんです。銀座や新宿はもちろん、井の頭線の明大前あたりにも行ってみたのですが、神泉のあたりを歩いた時に「このへんがいい」と思ったんです。

長谷部　「裏渋」「奥渋」なんていわれるようになる前ですね。

林　渋谷という街の中でも、私たちはベンチャーだから、一駅離れているくらいの距離感がいいなと。新宿や原宿に比べてみて、渋谷はわけのわからないものがいっぱいある、雑多な感じの文化が魅力的でした。

三浦　渋谷はモザイク的というか、いろいろなものが一体化せずに混在している街ですよね。ファッションだけでなく、マンガ・アニメ系、それにうるさい映画ファンもいて、それぞれの個性が消えるほどに混じり合いすぎず、それぞれの粒が見えている感じがあります。マイナーなものを応援するというか、そういう人が元気になれる雰囲気があります。

林　ベルリンに行った時に感銘を受けたのが、大きな企業がないことでした。ドイツではフランクフルトやミュンヘンには大企業があるんですが、ベルリンに本社を置く大手企業は少ないんです。サブカルチャーが前面に出て街おこしをしている。世界の都市でどこが格好いいかという時に、NYやロンドンはもちろんだけど、いまどこに行きたいかということになるとベルリンだよね、という話になることが多い。東京でたとえると、大企業ばかりの丸の内などに比べると、渋谷は適度に小さい魅力がたくさんあって、ベルリンと同じようにサブカルチャーが集まってメインカルチャーをつくっている。そのイメージは今も基本的に変わっていません。

長谷部　地元の人間としてもちょっと嬉しいですね（笑）。そういう特色が薄れてきたともいわれてい

ますけど。

三浦　あれだけ大きいビル群が駅前にできてしまうと、全部そこに集まってしまうとまわりはどうなってしまうのか、という恐怖感のようなものはありますね。

長谷部　そうはなっていかないという気がしているんですよ。今も渋谷で降りて原宿から帰るとか、表参道で降りて渋谷から帰るとか、むしろ回遊が進んでいる。街と街がつながってきていますし、今度の開発によって、渋谷と代官山、恵比寿との回遊性が向上し、つながりがさらに強くなります。もちろん渋谷で降りて駅の周辺で完結するような人たちもいるんですけど、もっと大きく動いていくという感じがしているんです。

三浦　「グレーター渋谷」[*1]のようなイメージですね。

林　渋谷駅ビルにしても、東急とJRと東京メトロが合同で「渋谷スクランブルスクエア株式会社」という会社を合同でつくっています。事業者間に境界線を引かず、混ざりあっているのも渋谷らしくておもしろいなと思います。

三浦　自社だけのものではないという意識がそれぞれにあるんでしょうか。もともと東急がつくったところに西武が来て、渋谷はずっと群雄割拠できたというか、それをおもしろがるようなところがあるかもしれませんね。

林千晶　ロフトワーク代表

渋谷のストリートカルチャーに揉まれて育ってきた（長谷部）

三浦　渋谷駅前の巨大な開発はまだまだ続いていきますが、長谷部区長は未来に向けて、渋谷駅周辺をどのようにしていきたいと考えられていますか。先日も、元ニューヨーク市交通局長のジャネット・サディク＝カーンさんとともに渋谷区内を視察されていました。長谷部区長も、もっと歩くことを楽しめる街にしようとしているのではと受け止めたのですが。

長谷部　渋谷はまさに歩くための街です。この街のストロングポイントはストリートカルチャーであり、僕自身もそれに揉まれて四七年間育ってきました。ストリートというものは人が混じりあって新しい価値や文化が生まれるところで、とくに原宿などはそれが強かったと思うんです。いま大きな開発が行われ、新しいカルチャーが生まれてはいますが、カウンターカルチャーがあることが渋谷区の魅力だと思うんです。今後、渋谷や原宿、恵比寿あたりでストリートをもう一度見つめなおしていきたいですね。

林　渋谷で歩行者天国を大々的に復活させるプランなどはないんですか？

長谷部　やりたいとは思っているんです。ただ、昔やっていたことを一度止めていますから、それを復活させるためにはロジックが必要なんです。簡単ではありませんが、それでも復活に向けて、社会実験をやっています。サディク＝カーンさんに来ていただいたのも、宮益坂からスクランブル交差点を抜けて道玄坂までをつなぐ「旧大山街道」を渋谷のメインストリート、目抜き通りにしたいという計画のためです。宮益坂や道玄坂を歩く人のための道にするために、駐車帯だったところまで歩道を広げて、そこに椅子を置いてみるなどの実験を行っています。サディク＝カーンさんには「どんどん社会実験をして、スピード感をもって変えていきなさい」といわれました。彼女自身も自転車に乗っていて、自転車専用レーンの整備については「(投資は) ペンキだけで済むんだからすぐに塗ってしまえばいいのよ」と言っていましたが、スピード感が強く印象に残りましたね。

長谷部健　渋谷区長

林　長谷部さんには今後、もっと大胆なことをやっていただきたいと思っています。想定している範囲内のことができる首長はいるんですけど、長谷部さんだから、そこから頭一つ抜けたことをやってほしい。

長谷部　ハードルが高くなりましたね。（笑）

渋谷は〝ファーストペンギン〟の街（長谷部）

林　この区役所に向かって公園通りを上がってきた時、街路樹に区長賞などが掲示されているのを見ました。そういう細やかな取り組みも含めて、区と民間がうまく混ざっていければいいですよね。

長谷部　それは常にイメージしています。行政だけでできることにはやはり限界がありますが、民間で何かを専門にしている企業はその分野を突き詰めている強みがある。たとえば行政のスポーツ施設なら、スポーツを専門に事業を運営している企業と一緒にやった方がクオリティは上がるんです。こうして外に開いてきたことで実際に成果も上がっていますし。コストダウンだけでなく、新しいことへのチャレンジにもなる。

LINEとS-SAP（シブヤ・ソーシャル・アクション・パートナー）

「渋谷未来デザイン」は渋谷の社会的課題の解決策や街の可能性をデザインする産官学民連携組織（二〇一八年四月設立）。写真は二〇一九年に開催された、渋谷川沿いの遊歩道「渋谷リバーストリート」を活用した社会実験プロジェクト「WORK PARK PACK」の様子

EDGEof（エッジオブ）は渋谷を拠点に、世界のスタートアップや起業家、クリエイター、政府機関にいたるまで、あらゆるイノベーティブな才能をつなげるコミュニティプラットホーム

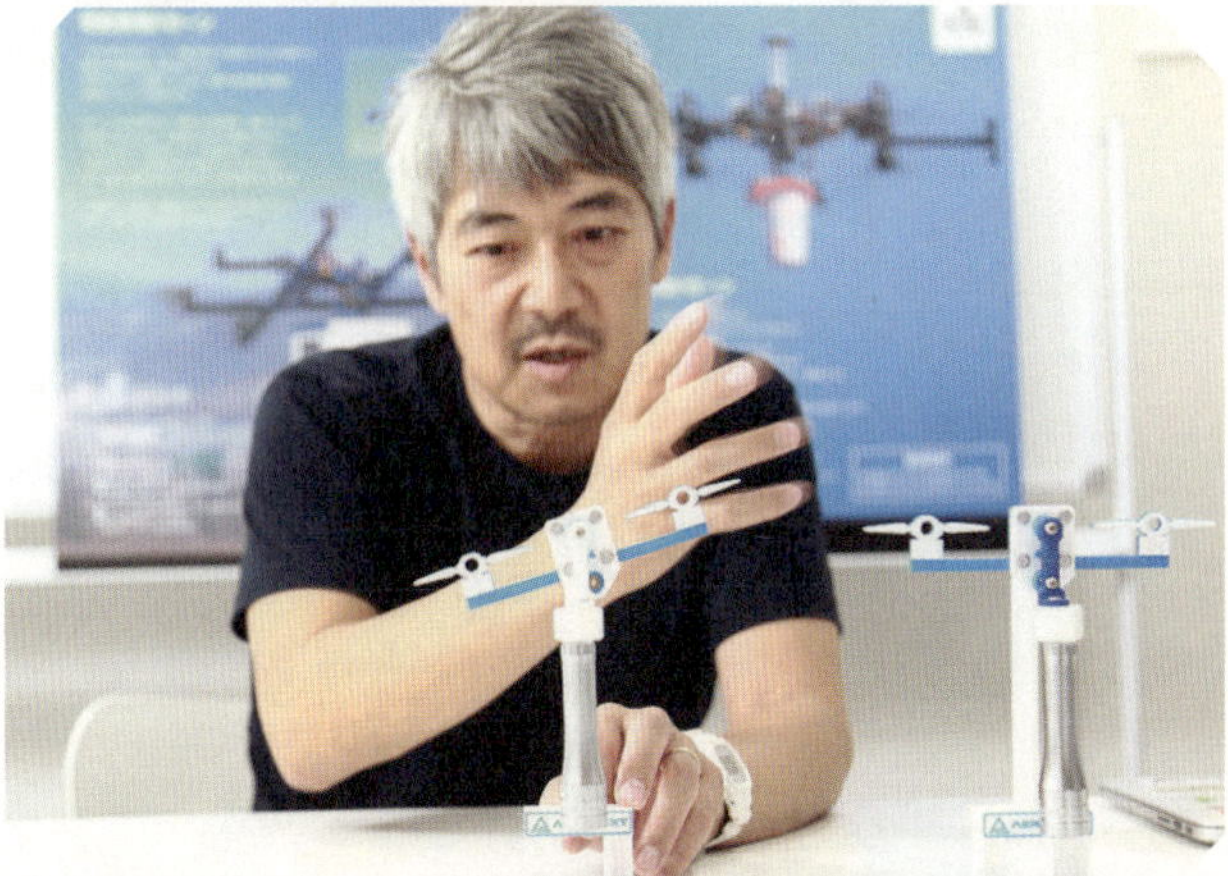

Nanshan "Entrepreneurship Star" Contest 2018 Shibuya で日本代表に選ばれた株式会社エアロネクスト代表取締役CEO田路圭輔氏と、同社が開発した次世代ドローン

協定という包括協定を結んで情報発信を始めたのですが、最初に取り組んだのは子育て情報の発信です。名前と子どもの生まれた年月、住所は何丁目くらいの情報を登録しておけば、何種類もある予防接種の告知や、地域のお祭りや催しについても通知が届くようなシステムを整備しました。AIを使って簡単な質問には答えられるようにもなっています。これまでは行政のほうから住民にコミュニケーションを取ろうとすると、区の広報紙や地域の掲示板、ウェブサイトという一方的な手段しかなかった。このシステムを自前だけでつくろうとしたらものすごくコストがかかるし、多くの人に知ってもらい、使ってもらうためのハードルは極めて高い。でもLINEなら子育て世代の方たちのほとんどがすでにやっていますし、LINEとしても新しいユーザーが増えるメリットがある。両者が手を組むのはある意味必然でした。渋谷区との取り組みでモデルケースができたことで、LINEはほかの自治体にこのシステムを売れるようにもなります。

林　「渋谷未来デザイン」もそのひとつですよね。渋谷にはベンチャー企業も集まっています。

長谷部　「EDGEof（エッジオブ）」とか「100BANCH（ヒャクバンチ）」のような動きが民間から出てきているのはいいことですね。「WeWork」ともコンタクトがあります。この間も、渋谷未来デザインとEDGEofで開催した国際的ピッチ大会予選（Nanshan "Entrepreneurship Star" Contest 2018 Shibuya）で勝った恵比寿のドローンの会社（株式会社エアロネクスト）が、深圳市南山区のLeaguerXと提携して、世界大会でも三位になりました。しかも現地にドローンの工場をつくるという話になったのですが、ここまでわずか半年です。民間同士でやることに意味があるとはいいましたが、対中国では権利保護という観点からも、行政が噛んでいた方がいいんです。ドローンの技術保全についてはしっかり守ると、向こうにもいっていただきましたので、行政が関与することの意味もあったのかなと思います。もちろん民間の方たちが投資をして資金を集めるということが健全なエコシステムですから、行政の存在がそれを邪魔しないようにしたいですね。

渋谷区のよさは、こうした"ファーストペンギン"[*2]というか、「渋谷だからやってみたい」というふうに期待されるような街なので、こういうストロングポイントを引き継ぎ、さらに伸ばしていきたいと思っています。渋谷は決してメジャーなものだけの街じゃなくて、多様な価値観がうごめいていることに魅力がある。行政だけが主導で行うのではなく、民間がやりやすいように、必要があれば規制を緩和する、というスタンスです。

テクノロジーが"懐かしい未来"をもたらす（林）

三浦　さきほどLINEの話が出てきましたが、街をおもしろく発展させるということと、ITやAIというテクノロジーは一見すると相反するものと捉えられることもあります。そうではないという未来を描くことが林さんの仕事でもあると思うのですが、どうお考えでしょうか。

林　何年か前に、東北大学の石田秀輝教授が、（日本式の産業革命というテーマの中で）「懐かしい未来」とおっしゃられていました。

技術が進んで何が実現できるかを考えるときに、日本人は「空を飛ぶクルマ」のような未来ではなく、「懐かしさを感じられるような未来」を選ぶのではないか。でもその裏側にはテクノロジーが動いていて、一度捨てたような技術がまた蘇るという話をされていて、すごく共感したんです。LINEを活用したお母さんたちへの情報発信の話でいえば、LINEというインターフェースにAIが活用されていること自体は新しいですが、伝えることは子どもの予防接種とかお祭りといった昔から変わらないこと。AIやテクノロジーの発展によって、昔からのものが、より便利に共有できたり、活用できたりする。それが「懐かしい未来」なんです。渋谷もそういう意味では、これからどんどんAIではなく「人」が立ってくると思っています。人が立つためにAIが動くのであって、AIが主役になるという未来ではない。渋谷なら、そういう未来像が描けると思うんです。

長谷部　それを現実で体感できる段階に入ってきていますね。一例ですが、区の窓口業務はAIでもっと効率化していくようにしていきます。たとえばエストニアでは、役所に来るのは結婚と離婚、土地の売買の時くらいしかないという状態になっている。AIが頭脳労働をサポートすることで、窓口業務は整理されてくるので、窓口業務の負担はもっと減らすことができるはずなんです。今はかなり窓口業務に人を割いていて、区の出張所などの庁外施設やサービスセンターなど、受付業務を行っている場所がいっぱいありますが、それも要らなくなる。人手が余った分は、地域コミュニティをサポートするといったアナログ的なサービスに向けていけるんですよ。

コミュニティがしっかり活性化していかないと、街の体温が下がってしまう。もっとアナログで、人の近くでサポートする、手厚いサービスを提供できる方向に変わっていけると思っています。

林　アナログなサポートを行ったデータをAIで分析して、「この人にはこういうサポートを提供した方がよさそう」というリコメンドをもとに、またそのサポートの担当者がアナログで返す、というふうに積み重なっていくような気がします。

長谷部　全部が機械に置き換わるということはないですよね。

林　いまやっている業務のおよそ八割は、実は人を介さなくてもできるようになる。その分、地域のお祭りみたいなことが活

渋谷区が進めている玉川上水旧水路緑道の整備計画イメージ図。現在は暗渠となっている玉川上水を中心に水辺の風景を復活させて初台から笹塚までの二・六キロメートルの遊歩道を再整備する

性化していくようになるんじゃないかな。

長谷部　「懐かしい未来」ということでいうと、渋谷区が目指すのは「最先端の田舎暮らし」です。町会など、地域のコミュニティもしっかり残っているんですが、お祭りでは「神輿が宙を浮いてる」みたいなことになってもおもしろいじゃないですか。（一同笑）

テクノロジーの力を借りながら、昔ながらのよさを残していくことができる、渋谷はそういうことをおもしろがることができる街だと思います。

笹塚・幡ヶ谷・初台を、NYのハイラインみたいに（長谷部）

三　浦　渋谷というと、渋谷駅周辺のイメージが圧倒的に強いのですが、実は住宅地でもあります。いま区長がおっしゃられたコミュニティというのは繁華街だけではなく、渋谷区にはさまざまなコミュニティがあると思います。住宅地としての渋谷について、何か考えられていることがあれば教えてください。

長谷部　まちづくりという視点でいえば、甲州街道沿いに玉川上水旧水路緑道という、初台から笹塚までの二・六キロメートルの遊歩道があるんですが、これをNYのハイラインに負けないように整備していきたいと考えています。緑道の下に川が流れているので、それを思い起こさせるような形で整備していけたらと。あのエリアに住む方たちのシティプライドが集まる道になって、生活も変わっていくかなと思っています。

緑道の整備はだいぶ具体的に進んでいます。渋谷区の人口の半

二〇一九年月一一月に開業予定の渋谷スクランブルスクエア。オフィス、産業交流施設、商業施設により構成される地上四七階建ての複合施設で屋上には展望施設が設けられる（写真上）渋谷エリアでは最も高いビルとなる

分は、区の北部、とりわけ甲州街道を挟んだ両サイドに住んでいます。このエリアを現在、京王新線の駅名である「笹塚・幡ヶ谷・初台」に由来して「ササハタハツ」と呼んでいるのですが、今後はこのササハタハツエリアをもっと活性化していきたいと考えています。

　アンケートを取ってみると、代々木公園や明治神宮が渋谷区の真ん中の、シティプライドが高い地域なんですが、あれは都立公園なので渋谷区が管理しているわけではないんです。もっと代々木公園がこうなったらいい、というアイデアを東京都に提案しています。たとえば緑を減らさないスタジアムをつくりたいという提案（多目的スタジアム「スクランブルスタジアム渋谷構想」）もそうです。

　恵比寿も、住みたい街の調査で常にトップレベルに入る人気の街ですが、僕が高校生くらいまでは、恵比寿駅周辺には何もなくて、むしろ山手線でもっとも特徴のない駅の一つでした。正直なところ、ビール工場のほかはボーリング場とラーメン屋くらいしかなかった記憶があります。

三　浦　高層マンションもありませんでしたし、昔ながらの商店街がありましたね。

長谷部　それがエリア再開発を機に昼間人口が増え、大人が行けるホテルとしてウェスティンがやってきた。さらにその昼間人口に対して、目黒川沿いの賃料が安いエリアに飲食店が増えた。ここでひと勝負かけてやろう、というオーナー店が増えたんです。

　これは渋谷区全体にもいえることなんですが、恵比寿の高齢者たちは戦前・戦後に自分たちでこのエリアに出てきた人が多いので、新しいことにも寛容です。一方、新しく住むようになった人たちは恵比寿に住むことにプライドを持っている。お互いが何かしら恵比寿というものに対して思い入れがあるので、恵比寿は旧住民と新住民がうまく混ざっていると思います。そこに代官山のファッションのエッセンスも入ってきたりして、住みたい街といわれるように変わってきたんですね。

　もちろん恵比寿と同じことができるというわけではありませんが、笹塚には中村屋さんの工場など、まだ大きな土地が残されている。古い住民にしても、自分の代で出てきた住民が多いので、ファッションの要素を加えるなどして、初台あたりから何かできないかと考えています。緑道の整備から街づくりを広げていくと、ササハタハツエリアで個性のある街の息吹がもっと感じられるようになっていくはずです。

古い空気と新しい建物が混ざることが大切（林）

長谷部　明治神宮の西参道も、整備を検討しています。明治神宮の馬術場のエリアから参宮橋を通って首都高四号線に並行する、甲州街道までの道ですね。いまあの高架下のあたりはガランとしていて、公園と自転車置き場と駐車場になっていますが、明治神宮は二〇二〇年に一〇〇周年を迎えるので、それに合わせてもう一度、明治神宮の参道として整備しようと考えています。表参道と同じように御影石を敷いて参道感を醸し出しつつ、たとえばライフスタイルの提案ができるような商業施設をつくらないかと首都高速道路に提案しています。文化と組んだファッションの息吹みたいなものが伝わって、それがうまく緑道とつながっていくと、あの一帯が緑と歴史とカルチャーにあふれたエリアになっていくと期待しています。

林　幡ヶ谷あたりにはおもしろい店が増えていますが、あのエリアが変わってくるとおもしろいですね。

長谷部　ある意味、「渋谷化」みたいな動きが代々木上原や代々木八幡のあたりまで来ていて、そこから参宮橋まで新宿方面に向かって伸びようとしています。西参道の整備でそれが参宮橋の先の初台あたりまで届くようになる。代々木上原からは西原、幡ヶ谷へと北に向かって洒落た空気のある店が増えてきて、それが幡ヶ谷のダウンタウンな感じと混じり合いつつあるんです。

林　幡ヶ谷は独特の古い空気が残ったまま、新しい建物も建ってきている。この「混ざる」ということがとても大切な気がしています。これまで幡ヶ谷の人たちを支えてきた、たとえば地元のお寿司屋さんみたいなお店がなくなってしまうと、うまく混ざらない。六〇代・七〇代になった人たちだからこそ、外からくる若い人たちにもウェルカムになれるし、うまく融合ができそうな気がします。

長谷部　古いものがなくならないことが街の独自性になりますよね。

林　渋谷区にいろいろな可能性があるなかで、毎日区長としてどこに焦点を当てていらっしゃるんですか？

長谷部　実は順番に進めているという感覚なんです。渋谷駅の開発計画自体はもうずいぶん前から動いてきたもので、かなり形になってきました、色づけの部分はまだ残されていますが、それぞれのプロジェクトにスタッフがいて、実務は進んでいますからね。

今考えているのは、秋に開業するパルコや、渋谷で一番の高層ビルになるスクランブルスクエアなど、高いビルの屋上から見えるスクランブル交差点などの景色が、渋谷の売りになってくると思っています。どこも屋上は空いているから、たとえばデジタルアートで一緒に何かおもしろいことができるんじゃないかなとか。建築が完成した後でも、そこからできることはたくさんあると思っています。林さんも僕と似ていると思うんですけど、「今週のToDoランキング」みたいなものがあって、プロジェクトの順位が上がったり下がったりしている感じじゃないですか？

林　ロフトワークの仕事はそうなんですけど、私の場合はヒダクマ（「株式会社飛騨の森でクマは踊る」）みたいに時間軸の違うものも、ToDoリストの中に常にあるみたいな感覚ですね。

小学生時代は竹の子族と外国人モデルが身近だった（長谷部）

三浦　ＬＧＢＴへの対応という点でも長谷部さんは早くから熱心に対応されてきました。外国人観光客だけでなく、働く外国人も増えていくし、さらに障害者の社会参加など、多様性というものに対して自覚的な政策をいろいろととられています。成熟した国際都市を目指されているなか、多様性に対する考えについてもお伺いしたいのですが。

長谷部　ＬＧＢＴについては、当たり前のこととして提案したことが、たまたま日本で初めてだったということです。渋谷という街自体が、多様な人々が集まっていることが原動力となってきた街で、僕自身がそういう環境の中で育ってきているわけです。原宿が地元なので、小学生時代は竹の子族とロカビリー族がいっぱいいて、カッ飛んだお兄ちゃんお姉ちゃんばかりでしたし、近所にはモデル事務所があって、外国人も普通に歩いていましたから。

「ちがいを ちからに 変える街。渋谷区」という基本構想を打ち出していますけど、これは格好つけているのではなく、それが僕にとっては普通のことなんです。この街の一番の可能性を創造するには、街がいま持っている一番ポジティブな部分をさらに伸ばしていくことだと思うんです。

三　浦　長谷部さんは何年生まれですか?

長谷部　一九七二年生まれです。

三　浦　渋谷・原宿が拡大していく時代に青春時代を送られていたんですね。

長谷部　周囲の大人たちも、友達のお父さんにDCブランドの企業の方やデザイナー、カメラマンがいましたから。

三　浦　子供にY'sを着させる親たちですね。

長谷部　ファッションの勢いはやはり子供の頃から感じていましたよね。それ以外にも原宿・渋谷って音楽やいろいろなカルチャーが身近にありましたね。街にもいろいろなことを教わりました。たとえば小学校低学年くらいの時は、夕方、暗くなった明治神宮の前に佇んでいるとやっぱりちょっと怖いわけで、森への畏れを感じていました。

また、小学校の高学年くらいになってくると、今の109の前あたりまで来て道玄坂の向こうにある円山町の方を見ると「あっちは大人になってから行くところだな」ということも何となく分かるんです、親が教えてくれないような感じからね(一同笑)。街にもいろいろ多様な顔があって、多様な大人がいて。そういう人たちに囲まれていたからこそ、そういうことを肌で感じて学ぶことができた。それは悪いことではなくて、むしろよかったと思うんです。

三　浦　オフィス街じゃないですから、ビシッと背広を着て、建前で生きている大人ばかりではないですよね。ファッションとかフリーランスの人も多いでしょうし。

林　渋谷は表と裏、陰と陽が織り混ざっているのがとてもいいと思うんです。今、お話しされたように表通りの道玄坂から一歩入って百軒店にラブホテルがあるところとか。渋谷で建築のコンペがあったときに、街には「襞《ひだ》」の存在がすごく重要じゃないかという話になったんですが、渋谷っていい意味で襞が多くて、「見通しが利かない」んですよね。表と裏がある。そのことが街の多様性にも関わっていると思います。自分と違う人をただ認めるというのは難しいことですが、同じ目的があれば、その目的のために歩み寄ることはできますよね。

三　浦　むしろ同じ考え方の人ばかりではできないことはたくさんありますよね。

林　渋谷のように多様な課題を持つ場所では、考え方の違う人がたくさん集まることで、それぞれが生きてくるんではないかと思います。「ちがいを ちからに」は渋谷ならではのキーワードだなと思って、スクランブルスクエアに一一月にオープンする共創

「100BANCH」はパナソニックとロフトワーク、カフェ・カンパニーの三社がJR渋谷駅新南口エリアに設立した「一〇〇年先の世界を豊かにするための実験区」。常に多種多様なプロジェクトやイベントが行われている

施設（SHIBUYA QWS）でも使わせていただくことにしたんです。

渋谷はすでに、LGBTとか男女とか、日本人個々の違いについては、結構力にすることができている気がします。でも国際化、外国人労働者をどうするかっていうのは今後まだ五年も一〇年もかかるのではと思います。外国人労働者をどこか「働くためだけに来ている人」と思っていたり、どこか無意識な差別や偏見がまだまだあるんじゃないでしょうか。

三浦　トータルな人間としてではなく、単なる労働力として見てしまうということですね。

林　そういう点はもっと意識的に変えないと動いていかないですね。代々木公園で開催されているような、世界各国のカルチャーや料理を紹介するフェスなども一つの例ですが、もっとお互いが分かりあう機会をつくっていきたいと思っています。

長谷部　それは渋谷に限らず、日本全体の問題でもありますね。

林　そうですね。でも渋谷から変えていきませんか？　これから多様性を実現していくチャンスなので、取り組んでいくべきだと思います。

長谷部　渋谷区には外国の大使館も多いですし、渋谷区の人口約二三万人のうち外国人は一万人を超えています。学校でも外国人家庭の子どもが増えてきていますからね。

100BANCH 発のプロジェクトのひとつ「KISABURO KIMONO Project」。和服を再定義して世代や国籍をこえたボーダレスな服にしようとする試み

「文化の経済」ってものすごく大きい（林）

三浦　林さんは海外の都市でも仕事をされていますが、海外の事例で、渋谷にも活用できそうなヒントはありますか。

林　最近では中国の深圳と上海に行ってきたんですが、やはり大国には大国のカルチャーがあるんだなと感じました。中国はむしろアメリカに似ていて、日本は真似できないですよ。中国では「社会信用スコア」を基準にさまざま様々な商取引やサービスが可能になってる。それは社会が大きくて不便だし、人間を信用していないからですね。逆に、日本では社会のなかでの人や企業に対する信頼感がある程度あるので、信用スコアがあっても活用は進まない。ある意味で日本は幸せではあるんだけど、イノベーションは起こりづらいですよね。そういう文化の違いは感じます。中国とアメリカが競っていくのはすごくよく分かるし、そこに日本が競っていこうとしても無理はあるかなと思いました。

一方で、文化ということに関しては、深圳に「OCT-LOFT コンプレックス」という巨大な文化特区があって、そこで一〇人にインタビューをしたんですが、みな日本の文化をリスペクトしていました。日本人の音楽家、それもノイズ系のミュージシャンを呼んだりしています。文化という面では世界的にも注目され、評価されるポジションを取ることができるんです。文化的な力を強みにして、日本に、渋谷に来てもらうという戦略はあると思いますね。

長谷部　日本からユニコーンが出てこないとはいわれていますが、たとえばゲームなどは世界に通じる文化ですよね。

林　文化って、経済から比べるとすごく小さいようですが、「文化の経済」ってものすごく大きいんです。日本はその領域ではマーケットを取れているんですよね。

長谷部　「100BANCH」とかもそうですが、ああいうところから渋谷区の中で経済をうまく回せるアイデアが出てくるじゃないですか。それだけでなく、世界も変えていこうという動きも出てきてほしいなと思っています。

林　昆虫食の葦苅《あしかり》晟矢くんは、在学中に「100BANCH」のGARAGE Programに採択され、そこから海外に進出しました。日本はスピードが遅いから海外に行って、コオロギを人工繁殖させて水産養殖の餌にするビジネスを展開しています。青木大和くんたちの新しい住宅インフラ「BUSHOUSE」も「レギュラトリー・サンドボックス」制度に通って今、宮崎県と一緒に実証実験をやっていますし。そういう意味では、世界につながる人も出てきては

「まちのこども園 代々木公園」は二〇一七年、代々木公園内に開設された認定こども園。（写真上）ナチュラルスマイルジャパン株式会社と東京大学の共同研究の場としての役割を持ち、国際的に幼児教育・保育を研究する「The Children and Community Learning Center」（通称CCLC／写真下）が設けられている

います。

長谷部　そういう人たちがちゃんと出てきているんですね。

三　浦　渋谷で自分の小さい会社を立ち上げようという若い人は、海外に向かったりはしないんでしょうか。全体として日本の若者は海外旅行をしない、留学もしなくなったと言われていますが。

長谷部　チャレンジをしたいと思っている人はいると感じています。もちろん海外旅行をしない、クルマも持たないという若い人は増えているんでしょうけれど。民泊ビジネスをやっている若い経営者に話を聞いたら「僕らは外貨を稼ぐので日本経済のことは全く気にしていませんから」と軽く言っていました。そういうのを聞くとむしろたくましいなあと思いますし、決して小粒になったということではないと思います。むしろネットで情報の視野は広がっている。僕らの世代にはあまりなかった発想もあると思うんです。

林　私自身の話でいうと、最初は国際化って全然考えていなかったんです。ロフトワークをスタートしてから二〇二〇年で二〇周年になりますが、五年前から台湾や香港に拠点をつくり、さらに力を入れるようになってきています。中国人、台湾人の社員も増えて、自然とグローバルな環境になりましたね。渋谷から次にどこへ行こうかと考えると、私たちは丸の内ではなくてやっぱり世界、しかもアジアなんです。

ある時「アジアを代表するクリエイティブ・カンパニーになる」という話をしたら、「アジアを代表するということは、つまりそれは世界を代表するクリエイティブ・カンパニーになるということですよ」といわれたんです。中国の話に戻ると、日本はアジアの中で中国にも近いし、そこである程度のシェアを持っているということは、世界的なシェアを持つということに等しいことなんだと改めて気づきました。これは一五年前、二〇年前にはなかったこと。今は本当にアジアが世界の中心になっているから、チャンスはますます広がるのかなと思っています。中国がどう動くのかを見ながら、どうやってそれを補完して、上回っていくかを考えることは十分意味があると思いますね。

長谷部　アジアの中の都市としてどう生き残っていくかをちゃんとイメージしていくことができれば、世界の中でも価値のある都市に自然となっていくと思いますね。

「最先端の田舎暮らし」を実現したい（長谷部）

三　浦　それでは最後に、渋谷の未来について、まだ語られてこなかったことがありましたら、改めてうかがえればと思います。

長谷部　「懐かしい未来」「最先端の田舎暮らし」というのが、僕が共感する未来のイメージです。僕たちが『ドラえもん』で読んでいたような二一世紀のテクノロジーとか社会というのはなかなかその通りには実現していません。『ブレードランナー』のような未来はすでに現実になっている感じがしますが、それはどちらかというと中国とかシンガポールの方が顕著ではないかと思っています。

「テクノロジーとうまく調和して暮らしがある」といったようなことは、これから私たち行政が目指すところだと思いますし、それによってぬくもりが失われるのではなく、むしろぬくもりが強化される、という実感もすでに出てきています。それを今後ももっと追求していくことが、これからのスキームになっているんだなと思いますね。

三　浦　渋谷区イコール若者と捉えられがちではありますが、高齢化は進んでいるわけですよね。

長谷部　渋谷区にももちろん高齢者はいらっしゃいますが、人口ピラミッドは比較的全層にわたって分布しています。ほかの自治体に比べると三〇～四〇代の働き盛り世代が多いですね。

林　私は渋谷に、高齢者が気持ちよく暮らせる実験区をつくりたいんです。地方ではそういうのが行われていると思うんですが、都心の渋谷でやってみたい。長谷部さん、死ぬまで渋谷にいたくないですか？

長谷部　僕は渋谷にいたいですね。

林　今のままだと、ある時から病院暮らしになってしまうでしょう？

三　浦　それはまさに行政に解決してほしいことですよね。

林　代々木公園に保育園ができたんですよ（まちのこども園 代々木公園）。「公園の中に保育園ができたらいいな」という、当たり前のようでいて、これまでなかった未来ですよね。同じように、周囲に向けて開かれた福祉施設ができないかなと思うんです。

長谷部　そういう計画は実際あるんですよ。ある国有地を買い取って、最新のテクノロジーとケアを組み合わせるような施設をつくりたい。

林　それをできるのであれば私、ロフトワークをやめてもいいと思っているんです。五年や一〇年かかってもいいから取り組んでみたい。長谷部さん、ぜひ覚えておいてください。

長谷部　しっかり覚えておきます。

三　浦　今、高齢者は家にこもるしかないんですよ。ラーメンが食べたくても、カウンターだけの店には車椅子では入れず、ファミリーレストランくらいしか選択肢がない。私は仕事で東京中を散歩して歩いていますが、車椅子になっても東京中どこでも行ければ、頭がボケない限り原稿も書ける。そういう本当のバリアフリーができたらいいですよね。新しく飲食店をつくるとき、高齢者が入りやすいようにすると補助金が出るとか、そういう仕組みができれば。

長谷部　それを解消するのも一つの「最先端の田舎暮らし」ということですよね。

林　ぜひ計画を練りましょう。

長谷部　わかりました。よろしくお願いします。

＊1　グレーター渋谷　東急グループは渋谷再開発事業の計画発表に際し大規模開発をこう名付けた。二〇二三年完成目指す。代官山や原宿、表参道などのエリアを遊歩道や商業エリア開発などでつなぐ構想。新宿、池袋、銀座などの他地区競合への優位性を目的とする。ビル名の記憶が難しい。

＊2　ファーストペンギン　餌を求めて、天敵も予想される荒海に最初に飛び込むペンギン。ベンチャー精神ある人物への敬称でもある。NHK朝ドラ「朝が来る」で広く知られる。

FASHION

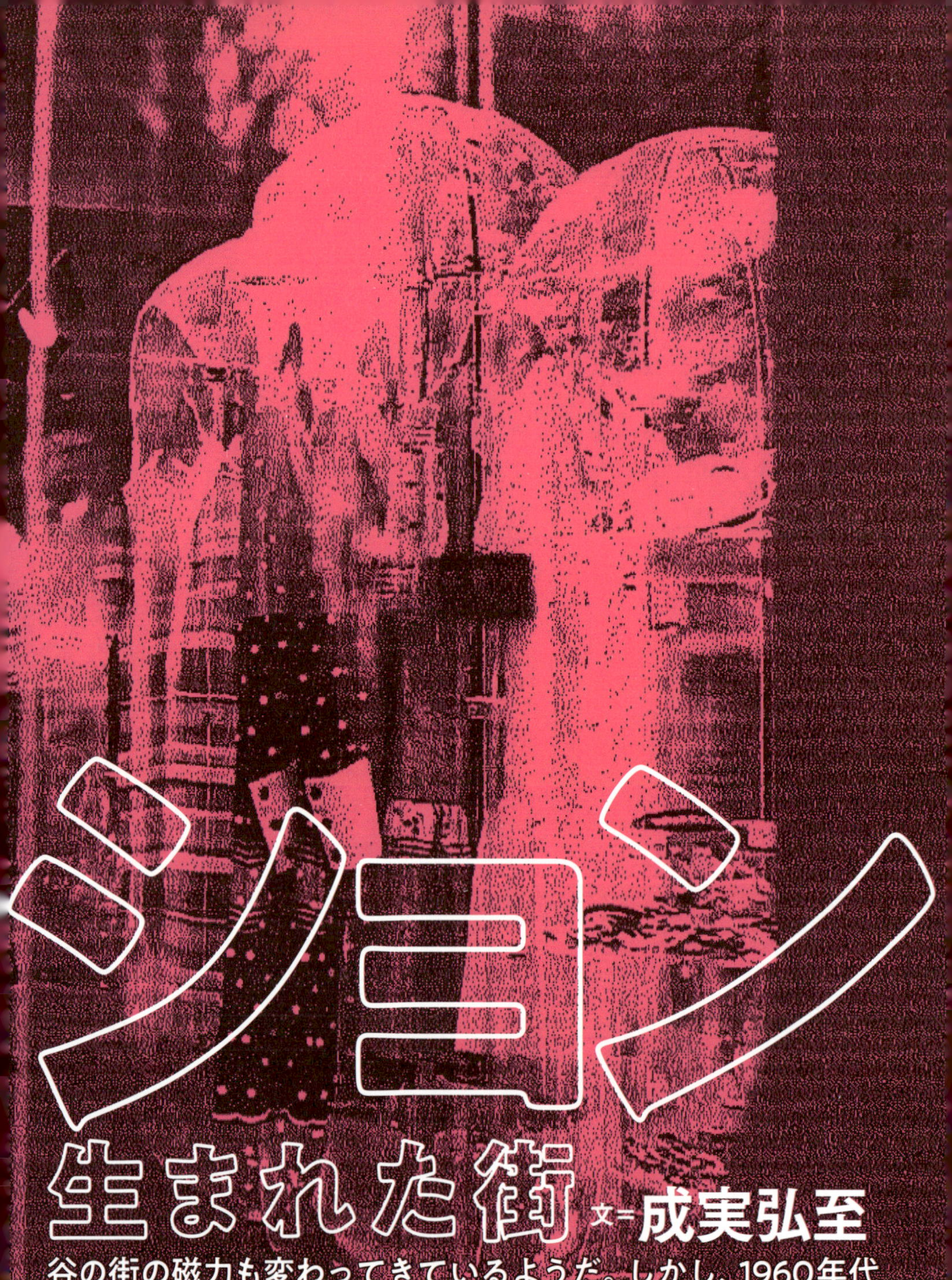

ション
生まれた街

文＝成実弘至

谷の街の磁力も変わってきているようだ。しかし、1960年代
違いない。渋谷は日本独自の服飾文化のゆりかごでもあり、
ファッションと都市との相互発展史。

9章

ファッ

東京ファッションが

長く消費文化の王様であったファッションの座が揺らぐ今、渋
からの渋谷の発展の牽引役が、ファッションだったことは間
もちろん流行の震源地でもあった。20世紀後半に展開した、

ファッション都市とは

パリ、ロンドン、ニューヨーク、ミラノ…、ファッションには都市ごとにスタイルがある。服装文化は各国の歴史や社会、ファッション産業、メディアなどに加えて、街を生きる人たちの身体や感性、ライフスタイルと深く結びつきながら形成される。それゆえ、その場所と結びついた独自の美学が生まれる。

東京独自のファッションとは何だろう。その特徴はいくつかあるが、よく世界から指摘されるものを二つあげておこう。一つは、三宅一生、川久保玲、山本耀司らに代表されるクリエイティブなデザイナーたち。彼らは一九七〇年代にデビューし、一九八〇年代には欧米に進出、そのユニークな創造は世界のモード界に大きな影響を与えてきた。もう一つは、ロリータやコスプレなど、奇抜なストリートファッション。とくに一九九〇年代後半からの若者たちのスタイルは、海外の雑誌やネットでもよく取り上げられ、クールジャパンの一環として世界中にフォロワーを生み出した。いずれも往事の勢いはなくなっているものの、東京でこそ生まれた独自の文化といえる。

このようなファッションの形成に、渋谷はどのような役割を果たしたのだろうか。ファッションを生み出す街というとまず原宿が引き合いに出され、渋谷はもっぱら商業施設と若者風俗、ストリートのみがフォーカスされる。しかし、渋谷は東急、西武やパルコ、あるいは渋カジやチーマー、コギャルだけの街ではない。ここでは歴史を振り返り、ファッション都市としての〈渋谷〉に着眼してみたい。そのためには、これまでとは違う視点から、渋谷の地図をマッピングする必要がある。

〈渋谷〉とアメリカ

よくいわれるように、渋谷は東京の盛り場として後発の街であった。明治、大正から昭和、終戦後まで、都市風俗の発信地だったのは銀座や浅草、新宿であり、渋谷はその後塵を拝していた。それが日本有数の若者の街へと変貌していくのは、東急と西武という二大鉄道資本を中心としたディベロッパーによる開発が盛んとなった一九七〇年代以降のこと――というのがこれまでの消費社会論の定説となっている。

たしかに盛り場という観点から渋谷を見ると、まず駅を中心に東急百貨店、渋谷西武、パルコ、渋谷１０９などの主要な商業施設が配置、その間を井の頭通り、青山通り、文化村通り（東急本店通り）、公園通り、センター街などの街路が展開するという見取り図が描かれる。これらストリートが若者たちに遊歩する舞台を提供し、渋カジやコギャルの都市風俗を生み出したというわけだ。

一方、クリエイティブという視点からいうと、服をつくるデザイナー、イメージを発信するクリエイター、ブティックや飲食のプロデューサー、トレンドセッターたちの活動拠点が重要だが、渋谷にそのイメージはあまりない。そのような場所として連想されるのは、かつて原宿セントラルアパートのあった表参道、青山エリアだろう。

ところが、渋谷駅という「点」や通りという「線」ではなく、渋谷区という「面」から見ると、原宿も表参道もこの行政区のなかに存在している。より俯瞰的な目線をとれば、この広域の〈渋谷〉が東京ファッションの創造に大きな役割を果たした街なのである。

渋谷区には上半分の中心に明治神宮と代々木公園が位置しているが、代々木公園はもともとワシントンハイツのあった場所である。戦後、アメリカ空軍関係者の住宅のあったハイツの存在が原宿の異国情緒を醸成し、その特別感がクリエイターたちを引き寄せてきたと考えられている。その洗練された外国の匂いは渋谷駅までは届かなかったかもしれないが（駅に近い恋文横丁には別のアメリカがあったとはいえ）、面としての〈渋谷〉には「アメリカ」という戦後日本ファッションのアイデンティティが土地の記憶のなかに刻み込まれていた。

一九六〇年代後半から七〇年代は、日本の若者ファッション黎明期だが、その一つの拠点は表参道から青山で、ブティックやクリエイターの事務所が点在していた。もとは住宅地だったこの地域がファッションタウンへと変貌していく契機は、一九六三年のワシントンハイツ返還と翌年の東京オリンピックである。

原宿表参道　クリエイターたちのサロンだった喫茶店「レオン」の姿も見える（© 高橋義雄／PIXTA）

一九六四年、日本のメンズファッションをリードしたアパレル会社VANが東京事務所を銀座から青山三丁目に移転する（ここは厳密には港区だが、渋谷区境である）。それはオリンピックにともなう首都改造を見越した石津謙介社長の判断によるものであり、新築されたビルの二階に意匠室も移された。ファッションなど見たこともなかった日本の青少年たちにアメリカのトラッドやカジュアルを再解釈したスタイルを提供したVANは、新しい既製服文化を定着させ、みゆき族や原宿族といった若者風俗の火つけ役となる。

VANが青山に目をつけたのも拡幅された青山通りにモータリゼーションの息吹を感じたためで、本社の駐車場にはさまざまな自動車が並んでいたという（佐山［二〇一二］）。この場所には一九七三年からVAN99ホールという文化スペースが設けられ、映画が上映されたり、ライブ、落語などの上演会がおこなわれた。石津はこの場所から「文化を作る」ことを意識していたのであり、クリエイターたちはそれに呼応するように集まってきたのだ。

渋谷とアメリカとの関わりはそれ以降も続く。

一九八〇年代後半に流行した渋カジは、センター街のチーマーと結びついて大衆化・不良化する前は、山の手にある高校生や大学生が発信した洗練されたスタイルであっ

VAN99 ホール。一九七二年頃。（写真提供・VAN SITE）

青山の VAN 本社ビル。一九六三年、青山に移転した頃。（写真提供：橘浩介）

た。その基本はアメリカンカジュアルであり、当初はラルフ・ローレンなどのインポートブランドとリーバイスなどのアイテムを組み合わせる、当時としては洗練されたコーディネートを特徴としていた。なぜ「渋谷カジュアル」かといえば、彼ら高校生らが訪れる小さな洋品店が渋谷から原宿へのエリアには数多くあったからだ（増田［二〇一七］）。

その中の一つ、のちにセレクトショップとして全国に展開するシップスの前身であるミウラ&サンズは、もともと上野アメ横で創業した三浦商会として始まったが、一九七五年、渋谷道玄坂に進出している。道玄坂や宇田川町にはワシントンハイツの影響で一九六〇年代からレコードや米軍放出品やインポートを売る店が店を構えるようになっていた（Kuroishi［二〇一八］）。同じくセレクトショップとして成長するビームスは段ボール会社の新規事業として一九七六年原宿でスタートしている。いずれもアメリカのトラッドやカジュアルを輸入販売するショップであり、VANの影響を受けていた。

ちなみに、VANと共振してアメカジ路線を推進した『ポパイ』はアメリカのカタログ雑誌を参考にして作られたカルチャー誌であったが、その同じカタログ文化をDIY店舗として具体化したのが東急ハンズであり、その渋谷店は一九七八年道玄坂にほど近い場所にオープンしている（一方のVANは同年倒産するが）。さまざまな商品を選んで独自に組み合わせるという思想は、渋谷という場所を得て、後日渋カジとい

創業当時のBEAMS店内。一九七七年頃。（写真提供・株式会社ビームス）

SHIPSの前身であるミウラ＆サンズ。一九七五年頃。（写真提供：株式会社シップス）

う先進的な消費者を萌芽したのだ。

インキュベーションの街

日本のデザインという点でも、渋谷はインキュベーターとして機能してきた。たとえば、デザイン教育をリードしてきた桑沢デザイン研究所や、多くのファッションデザイナーを育てた文化服装学院は（地理的にはほぼ新宿とはいえ）渋谷区にある。さらに、かつて渋谷にはデザイナーたちの活動拠点もあった。

その一つがアドセンターというクリエイター集団である。アドセンターの前身は鳥居達也が起こした日本織物出版社で、一九五七年に広告業に改組、高度成長の追い風のなかで成長し、一九六二年に渋谷区南平台に移転している。

アドセンターには、のちに『アンアン』『ブルータス』などのアートディレクターとなる堀内誠一、デザイナーの金子功、カメラマンの立木義浩、長濱治、ほかにスタイリストらが所属した。日本でファッションを立ち上げた面々である。

鳥居は戦後にスタイルブックなどを刊行し、その後も『流行』『服装』といった服飾雑誌を出版したほか、平凡社の雑誌のファッション企画などの仕事を多くこなし、

桑沢デザイン研究所　手前はワシントンハイツ。昭和三十年代の航空写真。（「専門学校桑沢デザイン研究所の 25 年」より転載）

開設当時（一九五〇年代）の桑沢デザイン研究所校舎。（「専門学校桑沢デザイン研究所の 25 年」より転載）

伊勢丹や東レなど服飾関係のPR企画も手がけた出版人であった。

彼はパリモードに追随するのではなく、日本独自のファッションを発信するという志をもって、「ADセンター・ファッショングループ」を結成。長沢節、中村乃武夫、久我アキラ、西村武生といったデザイナーに呼びかけ、ディオールにならった「ライン」を年二回提案させて、ショー形式で発表していた。そこには金子功、花井幸子、高田賢三などの若手も参加していた。そのなかから「ハンター・ライン」（第一回・一九五七年）、「ファンキー・タッチ」（一九六〇年）などの服飾スタイルが提案された。堀内［二〇〇七］によると、後者はとりわけうまくいきブーム的な成功を収めたという。

日本織物出版社は千代田区駿河台、新宿区花園町、そして渋谷と移っていくが、南平台の事務所はかつてトルコ大使館（一説ではオーストリア大使館）に使われていた瀟洒な西洋館であった（この建物は後日横浜に移築された）。

現在の京王井の頭線神泉駅に近い立地だが、当時の南平台は高級住宅地で、なぜ鳥居が事務所を移したのかは不明だが、この洋館の存在があったせいかもしれない。アドセンターは一九七三年に解散し、鳥居は翌年五二歳で亡くなっている。

この建物には一九六〇年代終わり頃、アドセンターのほか「アップルハウス」という若いヒッピーたちのたまり場もあったらしく、アングラやカウンターカルチャーの音楽や映像を制作していたようだ（立川［二〇〇九］）。この場所は若者文化のハブと

「ハンター・ライン」のパンフレット

日本織物出版社発行のスタイルブック「アメリカンスタイル全集」（一九五四年）

なっていたのである。

一九七〇年代より、西武百貨店やパルコ、ラフォーレがのちにDCブランドとして活躍するようになるデザイナーたちをテナントにして育成したこと、またその普及に丸井などが関係したことなどはすでに周知のことであるが、ここでは一九六八年にオープンした渋谷西武のインキュベーション装置について言及しておきたい。

堤清二率いる西武百貨店は、新興勢力として老舗東急百貨店と競合するべく、台頭してきた団塊世代に狙いを定め、とくに若者ファッションや欧米ブランドの新規開拓に力を入れた。堤は毎日新聞社で経済記者をしていた三島彰をスカウトしてブレーンとして重用し、西武百貨店のファッション部門を拡充していく。三島が渋谷西武オープン時に仕掛けたのが「アヴァンギャルドショップ　カプセル」というスペースであり、若手デザイナーの商品をセレクトし、その内装は倉俣史朗が手がけている。

カプセルに集められた若いクリエイターのなかには、山本寛斎、菊池武夫、川久保玲、山本耀司といった、日本を代表するデザイナーが多く含まれていた。この場所はさらに「BE・IN」という名前のフリースペースに変わり、クリエイターや写真家が作品を展示するギャラリーとなっている。

カプセルはただものを売るためだけではなく、同世代のクリエイターが互いに刺激しあい、切磋琢磨する空間が渋谷にあったことを物語っている。堤もパルコの増田通二も人々の生活を豊かにするための文化発信を重視していた経営

アドセンターの社内風景　画面右端が堀内誠一

アドセンターが事務所として使用した旧・内田定槌邸（一九九七年頃／写真提供・渋谷文化プロジェクト）© 陣内秀信（法制大学工学部建築学科教授）

者であったが、それは消費者だけでなくクリエイターを育てることでもあったのである。三島は西武を退社してから都市開発のコンサルタントとなり、ファッションデザイナーたちのアドバイザー的な役割を担った。

しかしながら、このような文化解放区としての渋谷は、街に集まる若者たちや消費資本主義によって押しやられていく。堤自身も西武文化のピークは一九八二年までだったと回顧しているが、一九八〇年代後半の渋カジがチーマーに取って代わられ、一九九〇年代後半のコギャルが二〇〇〇年にガングロへと退落していったように、渋谷が生み出したものはすべて大衆消費の波に飲み込まれていった。

都市のすき間から

クリエイティブとストリート、東京のファッションを特徴づける両者の形成に、〈渋谷〉は大きく貢献してきた。少なくとも一九六四年から一九八〇年代初めまでは、ただ消費を促すだけの都市ではなく、クリエイティブを育てる街だったのである。

二一世紀になって、渋谷交差点は現代日本を象徴するメディアスケープとなり、駅周辺には巨大建築が立錐の余地なく立ち並ぶ再開発が進行し、表参道

倉俣史郎が内装デザインを手がけた「アヴァンギャルドショップカプセル」（一九六八年／写真提供・月間商店建築編集部）

オープン時の渋谷西武百貨店（一九六八年／写真提供・月間商店建築編集部）

も海外のラグジュアリーブランドの路面店と外国人旅行客のひしめく観光地となっている。

今や渋谷は国民的なメディアイベントやハロウィンのときに瞬間沸騰するイベント会場でしかないように見える。しかし、そんな街にも、かつてはすき間のような場所があり、何か新しいものを生み出そうとする人たちが集まっていた。そこには現在のファッションの一つの起点を見いだすことができるのである。

10章

広告

文＝草刈洋

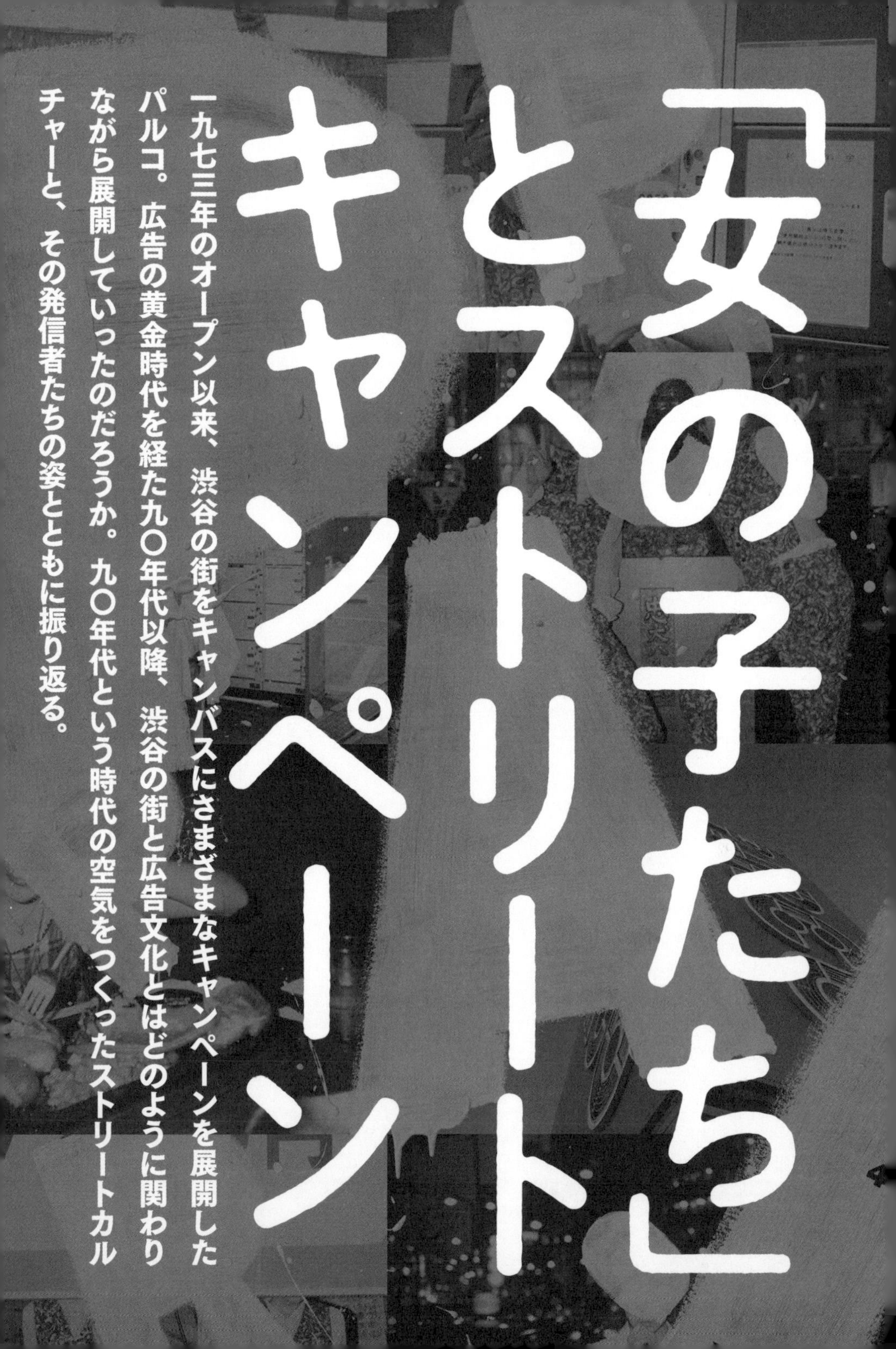

「女の子たち」とストリートキャンペーン

一九七三年のオープン以来、渋谷の街をキャンバスにさまざまなキャンペーンを展開したパルコ。広告の黄金時代を経た九〇年代以降、渋谷の街と広告文化とはどのように関わりながら展開していったのだろうか。九〇年代という時代の空気をつくったストリートカルチャーと、その発信者たちの姿とともに振り返る。

ゴールドラッシュのあとで

広告が本来の意味や役割を超えて、大きな存在感を持っていた時代があった。七〇年代に始まり八〇年代に最盛期を迎えたその時代に、広告は商品やサービスの訴求という本来の目的を出発点としながら、はるかに創造的な領域にまで達し、広告表現はアートといわれるようになる。広告業界には、たくさんのスタークリエイターたちが登場し、駅貼りポスターのグラフィックで、あるいは三〇秒CMのTV画面の中で、あふれ出る才能を武器に、広告の可能性を競い合っていた。

私がパルコに入社した八〇年代の中盤は、まさにそんな広告文化の黄金時代の真っただ中だった。渋谷公園通りの坂の上に建つ渋谷パルコは、一九七三年の開店以来、常に渋谷のカルチャーをリードする存在であったが、広告表現という分野においても例外ではなく、強いメッセージ性と表現至上主義的美学により、独自のポジションを築いていた。

それは広告文化史としても興味深いテーマではあるが、本稿においては、あまり語られることのなかった広告の黄金時代が過ぎ去った後、すなわち九〇年代以降の広告文化と渋谷の街の関係についてフォーカスしたい。いわばアフター・ザ・ゴールドラッシュの渋谷の街を、自分の記憶の中の風景をたどりながら、その時代の広告を通して考察する試みである。

時代とともに主役が変わる街

渋谷が若者の街、というのは今日では誰もが疑わない定説だが、いつごろからそのようにいわれるようになったのであろうか。七〇年代の渋谷は若者に特化した街ではなく、むしろ文化的な大人の街だった。それは当時のパルコの一連の広告を見ても明らかだし、七〇年代後半の公園通りは最先端のファッションを身にまとった格好いい大人がすれ違うような通りだった、という証言もある。

今につながるような若者の街のイメージは八〇年代から徐々に形成されていったと考えるのが妥当だろう。たとえば八〇年代はサブカルという言葉が一般的になった時期でもある。パルコや西武百貨店がサブカルチャーを発信していたことも大きいが、単館系映画館や小劇場、ライブハウスといったインディペンデントな文化の土壌がある渋谷は、もともとサブカルとの親和性が高い街であった。従来のメインカルチャーに対するサブカルチャーは、大人に対する若者、という図式でもあり、他の街とは違う渋谷のカラーになった。

ファッションにおいてはDCブランドの存在が大きい。八〇年代半ばには全国規模のブームになっていったものの、始まりは渋谷と原宿の狭いエリアからだった。DCブランドの普及によって、ファッションで自己表現する、という考え方が高感度層のみならず一般的な若者にまで浸透し、ファッションを消費するだけではなくファッションを見せる街としての渋谷が、特別な場の力を持ち始めた。

　しかしサブカルにしてもDCにしても主役は若者であったものの、人とは違うという差異化に価値を求めるところから始まった。それが八〇年代後半になると大衆化しさらに若年化した結果、渋谷は同質化を求め群れる若者が席巻する街に変わっていく。

　象徴的なのが、DCブームの後の渋谷で独自の進化を遂げたアメリカンカジュアル、いわゆる渋カジである。主に山の手の団塊ジュニア世代から発生した渋カジは、当初はポロ・ラルフローレンの紺ブレに象徴されるように品のいいアメリカンカジュアルで、裕福さと育ちの良さを感じさせるものだった。それが八〇年代後半にはよりストリート色が強まり、チーマーといわれる集団が登場するころになると、渋谷はセンター街を中心に若年化が進み、荒れた雰囲気が目につくようになる。

　九〇年代に入りバブル崩壊後の渋谷センター街はさらに混沌としていった。チーマー、１０９系ギャル、制服姿のコギャル、ギャル男、さらには偽造テレフォンカードやハーブを売る怪しげなアラブ人たちなど雑多な人種であふれ、近寄りがたい雰囲気が漂っていた。そして、メディアに取り上げられる頻度が増えることによって、渋谷の中の通りの一つに過ぎなかったセンター街が街全体を象徴するストリートになり、非日常的喧騒に吸い寄せられる若者の坩堝《るつぼ》のような渋谷のイメージが実態以上に増幅され定着していった。

註　AD：アートディレクター　C：コピーライター　P：フォトグラファー　CD：クリエイティブディレクター　Pr：プロデューサー

九〇年代のカオスの中から生まれたカルチャー

　このころのインパクトが強すぎて、その後も長いこと渋谷のパブリックイメージにはネガティブなものが付きまとってしま

一九九五年「P' PARCO 1st Anniversary 計画、発覚」　AD 信藤三雄／P 鶴田直樹／C 関一行

信藤 三雄（しんどう みつお）アートディレクター、映像ディレクター、映画監督。コンテムポラリー・プロダクション（C.T.P.P）主宰を経て2011年、信藤三雄事務所を設立。松任谷由実、Mr.Children など、これまで手掛けたレコード＆CDジャケット数は約1000枚。ピチカート・ファイヴ、フリッパーズ・ギターといった「渋谷系」ミュージシャンのアートワークに多く携わり、渋谷系のイメージに大きな影響を与えた。筆者とは池袋 P' PARCO の広告でタッグを組み、「渋谷系」ブランドの池袋への輸出を試みた。

ったが、文化史的には渋谷の九〇年代は重要な時期だ。今につながる文化都市としての萌芽を随所に見ることができる。

何しろこの頃の渋谷には百軒を超えるレコード店があり、まさに世界一のアナログレコード集積を誇る音楽都市だったし、そういった好条件を背景に耳の肥えたリスナー体質のプレイヤーが多い「渋谷系」という音楽潮流が生まれたのもこの頃だ。

「渋谷系」の定義には諸説あるが、アナログ盤を漁るレコードマニアが自分たちの聴きたい音を創ってみた、というのがその源流にあるということは重要な事実だ。だから、おしゃれな人たちが聴くおしゃれな音楽、という後のパブリックイメージとは裏腹に、黎明期においては作り手も受け手もけっこうなオタク気質だった。

付け加えれば、「渋谷系」にお洒落なイメージを定着させたのは信藤三雄の功績が大きい。（前ページ）このように九〇年代の渋谷カルチャーには優れた広告クリエイターの存在が不可欠だが、それは後に触れよう。

ファッションにおいては、渋カジが全国に行きわたり実際の渋谷とのかかわりがなくなったあと、街のイニシアティブを握ったのは女性たちだ。九〇年代の中盤には、渋谷１０９系のギャルファッションが隆盛を極めた。ギャル系という日本特有のストリートファッションがこの時期の渋谷から自然発生的に生まれたという事実も、九〇年代の大きな収穫だろう。一過性のブームで終わるかと思いきや、今でもギャル系ファッションは一つのスタイルとして定着しているし、常に新たな解釈の中でリバイバルしながら根強く支持されている。

ギャル系ファッション全盛のこの頃の渋谷センター街を歩くと、女性のパワーと自己表現の力強さに圧倒された。それは、傍若無人といっていいほど自由な、女性としてのセルフプレゼンテーションであり、しだいに渋谷という街のパブリックイメージを代表するファクターとなった。

一方、九〇年代の女性のパワーといえば、ギャルと同時期に発生した〝ガーリー〟というキーワードも忘れてはならない。〝ガーリー〟すなわち〝ガーリーカルチャー〟は、九〇年代初頭のアメリカで女性たちが自己を解放して女性にしかできないような表現をアート・カルチャーの分野で産出したムーブメントを発祥とする。日本国内でも、その影響というよりむしろ時代にシンクロするかのように多くの女性クリエイターが登場した。[*1] しかし、日本における〝ガーリー〟ムーブメントでことさら際立っていたのはファッションとしての存在感だ。いわゆる女の子らしいという意味でのガーリーとは正反対の、中性的でパンキッシュ、でもキュートでポップというファッションスタイルは一つの新しい女性像としてアート・カルチャーとの親和性も高く、パワフルな女性イメージとしては広告との相性もよかった。

もちろん、サブカルの文脈で語られることが多いガーリーカルチャーと、渋谷のストリートのギャル文化は、表面的にはまったく別ものであり、当事者同士も水と油のように決して交わらない関係であった。しかし両者とも、オルタナティブな女性像として通じるところは多く、もっとも共通することはどちらも「女性であることの全面肯定に立脚した力強い自己表現」という点であろう。

余談だが、サブカル女子とギャル系女子は今日も脈々と存続しているが、両者の定義も境界線もかなり曖昧だし、一人のペルソナにサブカルとギャルが共存することも珍しいことではない。これは九〇年代の両者の距離感を知るものにとっては考えられないことだが、根本の共通点を鑑みれば不思議なことではない。渋谷という池の中では、外来種や突然変異を受け入れながら、今も生態系の変化が続いている。

女の時代、から〝おんなのコ〟の時代へ

九〇年代に渋谷において盛り上がった女性たちのパワーは、七〇年代フェミニズムのような社会性を持ったものとは異なり、よりパーソナルでリアルな自分ごとであった。そしてそのような時代のムードを象徴する事象は、若者をターゲットにする企業の広告手法にも大きな影響を与えた。

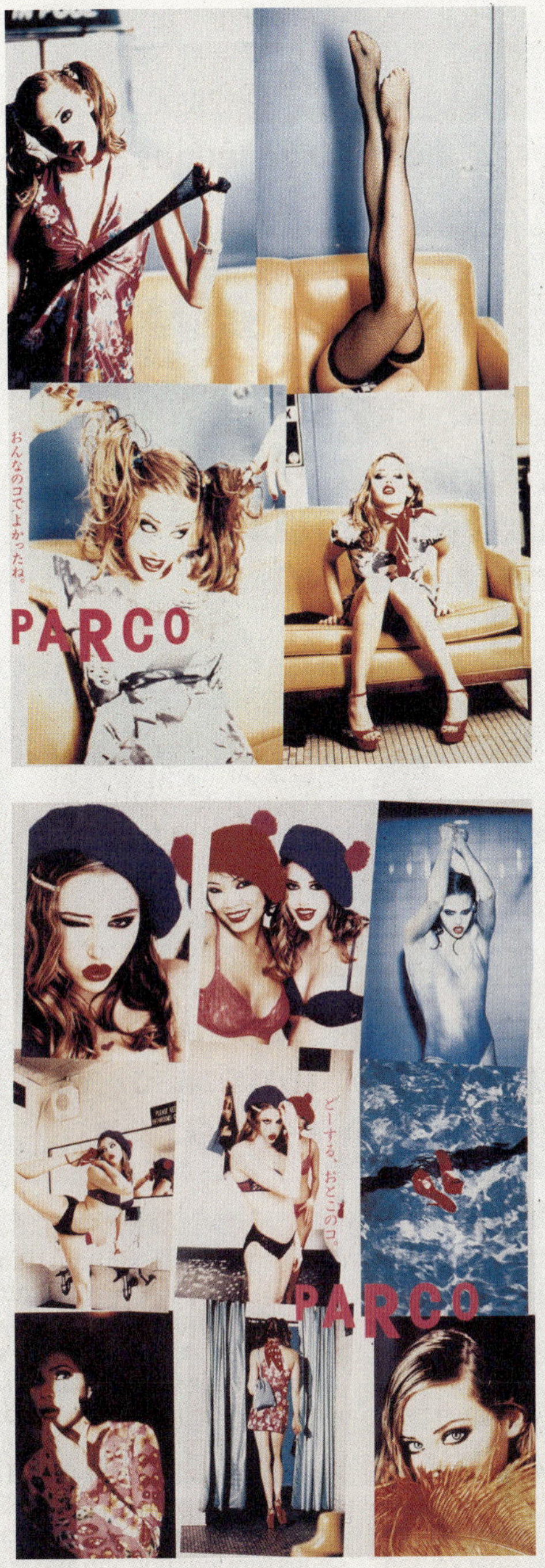

一九九五年春夏キャンペーン「おんなのコで、よかったね。」　P　エレン・フォン・アンワース／AD　込山富秀／C　佐藤澄子／Pr　木之村美穂／プロダクション　STUDIO D.O.G.INC

この時代の気分が反映されたパルコの広告キャンペーンとして、女性フォトグラファー、エレン・フォン・アンワースを起用したキャンペーンを紹介したい。（前ページ）

元トップモデルの美貌ながら、ヴォーグやハーパーズバザーなどファッションフォトの最前線で活躍をしていたフォトグラファー、エレン・フォン・アンワース。一九九五年のパルコの広告キャンペーンでは彼女をフォトグラファーとして起用し、同時にパルコギャラリーにて写真展を開催した。

パルコではそれ以前も著名な海外のフォトグラファーを起用することは少なくなかったが、エレンのようにその作品はもちろん、生き方や人間性、容姿といった人物像がそのまま時代の気分とリンクしたアーティストをタイミングよく起用できたのは幸運だった。

キャッチコピーは「おんなのコで、よかったね。」。時代の気分を見事に表現したこの言葉は、エレンがモデルとして選ぶ開放的でコケティッシュな女性像にリンクしていたが、同時に渋谷の街を奔放に闊歩する女性たちの気持ちにもリンクしていたのだろう。このキャンペーンは、アートやカルチャーへの感度が高い層はもちろん、予備知識なしに純粋にヴィジュアルやワードに反応した若い女性たちの共感をも呼んだ。

エレン自身は、モードファッションを着こなすスタイリッシュな大人の女性でありながら、当時ギャルや女子高生の間で人気だったハローキティのグッズに夢中になるなど、キュートなものに目がなかった。まだ〝Ｋａｗａｉｉ〟が世界の共通語となるはるかに前のことで、エレンの〝目利き〟には敬服するが、そんなエピソードからも、東京の渋谷の街が世界の女性クリエイターたちと感覚的に接近していたことがうかがえるだろう。

ソフィア・コッポラが体現していた時代の空気

強いスーパーウーマンの宣言ではなく、普通のおんなのコの独り言の方が共感を得られる時代。そんな時代の空気に触発され、エレンの年間キャンペーンの翌年も、やはり女性のクリエイターを起用した。それがソフィア・コッポラだ。エレンは既に一流フォトグラファーであったが、ソフィアはこの時点では写真家としてのキャリアはまだ始まったばかり。当時は今ほど知名度が高いわけではなく実力も未知数のフォトグラファーの起用は冒険ではあったが、狙っていたのは渋谷のストリートにも渦巻く「普通のおんなのコ」から生まれる能動的な表現欲求のパワーを、広告メッセージとして伝えることだった。（左ページ）

「普通のおんなのコ」の象徴としてソフィア・コッポラを起用したという説明には違和感を感じるかもしれない。だが、『ヴァージン・スーサイズ』で映画監督として広く認知される三年前の彼女は、まだガーリーカルチャーを代表するカリスマアーティストではなく、ジーンズにＴシャツがよく似合うＬＡのどこにでもいそうな自然体の魅力に溢れた「普通の」女性であり、カメラを扱う手つきもまだおぼつかない感じが初々しかった。

LAで何日間か彼女のお気に入りのスポットでロケをした。たとえばお馴染みのランドマークであるハリウッドサインがよく見える山の中腹のパーキングエリアだったり、サンセットブールバード沿いの古城のようなホテル、シャトー・マーモントだったり、日本から来ている者にとっては特別な場所だが、おそらく彼女の日常の中では定番の風景なのだろう。決して背伸びをして過度な演出を加えることはなく、自分の感性のおもむくままに日常の中のちょっといい感じの風景をそのまま切り取るという、等身大のクリエイティブスタイルであった。後の名作『サムウェア』（二〇一〇年）のロケ地がやはりシャトー・マーモントだったときは、さすがブレないな、とうれしくなったものだ。

等身大のクリエイティブ、ということでいえば、このキャンペーンのモデルたちは（少なくともこの時点では）プロではなく、すべて彼女の友人やその姉妹たちだった。*2 そして、フィルムディレクターのスパイク・ジョーンズはソフィアの当時のパートナー。要するに気の置けない仲間と、よく知っている場所で、ハプニングさえも楽しみながら創る、という肩ひじ張らない制作スタイルであり、そのような力が抜けた感じは、その時代のクリエイティブのあり方を象徴していた。

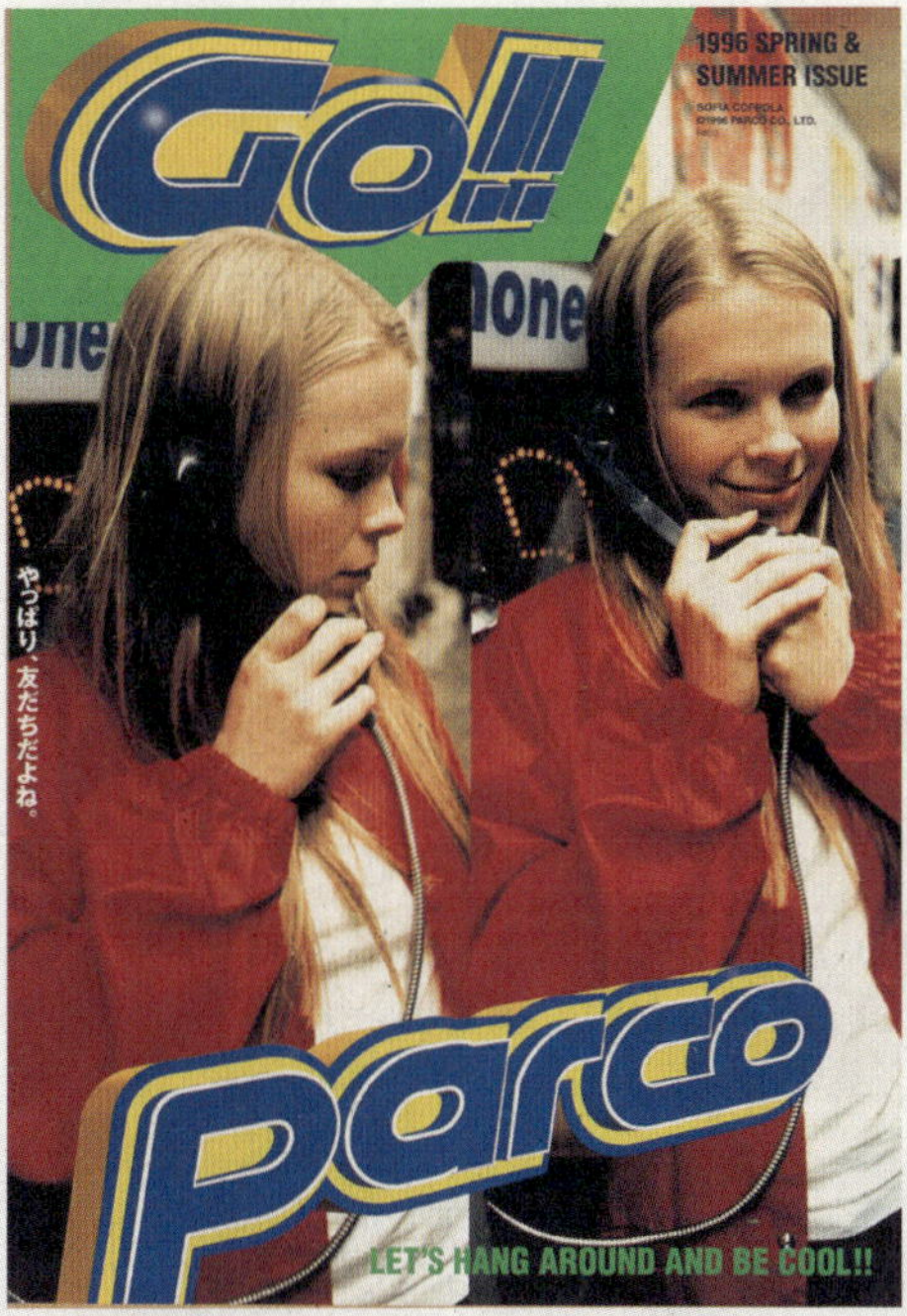

一九九六年春夏キャンペーン「GO! PARCO」 P ソフィア・コッポラ AD タイクーングラフィックス／C 加藤麻司／Pr 山下信一／プロダクション エKプロダクション

クリエイティブのパラダイムシフト

フィルムディレクターのスパイク・ジョーンズは、この数年後には『マルコヴィッチの穴』（一九九九年）でカルトな映画監督の仲間入りをするが、彼に代表されるように、ソフィア・コッポラと彼女の周辺人脈は、九〇年代中盤のLAカルチャーの中心だった。映像作家でありグラフィックデザイナーのマイク・ミルズや、映画『KIDS』で女優デビューしたクロエ・セヴィニー、その脚本を書いていたハーモニー・コリン、スケーターであり画家のマーク・ゴンザレス、そしてガーリーカルチャーのゴッドマザー的存在のキム・ゴードン[*3]…などなど、名前を挙げればきりがないが、要するにファッション、音楽、映像、美術、文学、といったありとあらゆるアート&カルチャーの才能が集まっていた。

そしてそれぞれの専門領域のフィールドが境界線を越えてクロスし、作り手と受け手、撮影者と被写体、職業と趣味、人種や世代・性別、といった境界線も、緩やかに溶けてなくなったような時代だった。

それは、一般的にいわれているようなMac等の普及によるプロとセミプロの垣根がなくなったことも一因だが、なんといっても、自分たちが楽しめるものを自分たちの手で作りたい、という〝カルチャーの自給自足〟の精神が大きかったように思う。だから見ようによっては未熟と感じるような、ローバジェットによる手作り感満載のいわゆるローファイな作風も多かったが、固定観念や権威主義といった古い既成の価値観を、自分たちの価値観で身勝手にひっくり返す若々しい魅力にあふれていた。

そんな価値観のひっくり返し（パラダイムシフト）は、なにもLAだけではなく東京、渋谷周辺でも共振していた。黄金期の広告業界の伝統だった師弟関係のような上下関係が薄れ、学校の同級生や気の合う友人同士といった水平のコミュニケーションが仕事をする人間関係として重要になってきた。さらにそれまで主流だったデザイナー、カメラマン、コピーライターといった完全分業制の制作スタイルから、専門領域を越えてお互いが有機的に影響しあうという自由度の高いやり方へと、若いクリエイターを中心にシフトしてきたのもこの頃である。

今でこそ当たり前のスタイルだが、実績重視のクライアントにとっては二の足を踏むやり方だったろう。幸いにしてパルコは、未知数の若い力の可能性を大切にする社風だったので、たくさんの優秀な若手クリエイターと仕事ができた。たとえば秋山具義は王道の広告フォーマットに次世代クリエイターを起用して新風を吹き込んだし（左ページ上）、京都から東京に出てきたグルーヴィジョンズが最初に手掛けた第一号はパルコの広告だった。（左ページ下）ほかにもソフィア・コッポラのポスターを手掛けたタイクーングラフィックスのような実力派から、まだ十代の若者だった気鋭のユニットTGB design[*4]といった駆け出しまで枚挙にいとまがない。広告の黄金時代からいきなりクリエイティブ戦国時代に突入したような活況を呈していた。

そして彼らが事務所を構えるのは、それ以前の広告業界の中心であった銀座や青山ではなく、中目黒、代々木上原、三宿といった山手線の外側のローカルとシティが交わるエリアで、そこに居心地のいい拠点を設けるというケースが多かった。スマホはおろかSNSという概念もなかった時代である。場所というものに今以上の意味があったのは確実だ。彼らが場所を選ぶ基準には、渋谷に出やすい、という条件もあったのではないか。とりあえず渋谷に集合して、その後レコード屋や洋書屋でネタを探したり単館系映画館やライブハウスに流れたり……。表通りにはメジャーなものもありながら、路地裏あるいは雑居ビルの一室など狭いエリアにマイナーなものやエッジのきいたサブカルチャーが集積している当時の渋谷は、普通の大

一九九八年　パルコ春キャンペーン「いっそ、美人に。」　AD秋山具義／C糸井重里／Pエンリケ・バドレスク

秋山具義（あきやまぐぎ）：クリエイティブディレクター／アートディレクター／（株）I&Sから独立し一九九九年デイリーフレッシュ設立。代理店時代からHIROMIXやホンマタカシといった次世代の才能を広告に取り込んできた。パルコの広告キャンペーンも数多く手がけるが、メキシコの青空の下でロケをした右の広告は筆者としても特に印象深い。

一九九七年「渋谷パルコクアトロ NEW OPEN」　ADグルーヴィジョンズ

GROOVISIONS（グルーヴィジョンズ）：グラフィック、ムーヴィー、プロダクト、WEBなど幅広い領域で活躍するデザインスタジオ。一九九三年に京都で活動を開始し、九七年に拠点を東京に移動。中目黒に引っ越しして電話線をつないだ直後の着信が筆者からだったとのこと。

人たちには騒々しく近寄りたくない場所だったかもしれないが、若きクリエイターたちにとっては非常に居心地がよく使い勝手がいい街だったのだろう。

スリバチの中に生まれたフォトジェニックシティ

　そんな渋谷の街の居心地のよさやおもしろさは、そのスリバチ型の立体的な地形によるところが大きい。[*5] ハチ公前広場に立てば、渋谷の駅舎を背に西・北・東の三方を丘に囲まれ、それぞれの丘に向かって伸びる坂の上には、松濤や南平台などのハイソな邸宅地や、公園通りや神南・青山といった洗練されたファッションエリアが控えている。一方、スリバチの底に当たるスクランブル交差点やセンター街では、カオスのような雑踏と喧騒に追い立てられる。つまり坂の上と下ではまったく異なった文化や風土があり、生息する人種も流れている時間も異なるかのようだ。だから渋谷をよく知る人は、自分のお気に入りの場所もそうじゃない場所も知って行動するから居心地がよく、渋谷に滅多に来ない人にとっては、どこに何があるか分かりにくく、渋谷のおもしろさを発見する前に人混みの中で辟易してしまう。

　このような立体的で複層的な都市であるがゆえに、大きく発達した広告メディアがある。OOH（アウトオブホーム）メディア、すなわち大型の屋外看板や屋外ヴィジョンは、渋谷を象徴する広告媒体だ。立体的で坂が多い街では人間の視線は水平よりも垂直に動く。スリバチの底のスクランブル交差点で、巨大な屋外ヴィジョンや看板を無意識に見上げてしまうのは、本能的な行為なのかもしれない。

　大型の屋外ヴィジョンはハチ公前広場から見える範囲で六基、その周縁を含めればなんと二十基を超える。[*6] そして興味深いことに、すべてのヴィジョンは坂の下、つまりスリバチ地形の低層部のビルに設置されている。渋谷の特徴である、丘の上の落ち着きと谷の底の喧騒、という複層的に表情が変わるおもしろさは、屋外ヴィジョンによってより一層グラデーションが強調されているのだ。

（上）一九八六年の渋谷スクランブル交差点（写真提供：共同通信社）
（下）現在のスクランブル交差点。左上より「シブハチヒットビジョン」「渋谷駅前ビジョン」「DHC Channel（スーパーライザ渋谷）」「キューズアイ」。この右手にはさらに「グリコビジョン（シブヤテレビジョン2）」「109 フォーラムビジョン」も点灯する（撮影：大森克己）

では渋谷がこのような大型ヴィジョンが林立する都市になったのはいつ頃からだろうか。今では渋谷を象徴する空間として有名なスクランブル交差点だが、最初の屋外ヴィジョンができる以前は、にぎやかではあるが普通の繁華街の交差点の雰囲気を保っていた。（右ページ上）

それが一九八七年に「109フォーラムビジョン」ができると、交差点の雰囲気が変わり始める。その後センター街のカオス化に同調するかのようにヴィジョンの数が増え、「スーパーライザ渋谷」（九五年）、「キューズアイ」（九九年）、「シブヤテレビジョン2」（二〇〇六年）と、二十一世紀に入ったころには

二〇一三年「渋谷パルコ 40th Anniversary」 AD 山本拓生／C 渡辺潤平／P 青山たかかず／CD 草刈洋

渋谷パルコと公園通りのウォールペイント　一九八四年（写真提供：共同通信社）

現在のようなブレードランナー的近未来感を漂わせた雑多で騒々しい姿に変貌する。[*9]（236ページ下）

　このスクランブル交差点では、多いときでは一回の信号で三〇〇〇人、一日で数十万人の人々が横断しているそうだ。今日もたくさんの外国人観光客が、携帯や自撮り棒を片手に、世界一有名な交差点に来たという証しのセルフィー撮影に余念がない。まさにフォトジェニックシティ渋谷の面目躍如である。

この街を白く塗りつぶせ！

二〇一三年の渋谷パルコ四〇周年では、そんなフォトジェニックな街を主役にしたキャンペーンを展開した。四〇周年を機に渋谷の街をリセットし新しい時代に進もうという思いを込めて、渋谷の街のポートレート写真を白いペンキで乱暴に塗りつぶしたたくさんのヴィジュアルをコラージュし、渋谷の街に掲げた。（237ページ）

　制作したクリエイター三人は七〇年代半ば生まれの同世代。広告の黄金時代の実体験はないが、九〇年代のクリエイターに影響を受けて広告の世界に飛び込んだ世代である。彼らにとっても渋谷は特別な街だ。この広告で表現したかったのは、渋谷の街が長い歴史の中で常に変化し続けるパワー、さまざまな一過性のブームや現象が現れては消え、そしてすぐに新しいムーブメントが自然発生的に湧き上がる、渋谷という街の性《さが》。それを白く塗りつぶすことによって、きれいにリセット（あるいは浄化）されたように見えて、やがてまた新しい絵が誰かによって上から描かれる、という街の永久運動も示唆されている。

　キャッチコピーの〝WE NEVER STOP!〟とは、もちろん渋谷パルコが立ち止まらずに前進を続けることを宣言したものだが、こうしてたくさんの渋谷の街の写真を見ていると、まさに渋谷という決して「止まらない街」の叫び声のような気がしてくる。

渋谷の過去を空想し、未来を回顧しよう

自分たちの手で渋谷を白く塗りつぶしたい、というクリエイターたちの提案を聞いて、私が連想したのは、ウォールペイントのことだ。渋谷パルコの壁面には、一九七三年の開店当初から二〇一六年の建て替え休業まで、ウォールペイントという広告メディアスペースがあった。大きな壁面に本職のペインターたちが広告ヴィジュアルをペンキで忠実に描くもので、その制作過程からパフォーマンスとして目を引き、渋谷の風物詩として人気があった。（右ページ）

　このウォールペイント広告は、掲出期間が終わると次の広告スペースとしてその都度、白いペンキで上塗りされ、その上に新たな広告が描かれる。だからあの壁面には、長い年月の手描き広告がペンキの層になって堆積しているのだ。古いものを白いペンキで覆い隠しまた新しい絵を描く。なんとも渋谷の街に

ふさわしい広告スタイルではないか。

　そんなウォールペイントの壁面も今はなく、新しい渋谷パルコは二〇一九年の冬には渋谷カルチャーの発信拠点として再び誕生する。渋谷駅の中心部も大きく変わろうとしている。あたかも白いペンキでペイントしたかのように、渋谷はきれいな街に変わっていくのかもしれない。

　しかしここ渋谷は、常に自然発生的に新しいカルチャーが生まれ、古いものも新しい価値をもって復権する、いわば文化的輪廻転生を繰り返す街だ。白いペンキの下には長年育んだ数々のカルチャーの記憶が幾重にも堆積していて、ふとした拍子に塗り重ねたペンキが剥がれ落ち過去の残滓が垣間見える瞬間もあるだろう。それを懐かしいと思う人もいれば、新しい、と感じる人もいていい。過去を未知のものとして空想したり、未来に既視感を感じ懐かしむ、というような矛盾をはらんだ感覚を自然に体験できるのが渋谷という街だ。表層がどんなにきれいに刷新されようとも、いや刷新されればされるほど、文化都市としてのレイヤーは深まり、時間（歴史）と空間（地形）に複層的な立体構造をもった、世界に誇れる魅力的な街になるに違いない。

　では、渋谷における広告はこれからどうなるのか。広告というもののあり方もコミュニケーションの手法もドラスティックに変わり続けている中で、この問いの答えを探すのは難しい。だが思い出してほしい。九〇年代の渋谷は、のちの広告文化をリードする若いクリエイターたちのホームグラウンドだった。その後の二〇〇〇年代にはビットバレーといわれ、若いＩＴ起業家がさらに大きなステージに上がる前に切磋琢磨していた街として知られている。そう、渋谷という街は常に大きなインキュベーター（孵卵器）として、新しいコトを興そうとする若者に居場所を与え、新しいモノに敏感な人種を吸い寄せてきた。

　確かに広告に求められる機能や役割は時代とともに変わり、その手法や表現は想像を超えた進化を続けるだろう。しかし渋谷の街が大きなインキュベーターであり続ける限り、新しい時代にふさわしい広告コミュニケーションは、それがどのようなものであろうとも、この街から孵化し、巣立っていくのがふさわしい。

*1 特に写真というジャンルにおける女性の活躍は目覚ましく、蜷川実花、長島有里枝、HIROMIX といった才能が九〇年代半ばに相次いで登場した。時期は前後するが、みな渋谷パルコのパルコギャラリーにて展覧会を開催している。

*2 メインのモデルはソフィアと一緒にファッションブランド MILKFED. を立ち上げたばかりの幼馴染ステファニーの妹であるレスリー・ヘイマン。後に映画『ヴァージン・スーサイズ』に出演する。

*3 キム・ゴードン：USオルタナロックの最重要バンド、ソニックユースのベーシストであることは説明不要かもしれないが、ファッションブランド「X-Girl」の創設者という経歴は、この時代を象徴する事象として、改めて記しておきたい。

*4 TGB design：石浦克、市古斉史、小宮山秀明の三人で一九九四年に結成されたデザインユニット。当時彼らは三人の役割分担を JAZZ 担当、テクノ担当、ヒップホップ担当というスタイルで分けていて、これぞ広告の新しい分業だと驚かされたものだ。

*5 高低差のある地形をスリバチと称して観察する視点は、東京スリバチ学会の著作の影響を受けている。

*6 （株）シブヤテレビジョンが広告媒体として運営する九基に加え、ファッションブランドやスポーツショップが自店の広告を流す大型ヴィジョンなども含む。

LIVEHOUSE

11章

音楽

文＝柿原晋

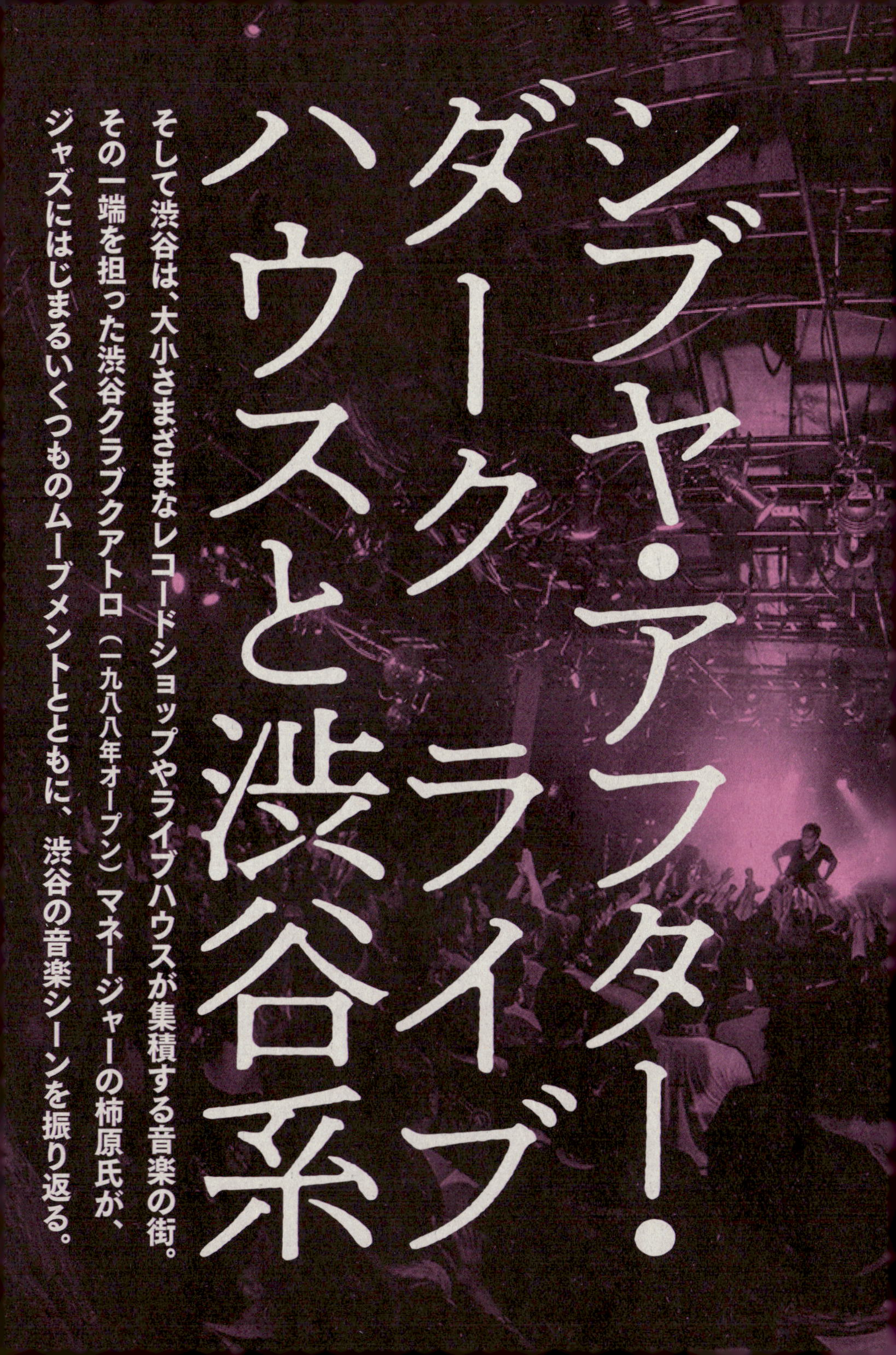

シブヤ・アフター・ダーク ライブハウスと渋谷系

そして渋谷は、大小さまざまなレコードショップやライブハウスが集積する音楽の街。その一端を担った渋谷クラブクアトロ（一九八八年オープン）マネージャーの柿原氏が、ジャズにはじまるいくつものムーブメントとともに、渋谷の音楽シーンを振り返る。

一九六四年の百軒店（撮影：春日昌昭）

百軒店の小さなジャズ喫茶たち

俳優であり歌手でもある荒木一郎に『ありんこアフター・ダーク』という自伝的小説がある。時代設定は一九六二年〜六四年初頭の東京オリンピック前夜。渋谷・百軒店に実在したジャズ喫茶「ありんこ」にたむろする不良少年の一人である主人公が、さまざまなトラブルに足を突っ込みながらやがて「青春」に惜別を告げていく切なくもスタイリッシュな成長譚なのだが、これはオリンピックを契機として変容していく直前の渋谷の街を活写した、優れた都市小説にもなっている。

まだ路面電車やトロリーバスが表通りをのどかに走っている中、安藤組が解散した直後の渋谷の路地にはチンピラが群雄割拠し、紫煙が立ち込めるジャズ喫茶には睡眠薬に溺れる若者たちがモラトリアムな時間を浪費している。そんな街の背景に流れるのは、ハードバップの急かすようなビートと切り込むようなアドリブ。実際この頃、道玄坂を上って右側に入った百軒店の路地は「ありんこ」のほかにも、「SWING」「SAV」「DIG」「ブルーノート」といったジャズを聴かせる店が軒を連ねる、ちょっとしたジャズ喫茶密集地だったのだ。おそらくこのあたりが後に「音楽の街」へと発展する渋谷の発端となった場所であり時代だったと思われる。

一方、『ありんこアフター・ダーク』に描かれている渋谷は、道玄坂を中心とした繁華街から少し外れるとすぐに住宅地が現れ、夜ともなるとまだ街灯も少なく暗がりの目立つ寂しい街だ。それがどのようにして二、三十年という短い期間で世界を代表する音楽都市に変貌していったのか、考察してみたいと思う。

坂道と路地、渋谷の「地形」

渋谷という街を舞台に花開いた音楽文化。それを考察するにあたって、渋谷の特徴的な地形について触れておく必要があるだろう。実際に歩いてみると分かることだが、渋谷の街には坂道が多く、道の先まで景色が見通せない空間が多い。坂を上りきると新しい風

「ありんこ」広告（1961『スイングジャーナル』誌）

二〇一九年の渋谷駅前のスクランブル交差点（撮影：大森克己）

景が現れ、またその先が別の坂につながっていたりする。それが街を回遊する楽しみを生み、エリアによって異なる個性を創出しているのだ。

俯瞰してみると渋谷は大きなすり鉢状の構造をしており、そのすり鉢の底に当たるのがJR渋谷駅前のスクランブル交差点付近だ。古代には大きな水溜まりであったというこのスクランブル交差点を中心に、東側は宮益坂方面、西側は道玄坂方面になだらかな斜面が広がり、そこから文化村通り、公園通り、センター街などのストリートが放射状に伸びている。さらにそれぞれのストリートから枝分かれした小さな坂が網の目のように張り巡らされ、街全体の様相が容易には把握できない複雑さを持っている。一日に五〇万人以上の交通量があるといわれるスクランブル交差点から吐き出された人たちが放射状のストリートを上り、さらに狭い坂道に拡散していく様は、さながら心臓から動脈〜毛細血管へと拍出される血流を彷彿とさせる。

駅前や目抜き通りには大手ディベロッパーの商業施設が並び、さらに大規模な再開発の流れにのみ込まれつつあるものの、細い坂道に入り込めば個人商店も多く、いかがわしさの残る路地もいまだに現役だ。高低差のある土地、それを分断し結合するストリートと坂道、それが渋谷の街のそれぞれのエリアごとに異なる空気感と個性をもたらしているのではないか。また、再開発の波に晒されながらもいまだに多面性、多様性を保ち続けている渋谷の街の魅力も、この地形によるところが大きいのではないかと思う。

道玄坂～百軒店：渋谷ロックシーンの黎明期

東京オリンピック前夜にジャズ喫茶文化が勃興した百軒店はもともと、後の西武グループの前身である箱根土地株式会社が関東大震災で罹災した銀座や下町方面の名店を誘致するために開発したエリアだ。震災からの復興が進むとそれらの名店が都心部へ戻っていき、代わってカフェやバー、映画館が建ち並ぶ大人の歓楽街へと変貌していった。終戦後も渋谷を代表する盛り場として繁栄するが、一九六四年の東京オリンピックに向けた宇田川町や神南方面の都市整備が進むなか、渋谷の街の中で微妙な地政学的変化が起こりはじめ、百軒店の周縁部の小店に当時最先端の若者の音楽であったモダンジャズを聴かせる店舗の出店が進んだのであろう。

ただ百軒店のジャズ喫茶隆盛はそう長くは続かない。六〇年代はヤングカルチャー激変の季節であり、六〇年代の後半になると若者が嗜好する音楽の中心はジャズからロックへと急速に移行していった。百軒店に軒を連ねていたジャズ喫茶も一軒また一軒と姿を消していく。そんななか残った「DIG」(新宿に現存する「DUG」の系列店)も、一九六九年に店舗の権利を売却し、ロック喫茶「ブラック・ホーク」として再生した。また七〇年代に入ると今も現役のロック喫茶の老舗「B.Y.G」が一九七一年にオープンする。

「B.Y.G」は地上二階、地下一階の三層からなる、ロック喫茶としては大規模な店舗で、当初一階は玄米食のレストラン、二階がロックを流すロック喫茶だったが、この店が画期的だったのは地下がライブスペースだったことだ。それまでジャズやグループサウンズやヒット曲の箱バンが演奏するジャズ喫茶のような飲食店をベースとした演奏会場はあったものの、「ライブハウス」という言葉もなかったこの時期に、定期的にライブをできる店はおそらくこの「B.Y.G」が初めてだった。当初はジャズのライブも行っていたが(オープニングライブは山下洋輔)、しだいにはっぴいえんどやはちみつぱい、乱魔堂、遠藤賢司、あがた森魚といった当時もっとも先進的な日本のロック～フォークを演奏するミュージシャンの本拠地となっていく。これらのアーティストの「B.Y.G」でのライブの企画・運営を担当する若者たちによって、後にアーティストマネージメントやコンサート制作、原盤製作、出版などを幅広く手掛けることになるインディ企画集団「風都市」も誕生する。

前述の「ブラック・ホーク」は名物選曲担当の松平維秋氏が自身で編集を手掛けたミニコミ誌『Small Town Talk』などを通じて、シンガーソングライターものやブリティッシュフォーク、スワンプロックなどのマニアックな音楽を紹介し、一部のリスナーに大きな影響を与えた。また、少し遡って一九六六年に道玄坂に開店したヤマハ渋谷店(二〇一〇年閉店)の存在も見逃せない。ヤマハ渋谷店は楽器だけでなく輸入盤レコードも取り扱い、このエリアのロックカルチャー形成に一役買った。

「七〇年代、道玄坂の石畳を上るとウェストコーストの風が吹

「B.Y.G」で演奏するはっぴいえんど（一九七一年　撮影：野上眞宏）

いていた」と、当時青春を過ごしたベテランロックファンが語るのを聞いたことがあるが、この時期の道玄坂〜百軒店周辺は一般的な流行りものでない良質な音楽を求める感度の高い若者たちにとって特別な場所だったのだ。「B.Y.G」は一九七三年に地下のライブスペースを封鎖、「風都市」も一九七三〜七

ミニコミ誌『Small Town Talk』Vol.11（一九七七年一二月号）

四年に解体するなど、八〇年代に近づくにつれ音楽の街としての百軒店の求心力はシュリンクしていくことになるが、七〇年代の一時期にこのエリアで育まれた音楽文化は、その人脈のみならず、過去〜現在の音楽ソースを流行に関係なく評価するというリスニングの姿勢も含めて、九〇年代に渋谷を席巻する「渋谷系」や「喫茶ロック〜フォーキー」といったムーブメントの

下地となったことは間違いないだろう。

公園通り：ロックビジネスのメジャー化

一九六四年の東京オリンピックを契機に渋谷の街も大きな変化を遂げる。神山町から宇田川町に入り、現在のクラブクアトロ前を通って井の頭通り（後の西武渋谷店A館とB館の間）へと流れていた宇田川が暗渠化され、在日米軍の兵舎・宿舎であったワシントンハイツ（現在の代々木公園一帯）が返還されてオリンピックの選手村や競技施設（国立代々木競技場、渋谷公会堂）、NHK放送センターが建設された。さらに一九六七年に東急百貨店本店、一九六八年に西武百貨店渋谷と大型店が六〇年代の後半に開店すると、街を訪れる人の動態も少しずつ変化していく。それまで道玄坂エリアだった街の中心が、東急本店通り（当時・現在Bunkamura通り）を挟んで北側の宇田川町～神南方面へと徐々にシフトしていった。その流れを決定づけたのが一九七三年の渋谷パルコ出店だろう。それまで人通りもまばらだった区役所通りを「公園通り」とネーミングするなど、周辺区画のブランディングも含めた戦略は、人の流れを一変させるとともに、渋谷の街自体をカルチャーの発信拠点へと押し上げることになる。

公園通りには渋谷パルコが開店する以前から「ジァンジァン」（一九六九年オープン）という小屋があったが、こちらは後にフォークミュージック系のアーティストも多く出演するライブ拠点になったものの、どちらかと言うと演劇やトーク、シャンソンなどを軸とした「小劇場」という印象が強い。渋谷に最初に現れたはじめてのいわゆる「ライブハウス」は、現在のセンター街と西武百貨店の間あたりに一九七五年に開店した「屋根裏」であろう。ここは七〇年代後半という時代を背景にパンク～ニューウェイブ系のバンドの拠点となっていくが、「屋根裏」といえば有名なのが、一九八〇年のRCサクセション伝説の四日間連続ライブだ。それまで〝フォーク〟のフォーマットだったRCが仲井戸麗市などメンバーを補強し〝ロックバンド〟としてヴァージョンアップ、シングル「雨あがりの夜空に」の発売記念として実施したこのライブは「屋根裏」の動員記録を更新し、彼等が日本を代表するロックバンドへとブレイクするきっかけとなった。

それまで日本の音楽業界で主流を占めていたのは耳当たりのいいポップスや演歌だったわけだが、一九八〇年前後にな

RCサクセション 伝説の「屋根裏」4DAYSライブのフライヤー

るとロックミュージックが若者の音楽として裾野を広げ、ライブハウス出身のロックバンドがビジネスベースに乗りうる対象としてメジャーなレコード会社も食指を動かすようになってくる。そんな中、八〇年代初頭には公園通り上に日本コロムビア資本の「eggman」（一九八一年開店）や「テイク・オフ・セブン」（一九八〇年開店、現在はクラブクアトロの隣のビルに移転）がオープン。エリアは少し離れるが渋谷駅南口近辺に「LIVE INN」や「La.mama」がオープンしたのもこの頃である。

坂の先にある代々木公園付近の「ホコ天」などでバンドブームが盛り上がった八〇年代、公園通りは音楽業界関係者の間では「ビクトリーロード」と呼ばれることもあった。駆け出しのバンドが宇田川町の「屋根裏」をスタートに、坂を上った「テイク・オフ・セブン」や「eggman」へ、さらに坂を上り「渋谷公会堂」「NHKホール」「代々木競技場第一体育館」へと、キャパシティの増加とともに地理的な標高も上がっていくこの坂道は、そのままバンドのサクセスストーリーと重ね合わされたのだ。

J. Blackfoot『City Slicker』（一九八三年）
サザン・ソウル・シンガーJ. Blackfootの一九八三年のアルバム。本文とは直接関係ないが、渋谷スクランブル交差点をNYのタイムズスクエアに見立てたジャケットが、渋谷が世界水準の繁華街に成長したことを感じさせる

「ナイロン100%」が出店していたビル

八〇年代の公園通りに存在した音楽スポットとして、ニューウェイヴ系のレコードショップ「CSV」も忘れてはならない。一九八五年に開店したダイエー資本のこの店は、ライブスペースや録音スタジオ、楽器売り場も併設し、当時の先端クロスメディアだったカセットマガジンを発行するなどかなり尖った試みを行っていた（一九八八年閉店）。人脈的にこの「CSV」ともつながっていた宇田川町のニューウェイヴ喫茶&ライブハウス「ナイロン100%」（一九七八年開店～八六年閉店）とともに、ニューウェイヴ期の渋谷の徒花として記憶されるべき場所だろう。

宇田川町：「渋谷系」と九〇年代、そしてクラブクアトロ

渋谷が音楽の街として一般的な認知を浸透させたのは、何といっても一九九〇年代の「渋谷系」ムーブメントだろう。「渋谷系」という言葉がいつどこで発生したのか、については諸説あり定かではないが、九〇年代の前半に自然発生的に口端に上るようになったものと考えられる。よく語られることだが、九〇年にセンター街の奥、現在「MEGAドン・キホーテ」があるONE-OH-NINEビルにオープンした「HMV渋谷店」一階の名物コーナー「SHIBUYA RECOMMENDATION」がプッシュした、ピチカート・ファイヴやオリジナル・ラヴ、フリッパーズ・ギターといったアーティスト群を一括りにする言葉として急速に普及していった。一連のアーティストたちを貫く一定の音楽的な構造があるわけでなく、ジャンルというよりも一種の〝雰囲気〟として「渋谷系」という言葉が重宝された感がある。共通点としては、同時代の英米の先鋭的なインディシーンや過去のマニアックな音楽からの引用とパスティーシュがちりばめられた趣味性の高さと情報量の多さ、音楽そのものだけではなくグラフィックやファッションも含めたトータルな提案性、それらが全体として醸し出す〝お洒落〟な雰囲気、といった要素が挙げられるだろう。

「渋谷系」発生の背景としては八〇年代末から九〇年代頭のバブル景気があるのだろうが、それがなぜ渋谷を舞台に開花したのかを考えると、やはりこの地が育んできた音楽的土壌があったからに違いない。六〇～七〇年代百軒店のロック喫茶文化が「パイドパイパーハウス」や「ハイファイ・レコード・ストア」といった渋谷周辺にあったレコード店を経由して、海外のマイナーアーティストの名盤や、はっぴいえんどやシュガー・ベイブなど国内アーティストの再評価につながり、八〇年代ニューウェイヴ期のインディペンデントなDIY精神が「渋谷系」のアンチ商業主義的なスタンスに直結している。

宇田川町周辺はもともと「シスコ」「タワーレコード」など輸入盤を扱うレコードショップが存在していたが、九〇年代に入り「マンハッタンレコード」「DMR（ダンス・ミュージック・レコード）」などクラブミュージックを扱うショップが進出すると、界隈の雑居ビルやマンションに個人経営の店舗が次々と出店。九〇年代後半には一〇〇店舗前後のレコードショップが集積する「世界一レコード店が多い街」としてギネスブックに認定されるまでに膨れ上がる。「渋谷系」勃興期にはこうした店舗でスタッフとして働くミュージシャンも多く、インターネットが今日のように普及していない当時、レコードショップが一種の〝媒体〟となって短周期のブームを生み出し、ミュージシャンやDJはその解釈の斬新さを競うように創作に反映させていった。「渋谷系」のバックグラウンドにはロンドンのレアグルーヴ～アシッドジャズムーブメントやヒップホップなどのクラブミュージックの影響があったわけだが、過去から現在に至る膨大な音楽ソースの蓄積を教条的な評価とは異なる独自の嗅覚でカットアップ～サンプリングしていくその姿勢は、宇田川町界隈の過熱するレコード店文化を温床として「渋谷系」を爛熟させていったのだ。

「ノアビル」（現在 HMV record shop 渋谷が入っているビル）

また、先に触れた「HMV渋谷店」をはじめとする大手資本のCDメガストアが果たした役割も大きい。「HMV」に先んじてセゾングループの「WAVE渋谷店」が一九八八年にロフト一階にオープン、少し遅れて一九九二年には「WAVE渋谷クアトロ店」がオープンした。こうした宇田川町周辺の大手CDショップは、「渋谷系」アーティストの作品のアウトプットの窓口であると同時に、彼らが引用した音源を一般的なリスナーに届ける〝啓蒙の場〟としても機能した。CDというメディアが一九八二年に一般発売されて約一〇年、「渋谷系」アーティストが参照したようなマニアックな作品も次々とCDで復刻されるような時代になっていたのだ。「WAVE」の店頭にロジャー・ニコルスやハーパース・ビザールなどのソフトロック、ギル・スコット・ヘロンやロニー・リストン・スミスなどのレアグルーヴ、イタリア映画のサントラやフレンチポップの再発盤が面出しでディスプレイされ、異例のセールスを記録したのもこの頃だ。

この時期の宇田川町にオープンし、シーンの象徴となったライブハウスがクラブクアトロだった。開店は「渋谷系」のブレイクから少し遡った一九八八年、場所はパルコがパート1〜3に続いて渋谷で四館目に出店したクアトロ byパルコ（〝クアトロ〟はイタリア語で数字の〝4〟）の最上階。それまでのコンサート会場といえば、アンダーグラウンドで決して綺麗とはいえない小規模なライブハウスか、もしくはホールクラスの大会場しかなかった中、洗練された空間でスタンディングでライブを楽しむことができるヴェニューの登場は、その後のライブ鑑賞のスタ

二〇〇八年の渋谷クラブクアトロ

オープン当時の渋谷クラブクアトロ店内

イルを一変させたといっていいだろう。またコンテンツ的にも、開店当初のコンセプト＝〝インターナショナル＆オルタナティヴ〟の通り、世界的に注目を集めていた非西欧圏の音楽や英米のオルタナティブなロックの新潮流などの来日アーティストを看板としていた。その先見性と尖鋭性が、ミュージシャンを含めた感度の高いリスナーの刺激となり、「渋谷系」の生成に一役買ったことは間違いない。事実、九〇年代に入ると、フリッパーズ・ギターやオリジナル・ラヴといった「渋谷系」を代表するアーティストがクラブクアトロをホームグラウンドとしてライブを行っていくことになるのだ。

それまでの渋谷には個人オーナー系の小箱は多く存在していたが、クラブクアトロの成功により、ディベロッパーや大手資本による中～大規模のライブハウスの出店が続く。一九九一年に「ON AIR」（現在の「O-EAST」）、一九九三年には「ON AIR WEST」（現在の「O-WEST」）が円山町にオープン。二〇〇〇年には代々木競技場の敷地内に日本テレビと電通による渋谷最大キャパシティのライブハウス「SHIBUYA-AX」がオープンした（二〇一四年閉館）。

「渋谷系」の終焉

「渋谷系」というキーワードは九〇年代いっぱいまで音楽産業の中で一定の神通力を維持していた印象があるが、一方でその勃興期にコミットしていた関係者の多くは一九九五年前後を頂点にその後は求心力が劣化していったと考えている。象徴的に語られるのはフリッパーズ・ギター解散後ソロに転向した小沢健二が一九九四年のアルバム『ＬＩＦＥ』で大ブレイクし、翌年には紅白歌合戦に出演するまでお茶の間に浸透していったことだ。そもそも、趣味性が強く他者との着眼点の差異やアンチコマーシャリズムを駆動力としていたのが「渋谷系」なのだが、マスコミや大手メーカーがその商業価値に着目してマーケティング用語として利用するようになっていくと、その黎明期を牽引した当事者たちは急速に醒めていくことになる。あらゆるカルチャーやトレンドに共通していえることだが、もっともアートとして強度が高く、後に振り返った時にオリジナリティをもっとも顕著に表象しているのは、その初期段階である。「渋谷系」についてもそれがいえるわけで、さまざまな出自を持つアーティストが自身の感性のアンテナの赴くままに創作していた初期の先鋭性は、言葉を与えられマーケット化することにより拡散・陳腐化していく。

一九九七～九八年にＣＤのセールスがピークを記録する（その後現在に至るまで右肩下がりを継続）など、九〇年代後半は音楽パッケージ産業が最盛期を迎えた時期だった。その爛熟期において「渋谷系」も数多あるジャンルのひとつとして消費されていったのだ。「渋谷系」は商業的にはそれほど巨大なマーケットを形成したわけではない。振り返ってみると、九〇年代の渋谷といえばセンター街のチーマーやコギャル文化、音楽でいうとビーイング系や小室ファミリーの方がよっぽどマスな影響力を持っていた。しかし、「渋谷系」カルチャーをリアルに体験した世代にとって九〇年代の渋谷・宇田川町界隈を包んでいたある種の熱気と高揚感は、淡い感傷とともに強く心に焼き付いていることだろう。そしてこの時代を通過したからこそ渋谷が「音楽の街」としてのパブリックイメージを獲得したことは間違いない。

二一世紀〜これからの渋谷の音楽とライブハウス

「渋谷系」が拡散・消滅し二一世紀に入ってからも、渋谷の街にはライブハウスが増え続けている。二〇〇四年には道玄坂に「duo MUSIC EXCHANGE」が、二〇一〇年にはいずれも映画館退店後のスペースに「PLEASURE PLEASURE」（道玄坂）と「WWW」（宇田川町）がオープン。スペースシャワーネットワークが運営する「WWW」は同ビルに二号店として「WWW X」を二〇一六年にオープンさせている。宇田川町の「チェルシーホテル」（二〇〇三年オープン）をはじめ、いわゆる「小箱」の出店も後を絶たず、一方で「eggman」「テイク・オフ・セブン」「La.mama」といったバンドブームの頃に出店した老舗も健在だ。結果として渋谷のライブハウス密集度は現在でもおそらく日本一だろう。

その背景には、下降を続けるパッケージセールスに反してライブエンタテインメントはトータルで堅調に市場規模を拡大しているというマーケット事情が存在している。しかし、なぜ渋谷にこれだけ際立ってライブハウスが集中しているかというと、それはやはり街が連綿と重ねてきた「音楽都市」としての歴史とイメージの堆積が大きいだろう。同じ街でもエリアごとにイメージやシーンが異なるという地形的な特性や、キャパシティ的にも一〇〇名程度でいっぱいになる小箱から一〇〇〇名を超える大箱、さらにはホール〜アリーナと非常に幅の広い選択肢が用意されていることも、コンテンツが集中してくる要因かもしれない。

ただ、近年「渋谷ならでは」あるいは「渋谷発」の大きな音楽トレンドはないように感じられる。ひとつには二〇〇〇年代以降急速に一般に浸透したインターネットの影響があるだろう。かつて音楽は若者たちが「生き方」や「生き様」を投影する対象だったが、インターネットの普及以降、音楽はよりパーソナルで、複数あるエンタテインメントの一ピースに過ぎない存在に転落してしまった。個人の嗜好が拡散〜細分化され、ジャンルを横断するようなムーブメントが発生しづらくなっているのだ（〝パーソナル〟が肥大化したアキバ系のムーブメント以外は）。クラブクアトロにしても、一部にはまだ「進歩的な音楽を発信する小屋」というイメージが残っているものの、実際には二〇〇〇年代以降、ヴィジュアル系やアイドルものなどその時々の流行りものをブッキングすることによって経済的な与件をクリアしながら延命してきた。それはほかのライブハウスも同様だろう。

しかし現実を悲観しニヒルに構えている暇はない。「昔はよかったね」とばかり過去の余韻にノスタルジックに浸っている間にも、現実はこちらの想定が及ばないところで新たな胎動を起こしつつあるのだ。一〇年代以降続々と登場している若い世代の新たな才能は、過去の音楽的なレガシーをリスペクトしつ

渋谷クラブクアトロのライブ風景

つも最新のテクノロジーやツールを活用し、しかも今の社会的な閉塞感から目を背けることもせず、同時代そして未来に向けた音楽を軽々と発信しはじめている。そんな彼らが「ライブ」をアウトプットする場所として選択するのはやはり「渋谷」だ。それは最近流行の「ダイバーシティ」や「インクルージョン」といった言葉では簡単に片づけることができない、変化を日常とする渋谷の街の懐の深さに彼らが直感的に気づいているからだろう。

テレビのワイドショーや報道番組で〝若者カルチャーの変容〟といった話題が取り上げられる時に、渋谷駅前のスクランブル交差点の風景が象徴的な「画」として使用されることがいまだに多い。しかし渋谷の街の中心はそこにはない。渋谷は本質的に「中心」性が希薄な街だ。音楽の歴史を取ってみても、六〇年代以降各ディケイドを象徴するムーブメントの震源地は時代によって大きく流動している。「周縁」が自然発生的に活気づくことによって総体としての魅力が際立つ、これからも渋谷はそうした街であり続けるだろう。

思えば『ありんこアフター・ダーク』に登場する若者たちは駅前の「中心」を避けるように、百軒店、南平台、宮益坂上、美竹町など渋谷の街の「周縁」を実にフットワーク軽く動き回っていた。

コラム

A Family History
百軒店の青春〜昭和の名脇役・花沢徳衛

渋谷ライブハウス盛衰史の原稿を渡す席で、柿原氏は編集者に向かって語り出した。「ぼくの祖父は百軒店のカフェに入り浸っていたようなんです」「祖父の義弟は神泉で家具屋を経営していて」「俳優の花沢徳衛はそこの職人でした」……！　セピア色のアルバムからひもとかれる、渋谷に惹きつけられたある家族の物語を収録したい。

昭和四五年生まれの私は、大学進学を機に上京するまで福岡県久留米市という地方都市で育った。実家は地産品である久留米絣《かすり》を中心とした繊維産業の卸問屋街にあり、県下では中洲に次ぐ歓楽街である「文化街」に隣接していた。ネイティブな久留米弁が飛び交うお世辞にも柄のいいとはいえない界隈にあって、オーセンティックな東京弁を操る祖母はちょっと浮いた存在だった。幼少時の私にはそれが当たり前の環境だったので、祖母の生い立ちや久留米を終《つい》の棲家に定めた経緯について格段の興味を抱いたことはなかったが、夕食の席などで祖母が問わず語りに始める戦前の渋谷・百軒店（現在でも渋谷ローカルの長老がそう発音するように祖母も「ひゃっけんてん」と言っていた）の想い出話の断片を記憶している。「代々木の練兵場の喇叭《らっぱ》の音」「弘法湯」「渋谷キネマ」「カフェ・マーブル」「ライオン」、そして当時家族のように親しくしていた、後に俳優として名を成す花沢徳衛氏のこと……。今回、この渋谷本を機に俄然《がぜん》自分の出自に関する興味が沸き、ＧＷの大型連休を利用して当時の写真や古地図、戸籍を収集し、数少ない当時を知る親族へのヒアリングを行って、山口瞳の『血族』よろしく私の〝ファミリー・ヒストリー〟を辿《たど》ってみた。

ことの始まりは私の祖父、恒吉が地元・久留米のヤクザの妾と懇《ねんご》ろになり、東京に出奔して来たことにあるようだ。時は大正末期。その際に頼ったのが恒吉の妹・亀子の嫁ぎ先で、先に上京し百軒店で商売を始めていた同郷の大津龍太郎氏（ちなみにこの亀子は早世し、その後さらに妹のムメが後妻に入っている）。この大津氏がなかなかのやり手で、当時百軒店近辺で家具屋や広告屋、カフェ（前述の「マーブル」）、そして渋谷キネマという映画館（後のテアトル渋谷）

神泉にあった「東西家具製作所」の職人さんたち。右端の半纏職人が花沢徳衛、左端が筆者の祖母・えい（この項目の写真はすべて柿原氏蔵）。俳優・花沢徳衛（1911-2001）は映画やTVドラマで活躍した名脇役。60歳以上の人にとって、頑固な職人、鬼刑事、反骨の貧農というイメージはほぼ花沢徳衛のそれと言っていい。東映「警視庁物語」シリーズや、昭和41年のNHK連続テレビ小説「おはなはん」のおじいちゃん役で知られる。「水戸黄門」では黄門様に物申す農民役で複数回出演。「砂の器」のチョイ役だが重厚な印象など、昭和のガンコ親父の理念型だった。もうこんな俳優には会えないな（田中）

同じく百軒店での写真。メガネの男性が筆者の祖父・恒吉

筆者の祖父・恒吉と百軒店のカフェ・マーブルの女給さんたち

の地下でなんとローラースケート場も経営していたという。恒吉が百軒店時代に何を生業としていたのか定かではないが、おそらく大津氏の後ろを金魚の糞の如く追従して事業の手伝いをしていたのではないかと思われる。そんななか、当時近くの炭団屋で奉公していた祖母「えい」と知り合い結婚したそうだ（戸籍によると恒吉は三回目の婚姻）。長男である私の父もここ百軒店で出生している。

今回、恒吉が撮影したと思われる当時の百軒店の写真が多数見つかった。そこに写るのは、飲食店や遊技場が連なる百軒店の街を背景にした、若き日の恒吉やえい、私もその晩年しか知らない親族たちの若き日の姿。さながら「百軒店の青春」といった趣だ。その中に先の大津氏の家具店「東西家具製作所」の写真もあった。大津氏やえいとともにレンズを見つめる工場の若い職人たちの中に若き花沢徳衛氏の姿がある。花沢氏は渋谷育ちで、現在東急本店の場所にあった大向小学校を中退後、横浜で指物師として修業した後、渋谷に戻り家具職人として働き始めたという。それがこの「東西家具製作所」だったわけだ。氏の自伝『花沢徳衛の恥は書き捨て』（新日本出版社、一九八六年）に「東西家具製作所」についての記述があり、大津氏のことを「洋服を着た紳士で、親方というより社長といった方がぴったりする感じであった」と述べている。えいと花沢氏とはその後もつながりがあったらしく、晩年まで毎年花沢氏から年賀状が届いていたことを記憶する。

その後、大津氏は福島県平での炭鉱ビジネスに手を出したらしく百軒店での事業からは手を引いていった。拠り所がなくなった恒吉はそれを機に故郷・久留米に引き上げたのだと思われる。恒吉は戦後早々に亡くなっているが、えいが長男である私の父を含む子供四人を久留米で育てていくことになったのだ。

大津氏のその後の消息については杳《よう》として知れない。当時を知る関係者もほとんど存命しないなか、戦前の百軒店－久留米コネクションについて、今回はこれ以上追いきれなかった。だが、大正末期から昭和初期の百軒店－神泉を闊歩した久留米出身の若者たちの残影は、セピア色に霞《かす》んだ写真とともに私の心に鮮明に刻印された。そして現在、私が渋谷・神泉を本部とする企業に勤務していることも何かの因縁としか考えられない。

（文：柿原晋）

MOVIE THEATERS

画館

失われた空間を求めて

文=田中雅之

12章

映画

個性的なミニシアターが集まる映画の街・渋谷。だが、封切りロードショーを観に出掛ける街としての地位は今、新宿や六本木、あるいは昔ながらの有楽町・日比谷地区に譲ってしまっているように見える。一番館が並び、大きな看板が歩く人の目を引いたかつての渋谷の記憶をたどってみる。

東京都内映画館の分類(1960〜1980年代)

＊分類と名称は筆者の個人的感想、体験的分析と今回インタビューした皆様のご意見を基に作成しました。

映画館カテゴリー	都市(代表的館名)	プログラム内容
一番館	銀座／テアトル東京、有楽座、日比谷映画、丸の内ピカデリー、松竹セントラル 新宿／新宿ピカデリー、ミラノ座 **渋谷松竹、渋谷大映、渋谷パンテオン、渋谷東宝**	封切りロードショー
二番館	有楽シネマ、銀座文化 **渋谷／東急レックス、渋谷ジョイシネマ、渋谷パレス座、テアトル渋谷**	新作／一般公開　1年以内
三番館	池袋／スカラ座・ピーズ座・日勝文化・日勝地下・テアトルダイヤ、上野／パーク・上野東急、**渋谷テアトルハイツ**	新作／一般公開（二番館公開後）
都心型名画座	**渋谷文化**	準二番館
	全線座／早稲田松竹	二本立て、三本立て
	池袋文芸坐	企画型／ランダムブッキング
	新宿ローヤル、新宿西口パレス	アクション専門
	新宿東映名画、上野ロマン劇場、 **渋谷／テアトルSS**	ピンク、ポルノ、任侠
四番館／番外館	JR中央・総武線、私鉄沿線および山手線	都心三番館上映終了後再公開
郊外型名画座	吉祥寺、阿佐ヶ谷／オデオン系郊外館	チェーンブッキング
	三鷹オスカー、三軒茶屋名画座、 大塚名画座	オーナーブッキング

I・引用　あるいは総長賭博

まずは遠回りから始める。

観たい映画を、どの街のどの映画館で観るか。それがとても重要だった時代があった。

三島由紀夫（一九二五～一九七〇）は書く。

「舞台上手の戸がたえずきしんで、あけたてするたびにバタンと音を立て、しかもそこから入る風がふんだんに厠臭を運んでくる。…このような理想的な環境で、私は、『総長賭博』を見た。そして甚だ感心した」

（三島由紀夫「『総長賭博』と『飛車角と吉良常』のなかの鶴田浩二」『三島由紀夫映画論集成』ワイズ出版）

この文章の前に、阿佐ヶ谷オデオンと思われる場末の映画館に雨の中たどり着くまでの途上体験を克明詳細に描いている。大田区南馬込から杉並区阿佐ヶ谷の三番館まで追いかけてでもこの映画を観たかったという熱意を表しているわけだ。

「『ブレードランナー』が良かったという記憶は、千人以上の客席を持ったミラノ座からしか生まれないと思う。イーストウッドの『恐怖のメロディ』は、小さくてお客が入っていない新宿の小さな劇場の記憶と結びついている」（小林信彦『映画狂乱日記』文春文庫）

一九三二年日本橋生まれの小林信彦は「考えてみると、ぼくは映画を観る前に、映画館を決めるということを小学校のころからやっていた」ともいう。そうなのだ、『ゴッドファーザー』（一九七二年）は京橋にあったテアトル東京で、『エイリアン』（一九七九年）は初日に有楽座で、『スターウォーズ』（一九七八年）を久々の映画公開となった日劇で観る。一九五八年生まれの私にとっても、超大作の思い出は、一番館の空間とともにある。しかし、今の二〇代の若者に『アベンジャーズ／エンドゲーム』は東京ミッドタウン日比谷の一番大きなスクリーンで、などといっても、その意図は通じないことが多い。映画を観る街と映画館に、一番館から四番館、番外館まで歴然としたヒエラルキーがあったのは、せいぜい一九八〇年頃までなのだろうか（東京都内映画館のヒエラルキー図参照）。

作家の田中小実昌（一九二五～二〇〇〇）はこう書いている。

「三軒茶屋からバスでもいいし、東京ではいちばん新しい地下鉄の新玉川線で渋谷へ。閉館になった全線座のことはもう書いたが、東急文化会館六階の東急名画座、一本立て三〇〇円。道玄坂の渋谷文化もおなじみだ。おとなりの恵比寿は、前には、おなじみの映画館があったが、今は、ポルノ館がひとつ」

（田中小実昌『田中小実昌エッセイ・コレクション』ちくま文庫）

三島と同い年、同じ東大卒だがキャラクターは真逆の田中小実昌は多くの映画評を遺している。練馬の自宅から毎日のように、*銀座の東宝東和試写室へ行き、そのあとは都内各地の名画座で旧作を観て回る。新宿、渋谷はもちろん、蒲田や目黒にも嬉々として足を延ばす。田中小実昌の映画評は、三島のような気負いはないが、東京の名画座についての貴重な記録でもある。田中にとって、渋谷は好きな名画座の多い街のようである。

* 東宝東和試写室は二〇〇一年より一番町（半蔵門）に移転。

それで渋谷の映画館について、ようやく話をすると、問題は渋谷パンテオンなのだ。この映画館は、一九九一年のテレビドラマ「東京ラブストーリー」で主人公の二人が待ち合わせする場所として全国区になった。新宿ミラノ座や東銀座の松竹セントラルと同じブッキングなので一番館なのだ。私の中では、どうも二番館に思えてしまうのは、東急文化会館のビルインであったことが大きいのか。渋谷でもよく映画を観ていたが、それは駅周辺に映画館がまとまっていて、名画座含め番組メニューが豊富という利便性が理由であって、事前の期待が大きい映画はどうしても日比谷、新宿歌舞伎町なのだ。つまり私にとって子どもの頃から、渋谷は便利な「二番館都市」であった。その感覚は正しかったのか、渋谷に一番館は存在しなかったのか。映画館と同様、街のヒエラルキーも低かったのか。本章では渋谷の、今は失われてしまった映画館について、個人的な記憶を交えて振り返ってみたい。

II・記憶 あるいはウエスト・サイド物語

ある本のさりげない一行、一言に胸を衝かれることがある。この文章は、そんな一言から生まれた。

秋尾沙戸子氏のノンフィクション『ワシントンハイツ　GHQが東京に刻んだ戦後』（新潮文庫）は膨大なアメリカ側資料と関係者インタビューから占領下の東京と現代につながる問題を詳細に書き上げた傑作だが、その白眉の章は「アイドルの誕生」であると思う。要約すると、一九六〇年代初めにアメリカ大使館で働いていたジャニー喜多川は、ワシントンハイツで代々木の中学生たちに野球を指導していた。ある日雨で練習が中止になり、彼らは映画館に『ウエスト・サイド物語』を観に行く。この傑作ミュージカルに感動した中学生たちは、野球ではなく歌とダンスのレッスンをジャニー喜多川から受けるようになる。三年後の一九六五年、NHK紅白歌合戦に出場する。その歌声を全国に発信したのは、返還されたワシントンハイツ敷地内にできたNHKの放送タワーだった。その後の彼らが人気アイドルグループとなり、日本の芸能界を牽引するタレント事務所の基礎になったことは、戦後の芸能史のエポックとなった。

二〇一八年刊の『新宿渋谷原宿　盛り場の歴史散歩地図』（草思社）で、著者の赤岩州五氏はこのエピソードを取り上げ、この映画館は「渋谷松竹」だろうか、と括弧付けでさりげなく推測する。

渋谷松竹とキャピタル座。現在、西武百貨店渋谷店A館がある場所。ジャニー喜多川と少年たちは、ここで『ウエスト・サイド物語』を観た（一九六〇年代／提供：白根記念渋谷区郷土博物館・文学館）

渋谷大映（一九六〇年代）。現在、MEGAドン・キホーテ渋谷本店がある場所。百軒店の三館とともに東京興行（現・東京テアトル）の運営（写真提供すべて東京テアトル）

これが私の記憶を覆すことになる。

『ウエスト・サイド物語』は、日本では一九六一年一二月に上映スタート。「丸の内ピカデリー」では一九六三年五月まで一八か月という有名な超ロングランを記録しているが、渋谷では同じ松竹系洋画ロードショー館「渋谷松竹」（現在の西武百貨店渋谷店A館）で上映された。

「初めて観た映画は『ウエスト・サイド物語』。有楽町の丸の内ピカデリーの伝説の長期興行に行ったのだ」と私は自慢話のように公言してきた。赤岩氏の推測が気になり、幼い私を映画に連れて行ってくれた今年八五歳の叔母に確認すると、さっき食べたものを覚えていないとぼやく叔母は「それは渋谷松竹。今の西武百貨店。大きな劇場だった」と明快に回答してくれた。私は有楽町ではなく、渋谷松竹でこの傑作を観たのだ。

もう一冊も私の記憶違いを教えてくれた。『東京映画地図』（宮崎祐治キネマ旬報社）によれば東急本店通り付近に「渋谷大映」

があり、「昭和三〇年代ディズニー映画は大映が配給権をもっていた」とある。これも五〇年以上、ディズニー映画『101匹わんちゃん大行進』を道玄坂の渋谷東宝で観たと信じていたことを覆した。渋谷で観た『101匹わんちゃん大行進』は、都バス（阿佐ヶ谷発渋66系統）から見えたダルメシアン犬たちを描いた大看板の記憶だ。しかし今回この記憶と宮崎氏の記載を確認してみて都バスが道玄坂を走っていない事実に今さら気づく。その映画館は「渋谷大映」（二〇一九年現在はMEGAドン・キホーテ渋谷本店）であった。私が見たのは『ウエストサイド物語』とほぼ同時期だったから、一九六二年と思われる。

一九六二年当時、日本の映画鑑賞人口はピークの一九五八年からほぼ半減しているとはいえ、現在（二〇一八年時）の四倍。映画界の活況は想像を超えるものであったろう。私の体験からも当時渋谷で銀座（有楽町、日比谷）と同時に洋画ロードショーが観られたことがわかる。しかも渋谷松竹は席数一三二七席、渋谷大映は一〇〇八席でともに冷暖房完備。一九五〇年代から一九六〇年代にかけて都内の映画館は内外装の向上が進み、渋谷駅周辺は多くが鉄筋冷暖房設備だが、近郊の世田谷、杉並地区の劇場はほぼ木造で空調設備なしという記録（『各年映画年鑑』参照）が残っていることを考えると、銀座地区の大劇場に匹敵する一番館を一九六〇年代の渋谷につくった興行主の気概を感じる。増加する郊外人口を受け入れる私鉄ターミナルとしての渋谷の役割に映画鑑賞という目的が加わったことは、来街動機の形成にきわめて重要だったと言っていい。一九七〇年代に映画を観に渋谷に通った私は知らなかった大きな一番館が渋谷に存在したのだ。

Ⅲ・発見　あるいは百軒店のピンク映画館に行きたかった

もう一冊の驚きは『映画館のある風景 ― 昭和30年代盛り場風土記・関東篇』（キネマ旬報社編）これは昭和三〇年代に「キネマ旬報」に連載された各地の映画館のレポートの再録である。小さく不鮮明な写真のキャプションに「東京興行は栄通りの渋谷大映と百軒店の奥に三つの映画館を運営している」とある。

百軒店（ひゃっけんだな）を、地元の方々は「ひゃっけんてん」と言う。道玄坂は、近年昼夜とも人通りが増えている。外国人観光客が利用するホテルや、IT企業が入るオフィスビルが並ぶ表通りに対し、一歩入った百軒店のうら寂しさ。飲食や風俗の店がぽつぽつあるだけの、この状況はもう長い。その様子から、かつて三つの映画館があったとは想像し難い。

後の伏線にもなるので、百軒店の成り立ちを概略する。登場するのは堤康次郎。一九二三（大正十二）年の関東大震災の直前に旧中川伯爵邸の跡地を購入し、計画していた住宅地分譲を震災後に変更し、商業集積地として開発に乗り出した。「小銀座」「平面デパート」といって一〇〇を超える当時の名店を集め、最大の施設は劇場、映画館だった。しかしその繁栄も震災復興が進んだ銀座地区に専門店が相次いで戻り、堤の関心も国立の学園都市に移ってしまう。さらに一九四五（昭和二〇）年の東京大空襲で道玄坂一帯とともに焼き尽くされてしまった。

映画看板で飾られた、道玄坂から百軒店への入口。左上にテアトル渋谷の建物が見える。渋谷的の章に掲載した現在の写真も参照。（一九四七年）

戦後の最初の復興は、渋谷もほかの街と同様に駅前の闇市であった。その食欲への対応とほぼ同時期に興行界もビジネスをスタートする。東京興行（のちの東京テアトル）は銀座に劇場を成功させ、相次いで渋谷にも映画館を建設する。百軒店の映画館については、東京テアトルのホームページにも紹介されている。前述の写真について問い合わせたところ、[*1]貴重な資料（上映作品記録）と当時の写真を借用できた。ゲートの両サイドの店名を住宅地図で照合すると、道玄坂から見た百軒店の入り口と思われる。

テアトル渋谷は、百軒店入口付近にあった映画館。掲載した開業当時の写真には、行列する観客の姿がある。五年前のハリウッド旧作にこの人出。敗戦国の故か、後進国であった日本の肖像である。それにしても立派な外観の映画館劇場だ。外壁サインにあるようにアメリカ映画専門館としてスタート、一九五〇年代半ばから日本映画作品の上映が増え、一九六〇年代には邦画東宝二番館となり、一九六八年に映画館を廃業。キャバレーに業態変更した。

テアトルハイツ（一九五〇年開業、五〇年代撮影）

一九五〇年に開業したテアトルハイツの席数は、三館の中で最大規模。週替わりで洋画をかけている。二番館的な構成だろう。テアトル渋谷同様に邦画二番館に変更され、一九六八年閉館。当時ブームのボーリング場に改装した（渋谷テアトルボーリング）。

テアトルSSは百軒店のもっとも奥に、一九五一年開業。現在もあるクラシック喫茶ライオンの路地の突き当たり付近。このファサードデザインは、私も知る典型的な郊外型映画館の特徴で、正面に看板と当時の人気スターの写真が並んでチケット売場がある。「K」とは映画会社日活のマーク。ここも洋画から邦画にうつり、一九六〇年代後半には実演ストリップ劇場に

テアトルSS（一九五一年開業、六〇年代撮影）

渋谷駅と道玄坂・百軒店を巡回した、東京テアトル運営のバス（一九五〇年代）

テアトルSSの昭和四〇年代の上映記録（資料提供・東京テアトル）

テアトルＳＳ上映

年／月	上映作品		日数
40／3	映画館への再転換のため休館	（1～5）	5
	春婦伝・拳銃野郎	（6～9）	4
	月曜日のユカ		
	砂の上の植物群	（10～13）	4
	さよならの季節		
	愛と死をみつめて	（14～19）	6
	城取り・青年の椅子	（20～24）	5
	赤い殺意・にっぽん昆虫記	（25～31）	7
			月計
4	（続映）	（1～2）	2
	非行少年非行少女	（3～7）	5
	猟人日記・卍	（8～13）	6
	悲しき別れの歌・潮騒	（14～16）	3
	絶唱・乳母車	（17～20）	4
	大学の暴れん坊・清水の暴れん坊		
	夢がいっぱい暴れん坊・	（21～27）	7
	日本拷問刑罰史・男の紋章	（28～30）	3

テアトルＳＳ上

年／月	上映作品		日数
44／5	柔肌のいたずら		
	炎の関係・女色の悦楽	（13～19）	7
	エロ博士・濡れた裸身・姦通	（20～26）	7
	好色一代無法松		
	お妾女高生・新つつもたせ	（27～31）	5
			月計
6	（続映）	（1～2）	2
	性遊戯・黒いセックス		
	セックス診断旅行	（3～9）	7
	性の回転・初布団		
	だまされた女狐	（10～16）	7
	黒毛の沼・燃えたい女		
	肉欲の争奪	（17～23）	7
	情事のデザイン・牝馬のいたずら		
	ペテン師と極道女	（24～30）	7
			月計

一時変更するも、一九六九年頃からはピンク映画と名作映画のタイトルが混ざり並ぶ。この番組表を読むだけでも楽しくなる。

（右ページ下）

堤康次郎の発想した劇場を中心とする「平面デパート」の街は、震災、戦災という二つの大きな災害で当初の計画は変更されたようだが、戦後は娯楽の中心であった映画興行の東京渋谷の最大手となった東京テアトルが百軒店を映画ストリートにしたようだ。一九六〇年代、一番館とは違う二番館三番館の魅力ある映画ゾーンが渋谷にあった。

今はネット配信によって「何でも観られる」などというが、百軒店のテアトル三館に毎日ハシゴで通えば相当な本数の映画が観られた。一九六〇年代の東京は映画好きにとって幸福な都市だった。家になんかいられなかった。

*1　今回、東京テアトル映画興行部小西氏にご尽力いただき写真、貴重な上映記録データと写真、さらに社史「東京テアトル60周年会社のあゆみ」も拝見した。詳細な年表は読み応えがある。一九六〇年代に皇族の映画鑑賞の来場が目を引く。昭和天皇はテアトル東京『ベン・ハー』、当時皇太子（平成天皇）は『チップス先生さようなら』など。明るいニュースソースと思う。美智子上皇后は、『ジーヴズ』など凡百の書評家より選書センスがよく有名だが、令和の今上天皇におかれても、かつて『ブルック・シールズのファン』を公言されたこともあり、ぜひ足繁く映画館で新作鑑賞いただきたいものだ。

Ⅳ・証言あるいはベルベット・ゴールドマイン

渋谷から失われた映画館についての記憶の検証と修正がこの文章のテーマなのだが、「失われた」のが同時に二〇一六年である渋谷ミニシアターの両雄・シネマライズとシネクイントは、あまりに最近のことで当初は触れる予定ではなかった。まだまだ広く存在の余韻を残す両館に「失われた」などという言葉を使う不遜に怖気づいていたのだが、ここで記録しなければ、と渋谷映画界を牽引した両館の関係者にインタビューをお願いした。

一九八六年開館のシネマライズは、渋谷のミニシアターの草分け。泰和企業株式会社代表取締役の頼光裕氏と、専務取締役の頼香苗氏ご夫妻にお会いしたのは、デレクジャーマンのサイン入りポスターや新作『パピヨン』など多くの映画ポスターが飾られた美しい部屋で、スマホでアーカイブを検索確認しながらとはいえ、驚異的な記憶力で一気にお話しいただいた。

開館二作目の『ホテル・ニューハンプシャー』がいきなりヒットしました。でも、渋谷の街に影響を与えていると感じたのは、『ブルー・ベルベット』（一九八七年）『バグダッド・カフェ』など平成が始まった頃から。その後一九九六年に二館体制になり二〇一〇年代後半くらいまでは確かな手ごたえがありました。『ポンヌフの恋人』（一九九二年）、『レザボア・ドックス』（一九九三年）、『ディーバ』（一九九四年）、

『カストラート』（一九九五年）、『アンダーグラウンド』『トレインスポッティング』（一九九六年）『ブエノスアイレス』（一九九七年）。

三〇年間の中でのピークは一九九九年。うちでは『ラン・ローラ・ラン』、開館したばかりのシネクイントが『バッファロー66'』。それにシネセゾンも加わってヒット作が連携し、若い人が一日中渋谷で映画を観ていた。夜遅くまで、すごい人の多さだったの。あの時が渋谷ミニシアターのひとつの頂点。アートも文学もファッションも好きな、おしゃれなカルチャー好きの人たちが集まった。「他人と違う自分」を追求する時代でした。

映画とのコラボレーションとしても走り。『アメリ』（二〇〇一年）に出てきたあのお菓子は、最初は字幕で「焼きプリン」だったのを「クレームブリュレ」に直して大ヒット。プログラムではレシピを載せた。これって料理紹介というより、ライフスタイルの提案でしょ。部屋のインテリアも、雑誌で何度も紹介されました。

『ムトゥ　踊るマハラジャ』（一九九八年）でインド旅行に行く人が増えたり、『ブエナ・ビスタ・ソシアル・クラブ』（二〇〇〇年）でキューバ音楽やハバナ・クラブ（ラム酒）が流行ったりと、作品のヒットで、映画の枠を超えて若い人たちの志向が生まれ、渋谷で時代の雰囲気をつくった実感がありました。タワーレコードやHMVといった外資系レコードショップの影響力もあって、渋谷にしかない「空気」があった。街に来ればこの空気感を共有できたけど、オシャレしないと来られない緊張感もあった。これが記憶に残ったわけです。

ミニシアターの存在意義とは、独自のブッキングです。多様な価値観、ほかとは違う価値観を体現させること。とくに渋谷の若い人たちにこの価値観、空気感を伝えたかった。だからシネマライズは、高校生一〇〇〇円を打ち出してヒットしたの。その後他社がこれをまねて高校生三人組で割引したけど、ミニシアターで映画観たい高校生に友達いないだろうって（笑）。

ヒット作をセレクトできた目利きの理由？　モットーは「柳の下にドジョウは二匹いない」ってこと。若い才能を大切に。ライズっぽいを大切に。映画ドップリじゃない衣食住に関心をもつ。渋谷が好き。渋谷は下町じゃないし、そこがいい。これからは映画館を持たないけど、いい映画の配給は続けていきたい。渋谷の街にも期待していますよ

なかでも一九九〇年代のシネマライズ上映作品のくだりは、まさに当時の映画史そのものの追体験のようである。

パルコ エンタテインメント事業部 映画チームで、現在も番組編成を続ける堤静夫氏は、シネクイントの創業（一九九九年）を語ってくれた。

実はシネクイント開業については二度の経営会議で却下され、三度目にようやくOKが出たときも、もし失敗した

一九九〇年頃のシネマライズ（シネマライズ公式サイトより。撮影・荒木経惟）

photo by Nobuyoshi Araki

ら……と、今だったらパワハラみたいな発言もされて（笑）、社内では歓迎された誕生ではありませんでした。ミニシアターブームの後発になってしまった感じもありましたしね。多目的スペースをコンバージョンしたので天井高も十分でした。設備は充分備わっていたので、あとはソフトの編成だけでした。クイントの番組は、それまでの単館ロードショー館ではヨーロッパの文芸路線が多かったのに対し、「五感に訴える映画館」をテーマに、喜怒哀楽をストレートに伝える作品をセレクトしました。開業当初から手ごたえは感じました。『下妻物語』（二〇〇四年）ではメジャー邦画系館が引いてしまったのですが、クイントでヒットしたことで「クイントっぽい」というフィルターが業界内にできたことも、大きな成果でした。一九六〇年代のカルト・ムービー[*2]『私は好奇心の強い女』（一九六七年。一九七一年日本公開、二〇〇二年に無修正版が日本再公開）なんて「なんか言われたらあやまればいい」と開き直っていたら、まったく問題なし。自由に企画させてもらいました。

いちばん思い出深い作品は『リトル・ミス・サンシャイン』（二〇〇六年）。アメリカ・ユタ州のサンダンス映画祭試写で観て、これはイケると、配給元の20世紀フォックス社に国際電話をかけて。先方はまだ観ていない状況でブッキングしましたが、多くの人に評価されヒットしたことは本当に嬉しかったですね。

渋谷での映画興行は、二〇〇七、八年頃から停滞してしまった感があります。唯一Bunkamura ル・シネマは、中高年層の支持を得て、安定している。劇場につく顧客というものもあります。渋谷は、シネコンが集積する新宿に、映画では負けてしまっている。若い人は混んでいるのを好んで出かける。対して渋谷では、映画館にも仕掛けが必要です。シネコンにはできないようなアイデアで若い人に向けて番組企画を考えたいと思っています。

堤氏の二度の経営会議却下を乗り越えた（普通は一回であきらめる）気概と、頼夫妻の「柳の下を狙わなかった」センスが、渋谷のミニシアターの発展を支え渋谷の街を支えたのだ。

シネクイントは二〇一八年に渋谷シネパレス跡に移転し継続している。また二〇一九年渋谷パルコに新映画館ホワイトシネクイントが開業する。

シネマライズとシネクイントは、その魂を数多くのチルドレンに伝えてくれたようだ。さらに、バブル後からネット消費の勃興期に「モノ消費」が停滞し、大型商業施設の集客力が低下した時期をカバーするように渋谷を支えてくれたといっていいだろう。

一九六〇年代の大型映画館は、その設備と規模で銀座や新宿の一番館に対抗した。一九九〇年代から二〇〇〇年代はじめには、単館といわれた小型映画館が、その独自性ある作品ブッキングで集客をリードし、渋谷カルチャーの中心的存在になった。

現在の渋谷における映画環境は、シネコンひとつと多くのミニシアター群である。確かにシネコンの複数集積した銀座、新宿に比較すると集客力からみるとやや乏しい感がある。しかし拠点数をみるとピーク時（一九六二年二館）に比べて二五スクリーンと、作品上映規模は変わらないのだが、映画の街渋谷の変化は厳しい状況である。

一九八五年に渋谷を中心に始まった東京国際映画祭も、二〇〇〇年代にシネコンの集積する六本木、日比谷に拠点を移してしまった。しかし一方で、全国各地で名画座の閉館が続く中で二〇〇六年に新しい名画座・シネマヴェーラ渋谷がオープンしたり、二〇一〇年には映画美学校がユーロスペースのあるKINOHAUS に京橋から校舎を移転したりと、インディペンデントな志向を持つ映画好きにとっては、やはり唯一無二の街であり続けている。

*2 『私は好奇心の強い女』一九六七年制作のスウェーデン映画。当時日本では映倫規制によってズタズタに修正が入り、それがかえって話題となり「ポルノ」の代名詞となった伝説的作品だった。その後無修正版がクイントで上映され、私は相当の期待と興奮で初見するが、あまりの真摯な制作態度と内容に深い感銘を受ける。修正したことでこの映画の話題を変質させた当時の映倫の見識の無さを痛感した。

VI・検証あるいは東急文化対セゾンカルチャー　またはまぼろしの市街戦

「また負け戦だったな…いや違う、勝ったのはあの百姓たちだ。わしたちではない」

『七人の侍』

最後にふたたび時代を遡り、少し寄り道をしたい。

渋谷の街の集客を支えた映画館は、一九六〇年代末からの急激な映画動員の減少にともない、その役割を終えていく。渋谷の興行界も、巨大劇場であった渋谷松竹も凋落していったようだ。苦境に立った劇場オーナーのビル建替え再建策に触手を伸ばしたのが、当時の西武百貨店社長、堤清二だった。池袋本店の拠点から多店舗化を図っていた堤は東京都心をターゲットにしていたが、ターミナル駅至近の立地とまとまった面積規模から、渋谷に出店を決断する。駅至近とはいえ、当時の渋谷における宇田川町地区は、道玄坂の繁栄に比べ、谷底と呼ばれて集客は危ぶまれた。こうしたハンデもこの物件は魅力で、堤の決断はその後の街の発展とさらには文化状況にも大きな影響を及ぼすことになる。

一九六八年、西武百貨店は、渋谷松竹とさらには対面の渋谷国際劇場（現西武B館）の二館があった敷地を使い、都市型デパートとして開業する。父親である堤康次郎が巨大劇場を配した百軒店のショッピングゾーンを開業させてから半世紀近くのちのことであった。晩年、堤清二は渋谷出店を偶然だったかのように話していたが、やはり宿命といえる。

渋谷店開業にあたって、堤は経済界の重鎮を介して東急側に挨拶している。「一緒に渋谷をよい街に」という趣旨を伝えるためだったが、一九六七年、東急百貨店本店開店の翌年に西武百貨店渋谷店がオープン、一九七三年に渋谷パルコ、一九七八年に東急ハンズ、一九七九年に109と、まさに「やられたらやり返す」様相は、西武対東急といわれたのも当然であった。

谷底の宇田川町に出店した西武百貨店は当初、東急百貨店の攻勢に苦戦を強いられるが、転機になったのは一九七三年、当時は区役所通と呼ばれた坂道の中ほどに渋谷パルコが開業する。パルコは、この坂道を「公園通り」とネーミング「街ゆく人が美しい渋谷公園通り」の広告を打ち、公衆電話ボックスをつくり変えたり、駅前から「上ってもらう」策を講じた。商業フロアの上層階に四五八席の西武劇場、一階吹抜けのカフェ・ド・ラペは床全体が黒い石畳であった。さらに坂道の頂上・渋谷公会堂では人気TV番組の収録が始まり、NHKホールが開業（一九七三年）。敗戦の遺産・ワシントンハイツ後の三〇年間の空白がなくなり、ようやく渋谷から原宿までの回遊導線がつながった。

一九七八年、東急ハンズ渋谷店が開業することで、渋谷地区の集客重心は完全に公園通り・宇田川町地区に移動する。斜陽となった映画劇場の廃業を契機とした渋谷の商業集積であったが、NHKホール、渋谷公会堂、西武劇場という時間消費型施設の集客に恩恵を得たという事実は、渋谷の街の特徴ではないか。

一九八〇年代のファッションブランドブームの終焉とバブル崩壊から、大型商業施設の苦戦が続く。一九九〇年代にセゾングループは解体され、静かに崩壊してゆく。二〇一〇年代末の渋谷駅前地区の一大再開発が、東急資本を主として進められていることからも、先ほどの「西武対東急」の決着は明白である。

しかし、渋谷からの退場から二〇年以上が経過してなお「セゾングループ」はしばしば話題に上る。ビジネスよりはカルチャーという言葉をつけて。セゾンカルチャーとは何だったのか。ライバル東急をはじめとする競合百貨店と同じ土俵に乗らず、肩透かしのように既成カルチャーとは一線を画す新しい価値観を広めた。それが「先端的」「先進性」と迎えられ、共感を得た。それは今や常套手段となってしまったが、現在も懐かしさをもって語られるのは、それだけインパクトが大きかったからだろう。

一九八〇年代は「カルチャー」が広く共有された幸福な時代といっていい。企業が先導し多くの若者も広く享受した渋谷の街にあったカルチャーは、渋谷特有なものではなくなったともいえる。かえって渋谷以外の街に渋谷的なカルチャーが残存するのかもしれない。新しい渋谷カルチャーは、やはり柳の下にドジョウを追わない、そんな気持ちから生まれると思う。

私の記憶の旅は、最後には道に迷ってしまったようだ。

これも今は失われた銀座の名画座並木座ロビーで若尾文子を見かけたことがある。川島雄三の『雁の寺』がかかっていた。自分の主演作を観に来るという伝説の女優だった。手編みのベレー帽の田中小実昌は渋谷文化で二、三度見掛けた。東京の映画館にはそういう楽しみもあった。場末の映画館で隣の席に三島由紀夫の高笑いを聞いてみたかった。ヴィスコンティの『地獄に堕ちた勇者ども』あたりがいい。

渋谷の映画館変遷史　戦後〜現在　（『映画年鑑（資料編）』などを参考に筆者作成）

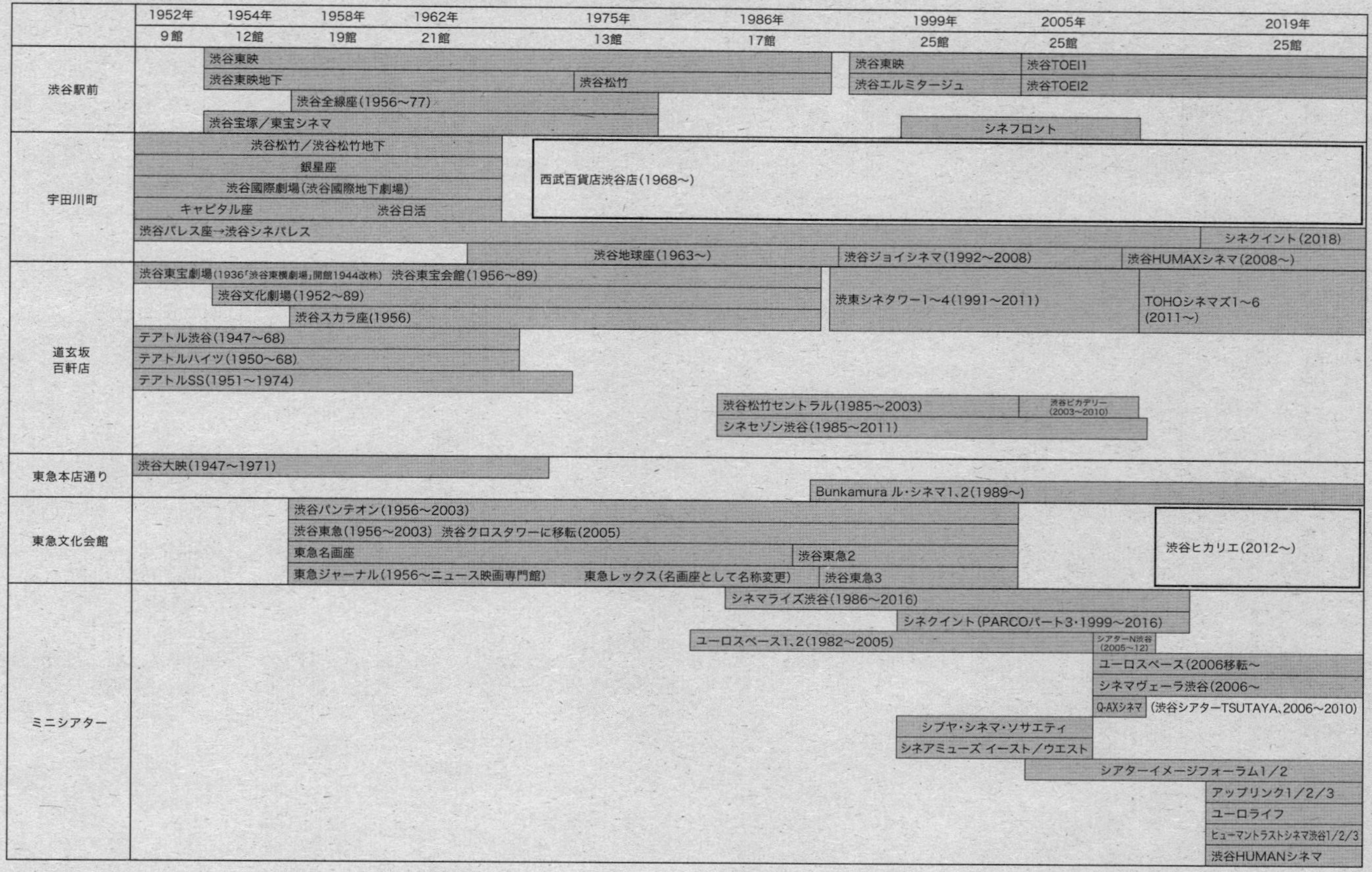
1952年 9館
1954年 12館
1958年 19館
1962年 21館
1975年 13館
1986年 17館
1999年 25館
2005年 25館
2019年 25館
渋谷駅前
渋谷東映
渋谷東映地下
渋谷松竹
渋谷全線座（1956〜77）
渋谷宝塚／東宝シネマ
渋谷東映
渋谷エルミタージュ
渋谷TOEI1
渋谷TOEI2
シネフロント
宇田川町
渋谷松竹／渋谷松竹地下
銀星座
渋谷國際劇場（渋谷國際地下劇場）
キャピタル座
渋谷日活
渋谷パレス座→渋谷シネパレス
西武百貨店渋谷店（1968〜）
シネクイント（2018）
渋谷地球座（1963〜）
渋谷ジョイシネマ（1992〜2008）
渋谷HUMAXシネマ（2008〜）
道玄坂
百軒店
渋谷東宝劇場（1936「渋谷東横劇場」開館1944改称）
渋谷東宝会館（1956〜89）
渋谷文化劇場（1952〜89）
渋谷スカラ座（1956）
渋東シネタワー1〜4（1991〜2011）
TOHOシネマズ1〜6
（2011〜）
テアトル渋谷（1947〜68）
テアトルハイツ（1950〜68）
テアトルSS（1951〜1974）
渋谷松竹セントラル（1985〜2003）
渋谷ピカデリー（2003〜2010）
シネセゾン渋谷（1985〜2011）
東急本店通り
渋谷大映（1947〜1971）
Bunkamura ル・シネマ1、2（1989〜）
東急文化会館
渋谷パンテオン（1956〜2003）
渋谷東急（1956〜2003）
渋谷クロスタワーに移転（2005）
東急名画座
渋谷東急2
東急ジャーナル（1956〜ニュース映画専門館）
東急レックス（名画座として名称変更）
渋谷東急3
渋谷ヒカリエ（2012〜）
ミニシアター
シネマライズ渋谷（1986〜2016）
シネクイント（PARCOパート3・1999〜2016）
ユーロスペース1、2（1982〜2005）
シアターN渋谷（2005〜12）
ユーロスペース（2006移転〜
シネマヴェーラ渋谷（2006〜
Q-AXシネマ
（渋谷シアターTSUTAYA、2006〜2010）
シブヤ・シネマ・ソサエティ
シネアミューズ イースト／ウエスト
シアターイメージフォーラム1／2
アップリンク1／2／3
ユーロライフ
ヒューマントラストシネマ渋谷1/2/3
渋谷HUMANシネマ

あとがき

渋谷について私が知っている二、三の事柄

田中雅之

二〇一九年一一月、渋谷パルコは三年あまりの工事期間を経てリニューアルオープンする。公園通りの通行量はほぼパルコの入館者数とラップしていたので、街にとっても寂しい期間であったわけだ。その間に渋谷駅周辺の大規模再開発が進行。東急東横店の建て替えが進み、駅南側も大変貌を続け、新ビル渋谷ストリームの一部開業と渋谷川の再建は、今後の大変貌の兆しとして歓迎された。他方、桜丘地区は大規模再開発に向けた撤去工事のために二〇一八年末からゴーストタウン化している。ここに端的に表れているのは、まさに再開発の光と影。

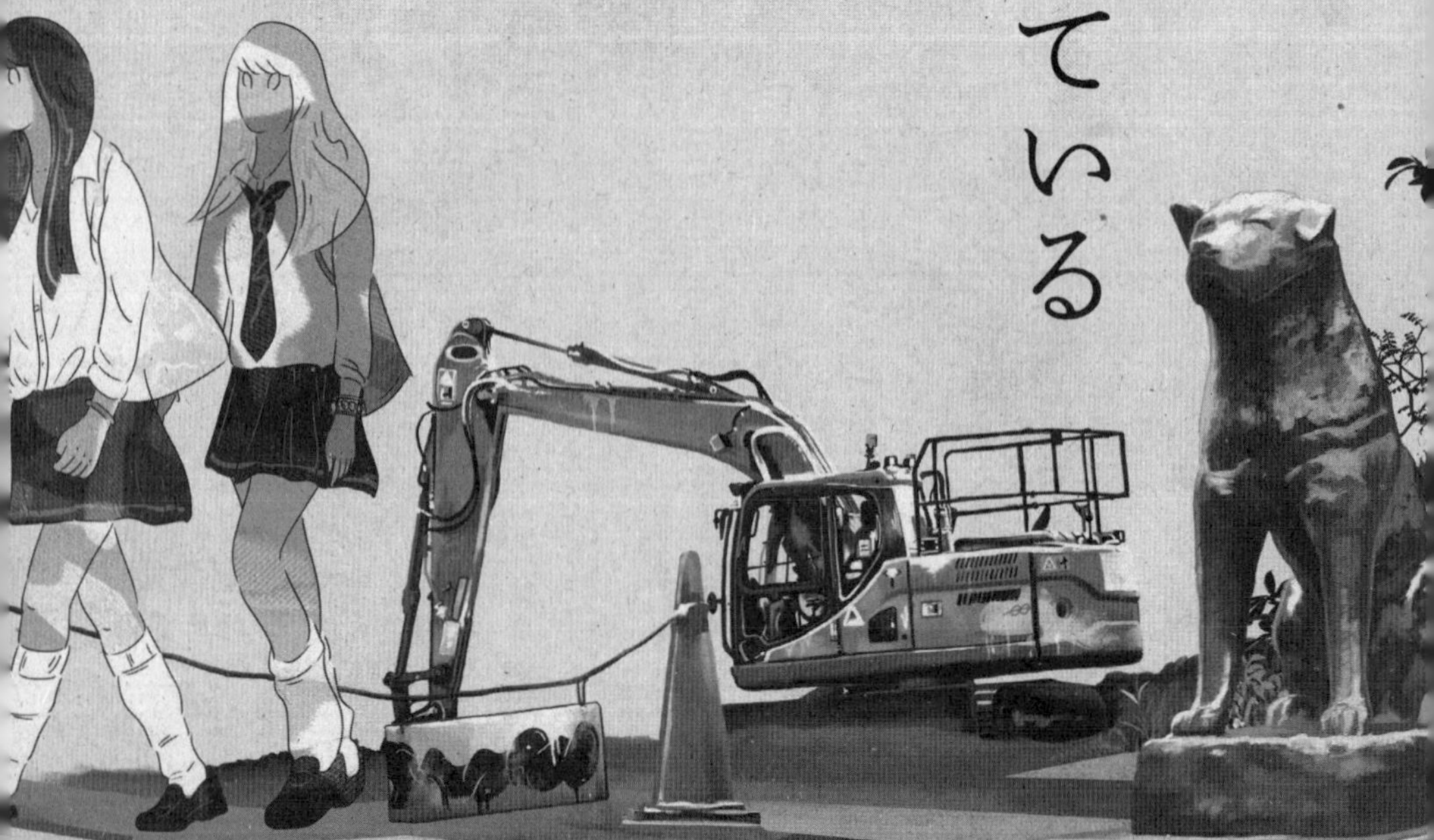

新たな時代は、破壊の後に来るものかもしれない。

こうした渋谷の再開発、大変貌を目の当りにして、今の渋谷の記録を残したいという思いから書籍の企画が始まった。三浦さんに井の頭公園のワインバーで話をもちかけると、多様なテーマに相応しいキャスティングがすぐに返信されてきた。すべてが実現したわけではないが、その際の「執筆依頼理由、企画主旨」が以下の文章。いわゆる口説き文句だが、この『渋谷の秘密』の企画の根幹であると思うので、転載する。主語は〈パルコ〉だが、精神枠みたいなものと思っていただいてよいと思う。

「一つは創業以来新しい女性の生き方、挑戦を応援してきた企業として、女性の筆者の方に多く登場していただき、多角的に渋谷を論じていただきたいということ。

二つめは、渋谷駅周辺など大規模で人工的な再開発に対して、公園通り、スペイン坂など、ストリートや路地の文化を創造してきた企業として、闇市、路地、裏町などの都市の影の魅力をクローズアップするということ。それは同時にメインカルチャー、ハイカルチャーに対してサブカルチャー、マイナーカルチャーをアピールし続けることでもあります」

こうして、私たちの本当に長い旅が始まった。一年半が経過し、時代も新元号に変わってしまった。その旅もようやく終わりを迎えようとしているが、渋谷の大変貌は、終わることはないようだ。

本書に参加いただいた著者、関係者の方々に感謝申し

上げる。以下は、各章についての覚え書きである。

「写真・渋谷的」

写真家・大森克己の写真はセンチメンタルだ。といっても、私小説風とは違う。写真に感じる水分量が高いのだ。とくに街は、大森君が撮るとウエットな空間になる。それは、数え切れないほどのミュージシャンを撮ってきた彼が、町のざわめきを写しとっているからかもしれない。「ふつうはこれ、ロケハンですよ」というくらいの軽い一発本番ロケで焼き付けたスクランブル交差点の夜も、やはり水分量が高い空間となった。

「第1章　対談　都市と建築」

隈研吾・馬場正尊の両氏による本対談収録が、本書のクランクインであった。冒頭で「大島渚は『愛のコリーダ』の初日の撮影にクライマックスを選びました。場所も料亭（実際は待合か）で同じ」と挨拶したいがために老舗料亭をコンバージョンしたバーに円山町の芸者さんもお呼びして臨んだ。効果あってか、多忙を極めるお二方ともリラックスして豊かな時間となった。隈さんは、渋谷パルコの開店（一九七三年）に駆けつけたという渋

谷ファンなのだ。

「第2章 花街」

松田さんとの街歩きは心地よい緊張が伴うものだった。わずかな段差や角度の変化に気づき、つぶやくようにコメントが投げかけられる。「この段差は」「この曲がりかたは」のように。時には「代々木の方向は」と一気に俯瞰する。界隈で働く身には見慣れすぎた風景が異界の入り口のように思え、流行語ではないが「ボーっと生きて」いた自分を恥じる。松田さんの目には、街の風景に重なって太古の地層や失われた水流までが映るのかもしれない。

「第4章 ワシントンハイツ」

『ワシントンハイツ』は名著だ。この章を通じてその熱量の一部が伝わったと思う。秋尾さんのパワフルな取材力、膨大な資料と果敢なインタビューに挑む情熱は、その多彩な知識と情報に補強された勇気に裏づけられている。新潮文庫版は二〇二〇年を前にまた重版となったことはファンとして嬉しい。メモは鉛筆の縦書き。メールより電話というスタイルには同世代としてのシンパシーを感じる。機会があればぜひ在住の「京都の秘密」

執筆に期待している。

「第5章　住宅地」

全国的には繁華街のイメージが強い渋谷だが、恵比寿や代々木上原など、住みたい街ランキングで常に上位の駅や、松濤や広尾といった超高級住宅地も多い。本章作成には、白根記念渋谷区郷土博物館・文学館で開かれた二〇〇七年の特別展『住まいからみた近・現代の渋谷』の担当学芸員である松井圭太氏にご尽力いただき、同館には写真資料も数多くご提供いただいた。改めて感謝申し上げる。

「第6章　食」

告白すると、一九八二年に会社に入って初めて口にしたメニューはあまりに多い。杏仁豆腐、ピザマルガリータ、エスプレッソ、カルボナーラ、ミネラルウォーター。ついでにワインも焼酎も、学生時代は、本格的にはほとんど知らなかった。今や小学生でもピザやパスタの好みがある。昭和から平成は、日本で未知のフードが次々に定番化する時代だった。その発信地としての渋谷にとって、新しいメニュー、フードショップの誕生は、街の発展、集客力に同歩調であった。『ファッションフード、あります。』は畑中さんの旺盛な食文化研究意欲と実体験をまとめた必携テキスト。ポップで美しい造本は、本書の装丁を担当してくれた佐藤亜沙美さんの初期作。畑中さんも、渋谷パルコ開店時に来店されていたとのこと。

「第7章　盛り場」

福富太郎氏は、七〇年代本当によくテレビに出演していた。人生相談でもらい泣きしたり、政治の貧困を嘆いたり。印象に残っているのは、キャバレーの「いい客」の見分け方。羽振りのよさそうな客はダメで、愛想が悪く無口な男を「こういう人が一番いいお客さん！」と叫んでいたが、著作を読むと実体験に基づいていたのだろうなと実感する。女性関係には誠実だったと主張しているが、浮世絵コレクターとは、その証なのかもしれない。歯切れのいい正統的東京弁で美人画の好みなど聞いてみたかった。

まったく蛇足ながら、最後のキャバレーハリウッドとなった赤羽店で二〇一七年末に忘年会を開いた。生バンドに派手な照明が当たり、ロングドレスのホステスは四〇代超え。ボトルは角、つまみはリンゴ。ボックス席は満席で、客の大半は元気な七〇代過ぎ。いや楽しかった！帰途「ラブユー東京」を思わず口ずさんだ。

「第8章　対談　未来」

渋谷パルコの建て替えに際しての行事に颯爽と浴衣で登場した長谷部区長。きっと時代がこの方を指名したのだろう。比較対象は、都内や国内の他地域は区長のターゲットではない。ニューヨーク、ベルリン、上海が渋谷を考える上でのモデルのようだ。ロフトワークが多くの若者の関心を集めているのは、新しい職場環境というだけではない。代表林さんのキュートさであると今回の対談で実感した。建設中のオリンピック関連施設や大規模再開発ビルを望む新庁舎の区長室での対談は、お二人の多忙さで、朝一のスケジュールとなり、深夜におよんだ円山町での隈・馬場対談とのコントラストは、この『渋谷の秘密』の根幹にある渋谷の多面性の反映であると思った。

「第9章　ファッション」

成実君は三浦さんが編集長を務めた「アクロス編集室」のスタッフだったから、愛弟子（というには、まったくお互いクールな性格なのだが）で、若いころから「ロラン・バルトの『モードの体系』みたいな」研究を志向していた。今回のファッションの章も、成実君ならではの論調で、本当はもっと大著となるべき内容とも思える。今回、松田さん、秋尾さんとともに「京都著者チーム」となった。夏暑く冬寒いのが、勉強と研究には最適の土地柄と思う。

「第10章　広告」

一九八〇年代には「広告雨乞い論」という考えがあった。雨が降るまで、つまりお客が来るまで売上が上がるまで広告を投下し続けるということ。つまり量が必要。パルコは量だけでなく質も追求したことで当時広告の寵児となった。草刈氏の入社した一九八〇年代も後半になると質の追求傾向が強まり、ストレートな表現では広告にならず、何かしらの仕掛けがないと効果が見込めなかった。草刈氏は長く広告制作に携わり多くのキャンペーンを手掛けた。私の世代は、有力なクリエイターを指名したら仕事はOKだったが、彼はきっと苦労したと思う。父上はPARCOロゴのひとつをプロデュースしたグラフィックデザイナーだった草刈順氏。社内では「クサカリロゴ」という。知る人に聞くと、よく食べるところがそっくりだそうだ。

「第11章　音楽」

パルコのエンタテインメント事業部に、柿原氏のライブハウスチームと出版チームもあって定例会議には同席させていただいている。各週の各拠点（クラブクアトロは全国四か所）の成績報告を柿原氏が淡々と報告するのだが、「ソールドアウト」「満席」「追加公演」などのコメントの際に笑みのこぼれる横顔から、ブッキングしたアーティストへの愛情と喜びが感じられる。本当に現場の歓声が好きなのだなと思う。ちなみに柿原氏は東大で美学専攻、師は辻惟雄。本章からも学究成果があらわれている。

「第12章　映画館」

トリの大役にしては、散漫な章になってしまった。残念だったのは、渋谷文化（現在のTOHOシネマズ地下）とシアターN渋谷について書き留められなかったこと。映画館はとてもビジネスライクな存在で、失われたことはノスタルジックな対象にならないで資料、写真がほとんど残っていない場合が多いのだ。つまり忘れてしまいたい対象なのかもしれない。東京テアトル小西氏から「社内で発見」の電話連絡には本当に感激した。また多くの方へのインタビューで「あの作品との出会い」を感謝出来たことは幸せであった。私の性格は名画座の多様なプログラムの散漫さから身に着いたものなのかもしれない。

編集者、監修者によるあとがき

巨大なスリバチの谷底にあたる駅前のスクランブル交差点から道玄坂、宮益坂などの坂道が延び、先の見通しにくい路地が毛細血管のように枝分かれして、大繁華街にぽかりぽかりとエアポケットのような空間をつくり出す。渋谷を駆動するエンジンは創造よりも消費と思い込んでいたけれど、複雑な地形をゆりかごに独自の雰囲気と文化が息づいてきたことを、本書を編みながら思い知らされた。地下五階・地上三階の渋谷駅の「ダンジョン化」が数年前に話題になったが、この街こそが巨大なダンジョン。折り重なる歴史と地理のレイヤーを感じながら街を探索するきっかけに、本書がなれば嬉しい。

（松丸裕美子）

渋谷でミュージシャンたちのフリーマーケットに出くわして、竹内まりやにサインをもらったのが高校一年生の時のこと。それまで身近な遊び場だった新宿ではそんな機会に恵まれる場所などなく、驚きつつも感動したことを覚えている。音楽に限らず写真やアート、ファッションなど、多種多様な文化と出会える場所が街のあちこちに埋め込まれていて、それを自分なりに見つけ出すことが渋谷の楽しみ方だった。それを本書の各章を読んで改めて思い出した。ひとには教えない「自分だけの渋谷巡回ルート」を持っていた方は多いと思うが、本書を読んでそれを再訪してみるのもおもしろいはずだ。（本橋康治）

パルコに入社した一九八〇年代前半の渋谷は、ＪＪから抜け出たような女性ばかりでびっくりした。だが、社会学者などが渋谷はテーマパーク化した都市だとか言っていたのは当たらない。公園通りの裏はまだ緑豊かな住宅すらあり、公園通りには豚の脳味噌や金玉を食わせるホルモン屋があった。今の吉祥寺より、よほどのどかで昭和だった。学者たちは渋谷をよく見ずに語っていたのだろう。本書はよく見て歩いて調べた文章が揃った。監修者として喜びに耐えない。（三浦 展）

林 千晶

はやし　ちあき　株式会社ロフトワーク共同創業者・代表取締役。早稲田大学商学部、ボストン大学大学院ジャーナリズム学科卒。2000 年にロフトワークを起業、Web デザイン、ビジネスデザイン、コミュニティデザイン、空間デザインなど手がけるプロジェクトは年間 300 件を超える。MIT メディアラボ 所長補佐、グッドデザイン賞審査委員、経済産業省産業構造審議会製造産業分科会委員。官民共同事業体「株式会社飛騨の森でクマは踊る」代表取締役社長。

長谷部 健

はせべ　けん　渋谷区長。東京都渋谷区神宮前生まれ、神宮前小学校、原宿中学校卒業。専修大学を卒業後、株式会社博報堂に入社。同社退職後に NPO 法人 green bird を設立し、まちをきれいにする活動を展開。原宿・表参道から始まり、全国 90 カ所（海外含む）でゴミのポイ捨てに関するプロモーション活動を実施。2003 年に渋谷区議会議員に初当選。以降、３期 12 年を務める。2015 年渋谷区長に当選し現職。

成実 弘至

なるみ　ひろし　京都女子大学教授。1964 年生まれ。専門は文化社会学、ファッション研究。大阪大学大学院修了、ロンドン大学ゴールドスミス・カレッジ博士課程中退。京都造形芸術大学准教授を経て 2014 年より現職。著書に『20 世紀ファッションの文化史』『JAPAN FASHION NOW』など。「パルコ・アクロス編集室で働いていた 1990 年代の宇田川町。この時代のこの場所で働き、遊んだ刺激的な時間は、なにものにも変えがたい貴重な経験となっている」。

柿原 晋

かきはら しん　株式会社パルコ エンタテインメント事業部音楽事業担当部長。1970 年福岡県久留米市生まれ。東京大学文学部美術史学科卒業。1995 年株式会社パルコ入社。ライブハウス「クラブクアトロ」の運営を中心とした音楽事業を担当。もっとも愛好する音楽ジャンルは、“ビバップを通過していないジャズ”。上京後間もない頃、東京在住の年長の従兄に連れられて入った「道頓堀劇場」がリアルな渋谷体験の原点。

草刈 洋

くさかり　よう　株式会社パルコひばりが丘店店長。1962 年東京都駒沢生まれ。北海道大学文学部卒業。1987 年株式会社パルコ入社。一貫してパルコのブランディング宣伝に関わる。生まれも育ちも駒澤のため、子供のころからもっとも身近な街が渋谷。渋谷パルコがオープンした 1973 年、小学生の頃に西武劇場（後のパルコ劇場）で観た GARO のコンサートが人生初のライブであり、渋谷文化の原体験。

田中 雅之

たなか　まさゆき　株式会社パルコ エンタテインメント事業部出版チーム。1958 年東京都杉並区生まれ。早稲田大学政治経済学部卒業。1982 年株式会社パルコ入社。入社の動機は当時の業種「興行その他」に魅かれたことと、1976 年小劇場ジァンジァンで「授業」観劇前にパルコギャラリー「ピーターマックス展」で植草甚一に握手してもらったこと。

監修者・著者略歴（登場順）

三浦 展

みうら　あつし　社会デザイン研究者。一橋大学社会学部卒業後、1982年株式会社パルコ入社。マーケティング情報誌『アクロス』編集室勤務。86年同誌編集長。90年三菱総合研究所入社。99年カルチャースタディーズ研究所設立。消費社会、家族、若者、階層、都市・郊外などを研究し、新しい時代を予測し、あるべき社会のデザインを提案している。著書・編著に80万部のベストセラー『下流社会』のほか、『第四の消費』『昭和の郊外』『商業空間は何の夢を見たか』『東京田園モダン』『娯楽する郊外』など多数。

大森 克己

おおもり　かつみ　写真家、1963年神戸市生まれ。1994年第3回写真新世紀優秀賞を受賞。主な作品集『サルサ・ガムテープ』『サナヨラ』『すべては初めて起こる』など。ＣＤジャケットにYUKI『まばたき』、サニーデイ・サービス『the CITY』など。『BRUTUS』『SWITCH』などの雑誌や『アースダイバー』（中沢新一）などでも活躍。渋谷の思い出は1997年のパルコギャラリーでの個展。

隈 研吾

くま　けんご　建築家、東京大学教授、隈研吾建築都市設計事務所代表。1954年横浜生まれ。東京大学大学院修了。90年、隈研吾建築都市設計事務所設立。2020年東京オリンピック・パラリンピックのメインスタジアムである新国立競技場をはじめ、国内外で多数のプロジェクトが進行中。近作に浅草文化観光センター、アオーレ長岡、V&A Dundeeなど。著書に『負ける建築』『小さな建築』『新・都市論TOKYO』『建築家、走る』『僕の場所』など多数。

馬場 正尊

ばば　まさたか　建築家、OpenA Ltd.代表取締役、東北芸術工科大学教授、公共R不動産ディレクター。1968年佐賀県生まれ。博報堂、早稲田大学大学院博士課程、雑誌『A』編集長を経て、2003年Open Aを設立。同時期に不動産メディア『東京R不動産』を始める。建築設計を基軸に、メディアや不動産を横断して活動。最近のプロジェクトに『佐賀県柳町歴史地区再生』『UNDER CONSTRUCTION』など。近著に『CREATIVE LOCAL エリアリノベーション海外編』『公共R不動産』『公民連携の教科書』など。

松田 法子

まつだ　のりこ　研究者、建築史・都市史・領域史・生環境構築史。京都府立大学大学院生命環境科学研究科准教授。1978年生まれ。居住史や集住体の形成史と、地形・地質・水など大地的諸条件との関係に関心を寄せ、「汀の人文史」、「地‐質からみる都市と集落」、「都市と大地」などのテーマで調査研究を展開。遊所を対象とする都市史研究にも取り組む。著書に『絵はがきの別府』、共編著に『危機と都市 ― Along the water』、『熱海温泉誌』、共著に『シリーズ遊廓社会』など。

秋尾 沙戸子

あきお　さとこ　ノンフィクション作家。名古屋市生まれ。サントリー宣伝部勤務後、テレビキャスターを勤める傍ら、民主化を軸に世界各地を歩く。米ジョージタウン大学大学院外交フェローを経て、『ワシントンハイツ：GHQが東京に刻んだ戦後』（日本エッセイスト・クラブ賞）を上梓。他に『運命の長女：スカルノの娘メガワティの半生』（アジア・太平洋賞特別賞）など。海外取材を通して日本の美意識に目覚め、現在は京都暮らし。

畑中 三応子

はたなか みおこ　食文化研究家・料理編集者・編集プロダクション「オフィスSNOW」代表。東京都生まれ。『シェフ・シリーズ』『暮しの設計』（ともに中央公論社）の元編集長。料理書を幅広く手がけるかたわら、近現代の食文化を研究・執筆。著書に『ファッションフード、あります。』、『カリスマフード　肉・乳・米と日本人』など。第3回「食生活ジャーナリスト大賞」でジャーナリズム部門の大賞を受賞。

福富 太郎

ふくとみ　たろう　キャバレー「ハリウッド」創業者。本名　中村　勇志智。1931年東京都生まれ。16歳で飲食店勤めを始め、1949年新宿處女林から多くのキャバレー支配人を経験。1957年26歳で独立「ハリウッド」をチェーン展開。直営で29店舗におよび「キャバレー太郎」と呼ばれる。浮世絵はじめ絵画の造詣深く、その蒐集した作品を収蔵する洗足池美術館の館主も務めた。2018年没（享年86歳）。著書に『昭和キャバレー秘史』など。

参考文献

第2章　花街

青山学院大学総合文化政策学部鳥越研究室編著『渋谷区神泉・円山町ガイドブック01』ALCコミュニティラボ、2017年

『風俗画報』（東京近郊名所圖會第13巻）(88) 東洋堂、1911年

加藤一郎『郷土渋谷の百年百話』渋谷郷土研究会、1967年

金益見『性愛空間の文化史―「連れ込み宿」から「ラブホ」まで―』ミネルヴァ書房、2012年

『新修渋谷区史』中巻・下巻、東京都渋谷区、1966年

『渋谷区史』渋谷区役所、1952年

武田尚子「近代東京における軍用地と都市空間―渋谷・代々木周辺の都市基盤の形成―」武蔵大学総合研究所紀要(21)、武蔵大学総合研究所、2011年

武田尚子『近代東京の地政学 青山・渋谷・表参道の開発と軍用地』吉川弘文館、2019年

西村亮彦・内藤廣・中井祐「近代東京における花街の成立」『景観・デザイン研究講演集』四、景観・デザイン研究会、2008年

半戸文「渋谷の花街と芸妓」、上山和雄編『渋谷 にぎわい空間を科学する』渋谷学叢書 第5巻、雄山閣、2017年

藤田佳世『大正・渋谷道玄坂』青蛙書房、1978年

松川二郎『三都花街めぐり』誠文堂、1932年

松澤光雄『繁華街を歩く―繁華街の構造分析と特性研究（東京編）』綜合ユニコム選書、1986年

吉田律人「渋谷周辺の軍事的空間の形成」、上山和雄編『歴史のなかの渋谷―渋谷から江戸・東京へ―』渋谷学叢書 第2巻、雄山閣、2011年

第4章　ワシントンハイツ

青木深『めぐりあうものたちの群像―戦後日本の米軍基地と音楽1945-1958』大槻書店、2013年

秋尾沙戸子『ワシントンハイツ―GHQが東京に刻んだ戦後』新潮文庫、2011年

秋尾沙戸子『スウィング・ジャパン―日系米軍兵ジミー・アラキと占領の記憶』新潮社、2012年

石榑督和『戦後東京と闇市―新宿・池袋・渋谷の形成過程と都市組織』鹿島出版会、2016年

上山和雄・國學院大學渋谷学研究会『歴史の中の渋谷：渋谷から江戸、東京へ』雄山閣、2011年

小泉和子ほか『占領軍住宅の記憶』住まいの図書館出版局、1999年

商工省工芸指導所編『デペンデントハウス（Dependents Housing）』技術資料刊行会、1948年

橋立久枝『風 橋立孝一郎の軌跡』（非売品）2004年

橋本健二・初田香成『盛り場はヤミ市から生まれた・増補版』青弓社、2016年

平松由美『青山紀ノ国屋物語』駸々堂出版、1989年

『会社のあゆみ 東京テアトル株式会社』東京テアトル株式会社、2006年

『高野山米国別院五十年史』高野山米国別院、1974年

『新修渋谷区史』東京都渋谷区、1966年

『渋谷区の百年』郷土出版社、2014年

『占領軍調達の歴史』（全七冊）調達庁総務部、1955-1959年

『東京急行電鉄五〇年史』東京急行電鉄株式会社、1968年

『白洋舎五〇年史』白洋舎、1955年

第5章　住宅地

松井圭太「渋谷における宅地化の概要」「戦前の住まい―渋谷の住まいグラフ」

志岐祐一「郊外住宅地『松濤』の成り立ちとくらし」

大月敏雄「渋谷の集合住宅―集合住宅の実験場―」

以上3件とも白根記念郷土博物館・文学館特別展図録『住まいからみた近・現代の渋谷―郊外生活から都市生活へ―』2007年

第6章　食

松川二郎「新東京花街鳥瞰」『中央公論』昭和三九年一号、1914年

今和次郎『新版大東京案内』ちくま学芸文庫、2001年

子母澤寛『味覚極楽』中央公論新社、2004年

古川緑波『ロッパの悲食記』ちくま文庫、1995年

『東京印象記』金尾文淵堂、1911年

藤田佳世『大正・渋谷道玄坂』青蛙房、1978年

時事新報家庭部編『東京名物食べある記』正和堂書房、1930年

草刈順『一九〇〇年　続・東京ぺんてぃめんと』人物と歴史社、1991年
丹羽文雄『恋文』朝日新聞社、1953年
久本晋平『わが道ひとすじに』史伝研究会、1969年
読売新聞社社会部『味なもの』現代思潮社、1953年

第7章　盛り場

福富太郎『わが青春の「盛り場」物語』河出書房新社、1995年

第9章　ファッション

佐山一郎『VANから遠く離れて』岩波書店、2012年
立川直樹『TOKYO 1969』日本経済新聞社、2009年
堀内誠一『父の時代・私の時代』マガジンハウス、2007年
増田海治郎『渋カジが、わたしを作った。』講談社、2017年
Izumi Kuroishi, 'Shibuya,' in Alisa Freedman and Toby Slade (eds.) "Introducing Japanese Popular Culture", Routledge、2018年

第10章　広告

皆川典久『凹凸を楽しむ　東京「スリバチ」地形散歩』洋泉社、2012年
林央子『拡張するファッション』スペースシャワーネットワーク、2011年
草刈順『一九〇〇年 続・東京ぺんてぃめんと』人間と歴史社、1991年

第11章　音楽

荒木一郎『ありんこアフター・ダーク』河出書房新社、1984年
中沢新一『アースダイバー』講談社、2005年
北中正和編『風都市伝説　1970年代の街とロックの記憶から』音楽出版社、2004年
松平維秋『SMALL TOWN TALK　ヒューマン・ソングをたどって』VIVID BOOKS、2000年
長門芳郎『パイドパイパー・デイズ　私的音楽回想録 1972-1989』リットーミュージック、2016年
ばるぼら『ナイロン100パーセント　80年代渋谷発ポップ・カルチャーの源流』アスペクト、2008年
若杉実『渋谷系』シンコーミュージック、2014年
若杉実『東京レコ屋ヒストリー』シンコーミュージック、2016年
牧村憲一・藤井丈司・柴那典『渋谷音楽図鑑』太田出版、2017年
『ミュージック・マガジン』2007年9月号　特集＝渋谷系
『ORIGINAL CONFIDENCE』2012年10月29日号　音楽とメディアシティ渋谷

第12章　映画館

『映画年鑑―別冊映画館名簿』キネマ旬報社（協力：松竹大谷図書館）
三島由紀夫『三島由紀夫映画論集成』ワイズ出版、1999年
『映画館のある風景 昭和30年代盛り場風土記』キネマ旬報社、2010年
宮崎祐治『東京映画地図（キネマ旬報ムック）』キネマ旬報社、2016年
赤岩州五『新宿・渋谷・原宿 盛り場の歴史散歩地図』草思社、2018年
秋尾沙戸子『ワシントンハイツ―GHQが東京に刻んだ戦後』新潮文庫、2011年
堤清二、辻井喬『わが記憶、わが記録』中央公論新社、2015年

渋谷の秘密

2019年11月22日　第1刷発行

監修　三浦 展

著者　隈 研吾
馬場 正尊
松田 法子
秋尾 沙戸子
畑中 三応子
福富 太郎
長谷部 健
林 千晶
成実 弘至
柿原 晋
草刈 洋

ブックデザイン　佐藤 亜沙美
表紙イラスト　jyari
撮影　大森 克己
編集　松丸 裕美子
本橋 康治
田中 雅之（パルコ）
校正　株式会社聚珍社
発行人　井上 肇
発行所　株式会社パルコ　エンタテインメント事業部
〒150-0042 東京都渋谷区宇田川町 15-1
電話　03-3477-5755
印刷・製本　泰輝印刷株式会社

ISBN 978-4-86506-309-7 C1021
Printed in Japan